런던의 마음치유 상담소

YOUR POCKET THERAPIST

오래된 불안, 자기비판과 작별하는 곳

런던의 마음치유 상담소

애니 짐머만 지음 · 민지현 옮김

더퀘스트

과거의 아팠던 기억으로 인해 힘들었다는 것을 단순히 '아는 것'이 아니라, 그때의 감정을 충분히 '느끼는 것'이 진정한 치유의 시작이라는 저자의 말이 크게 다가온다. 《런던의 마음치유 상담소》는 감정의 본질을 다양한 상담 사례를 통해 풀어내며, 우리가 묻어두었던 감정을 자연스럽게 만나고 다루는 방법을 구체적으로 제시한다. 흡입력 있는 내담자들의 이야기에 빠져들다 보면 어느새 과거의 감정을 정리하고 현재를 살아갈 힘을 얻는 법을 배울 수 있다.

허규형 정신건강의학과 전문의, 유튜브 〈뇌부자들〉 운영자, 《나는 왜 자꾸 내 탓을 할까》 저자

저자의 정신분석학적 접근법은 내 전공인 인지행동 심리치료와 표면적으로는 차이를 보이지만 결국 한 지점에서 만난다. 그것은 바로 불안하고 우울하며 상처받은 마음이 정말 하고 싶은 말은 무엇인지, 자신과 대면하고 소통하는 법을 배운다는 것이다. 이제 우리는 스스로를 위한 마음의 양육자가 되어야 한다. 이 책은 그런 회복의 여정에 나서는 이들에게 훌륭한 동반자가 되어줄 것이다.

안젤라 센 영국 국립 정신과 공인 심리치료사, 《나를 지키는 관계가 먼저입니다》 저자

내 마음속 진짜 감정을 이해하고 건강한 관계를 맺는 데 필요한 가이드 같은 책! 누구나 저자의 지혜와 조언을 통해 도움을 받을 수 있을 것이다.

모 가댓 Mo Gawdat 구글 전 임원, 《다시, 행복을 풀다》 저자

나와 타인을 더 잘 이해하는 데 도움이 되는 심리학의 마스터 클래스 같은 책이다. 이 책은 자기 인식을 높이고, 자신과의 관계를 강화하며, 타인과의 유대감을 깊게 하고 싶은 이들에게 큰 도움을 준다.

니콜 르페라 Nicole Lepera 심리학자, 《내 안의 어린아이가 울고 있다》 저자

자신과 관계를 더 잘 이해하고자 하는 모든 사람이 꼭 읽어야 할 책이다.

오언 오케인 Owen O'kane 심리치료사, 《자신에게 엄격한 사람들을 위한 심리책》 저자

올해 최고의 책! 마음이 지치고 힘든 모든 사람이 곁에 두고 읽어야 할 '정서적 구급상자'와도 같은 책이다.

〈**데일리 익스프레스**Daily Express〉

일러두기

- 이 책에 소개된 상담 사례는 실제를 기반으로 했지만 모두 허구임을 밝힌다.

- 상담치료를 받으러 오는 사람을 총괄하여 지칭하는 특별한 용어는 없다. '의뢰인
  client'이라는 용어가 쓰이기도 하지만 거래의 의미가 강하고 비인격적인 느낌을
  주기 때문에 나는 '환자patient'라는 말을 더 선호한다. '환자'라는 단어에는 돌봄
  의 의무와 보살핌을 받아야 하는 사람이라는 의미가 담겨 있으며, 이는 상담 현
  장에서 매우 중요하다. 따라서 이 책에서는 '환자'라는 단어를 사용할 것이다.

자신을 좀 더 이해하고 싶은
이들에게

아늑한 조명이 켜진 방의 소파에 내가 앉아 있다. 맞은편에는 현명해 보이는 상담사가 나를 바라보고 있다. 모든 것이 변화를 맞으려는 순간이다. 나는 마치 첫 데이트를 하는 사람처럼 불안과 초조함으로 가득하다. 아무도 내가 여기에 온 걸 모르는데, 누가 알게 되면 어쩌지? 심리치료를 받는 걸 알면 내가 미쳤다고 생각하거나 큰 문제가 있다고 여길지도 모른다.

나도 사실 내가 왜 여기 있는 건지 모르겠다. 나는 미치지 않았고 멀쩡하다. 다만 지금 몹시 견디기 힘들며 뭘 더 어떻게 해야 할지 알 수 없을 뿐이다. 나는 지금 폭식을 멈추지 못하는 상태다. 온갖 다이어트 방법을 시도해보고, 새로운 운동 요법을 섭렵하고, 특정 음식을 안 먹는 방법도 시도하지만 결국엔 매일 위가 아플 때까지 뭔가를 먹는다. 토하기 직전까지 먹고 기절하듯 소파에 널브러진다. 그러다 보니 늘 무기력하고 나 자신이 한심하게 여겨진다. 솔직한 심정은 상담치료도 별 도움이 될 것 같지 않다. 정말, 너무나 절망적이다.

"제가 할 수 있는 일은 모두 해봤어요. 마음챙김도 해보고 요가도 시작했죠. 긍정적으로 생각하기, 감사 일기 쓰기, 바쁘게 일하면서 잡념 떨쳐버리기, 음식 이야기만 하기, 음식 이야기 전혀 하지 않기 등등. 설탕이나 초콜릿도 끊어봤고, 밥 안 먹고 그 시간에 밖에서 친구를 만나기도 하고요. 열까지 세기, 백까지 세기, 하루에 세 끼 먹기, 다섯 끼 먹기, 한 끼도 안 먹기… 정말 안 해본 게 없어요. 어떤 방법은 잠깐 효과를 보기도 했지만 시간이 지나면 늘 제자리로 돌아오더라고요. 제가 왜 이런 문제를 겪어야 하는지 이해할 수가 없어요."

나는 고개를 들고 지금까지 한 시간 넘게 두서없는 이야기를 들어준 사람을 바라보며 이렇게 물었다.

"전 도대체 왜 이러는 걸까요?"

그러자 상담사가 말했다.

"많이 힘드신 거 같네요. 해결 방법을 함께 찾아보기로 해요."

우리는 일주일에 한 번씩 만나기로 했다. 상담실을 나오면서도 이게 정말 도움이 될까 확신이 서지 않았지만 그래도 작은 희망이 보이는 것 같긴 했다.

두 달 정도가 지나고, 나는 다시 상담실에 앉아 있다. 눈에는 눈물이 그렁그렁 맺혀 있고 목이 메어 말을 꺼내지 못한다. 남 앞에서 울지 않겠다고 안간힘을 썼지만 결국 눈물을 떨군다. 그러다가 고개를 들고 상담사가 나를 부담스러워하지 않는지 살핀다. 그는 나를 지지하는 눈빛으로 고개를 끄덕여주었다. 나는 지금까지 아무에게도 하지 않았던 지난날의 이야기를 하기 시작했다. 일곱 살의 나로서는 이해할 수 없는 이유로 야단을 맞았던 기억이 떠오른다. 잠시 후 어린아이인 내가 마음을 달래줄 뭔가를 찾기 위해 주방으로 간다. 음식으로 속상한 마음을 달랠 수 있다는 걸 처음 배운 순간이었다.

수개월 동안 상담을 하면서 나는 음식을 제외한 많은 것들에 관해 상담사와 이야기를 나눴다. 그러다 보니 처음에 상담 치료를 시작했던 이유와 전혀 무관한 것들에 대해서도 얘기하게 되었다. 부모님과 언니, 남자 친구와 학교 때 내게 못되게 굴었던 아이들에 대해서. 내가 원하는 것과 두려워하는 것 그리고 나 자신을 어떻게 생각하는지에 대해서도 이야기했다. 그렇게 음식과 무관한 이야기를 나누는 동안 신기하게도 내 문제가 다른 것들로 바뀌는 경험을 했다. 나는 종종 울고, 분개하고, 질투하고, 부끄러움과 모욕감도 느꼈다. 지독한 외로움과 깊은 슬픔에 빠지기도 했다. 나는 늘 아무 문제도 없다고 괜찮다고 생각하며 살았다. 나는 대체로 행복한 사람이니까. 하지만 이제는 내 안에 많은 감정이 쌓여 있다는 걸 안다.

집으로 돌아온 후, 뭔가를 먹어야겠다는 익숙한 욕구가 올라온다. 찬장을 열고 늘 먹던 초콜릿 비스킷을 집는다. 그러다 상담사의 말이 떠올라 잠시 멈춘다.

"자기 몸에서 무슨 일이 일어나고 있는지 알아채는 연습을 하세요."

나는 가슴이 아리는 듯한 슬픔을 느끼며 잠시 시간을 갖는다. 눈물이 차오른다. 눈을 깜박여 눈물을 떨군다. 다시 한번 눈을 깜박인다. 그러곤 침대에 누워 울기 시작한다. 카타르시스가 느껴지면서 속이 후련하다. 잠시 후 눈물이 멈추고, 좀 나른한 가운데 기분이 훨씬 나아진 것을 느낀다. 비스킷을 먹지 않았다. 입가에 미소가 번진다.

'나는 잘못된 게 아니야. 단지 많이 슬프고 화가 나 있을 뿐이야. 그동안 먹는 것으로 그 모든 감정을 달래왔던 거야.'

침대에 누워 있으니 행복감이 밀려온다. 지금껏 나의 문제는 먹는 것에 있다고 생각해왔는데 이제 생각해보니 그건 단지 위로의 한 방편이었다. 정말 문제는 겉으로 드러나지 않은 내면의 감정이 어떤 작용을 하는지 몰랐다는 점이었다. 그날 나는 우리 대부분이 자기가 심리적으로 고통받는 이유를 모르고 산다는 사실을 깨달았다. 우리가 겪는 모든 심리적인 문제는 고통에 대한 대응이며, 이러한 심리적 문제는 또 다른 방식으로 우리의 삶을 힘들게 한다. 하지만 근본이 되는 문제는 우리를 힘들게 하는 그 현상과 전혀 무관할 수도 있다.

나의 폭식 이야기가 이것으로 해피엔딩을 맞았느냐 하면 그렇지 않다. 하지만 적어도 끝을 향해 내딛는 첫걸음이기는 했다. 그로부터 수년간 많은 노력을 기울인 덕분에 이제는 고질적이었던 그 문제가 다시 고개를 쳐들고 나를 괴롭히는 일은 거의 없다고 자신 있게 말할 수 있다. 간혹 그런 일이 있다고 해도, 이제는 그것이 더 뿌리 깊은 문제의 신호탄임을 이해한다. 그럴 때면 표면적인 충동 뒤에 무슨 일이 일어나고 있는지 들여다보려고 한다. 상담사가 내게 공감해주었듯이 연민의 마음으로 나 자신을 돌아본다. 그러면 또다시 충동이 서서히 가라앉는다.

이러한 깨달음이 동기가 되어 나는 심리치료사가 되기로 결심했다. 우리 가족 중 여자는 모두 심리치료사다. 어머니와 언니, 그리고 네 분의 이모 모두 다. 나의 외할머니는 영국에서 심리학 전공으로 대학을 졸업한 첫 여성이었다. 심리치료를 숭상하는 가족 문화 속에 자랐으니 심리학 박사 학위를 받고 전문 심리치료사 훈련을 받은 것도 전혀 놀라운 일이 아니었다.

그 때문에 가끔은 짜증스러울 때도 있고 가족 모임이 한없이 무거운 분위기로 흐를 때도 있지만 그 덕분에 나는 인간의 삶을 사랑하고 감사히 여기는 자세를 배울 수 있었다. 또 정신 건강과 심리치료의 작용을 이해하는 데 필요한 기초도 다질 수 있었다. 그렇지만 우리 대부분이 진짜 문제가 무엇인지 모르고 산다는 사실을 깨달은 순간은 내가 직접 상담을 받고 심리치료사가 되고 난 후였다.

우리의 생각과 마음은 무의식의 지배를 받는다. 어떤 상황과 행동에 왜 그렇게 반응하는지, 왜 불안을 느끼는지, 왜 할 일을 자꾸 미루는지, 왜 자신을 함부로 대하는 남자에게 매력을 느끼는지, 왜 너무 강한 여자를 보면 겁부터 나는지, 왜 직장에서 끌려가듯 일을 하는지, 왜 잠을 못 자는지, 왜 항상 도움을 주는 사람이 되어야 한다고 생각하는지, 왜 배가 부른데도 계속 먹는지, 왜 모두가 자기를 미워한다고 생각하는지, 왜 특정 방식으로 생각하고, 느끼고, 행동하는지가 모두 무의식에 달려 있다.

정신분석학의 대가 지그문트 프로이트Sigmund Freud는 마음을 빙산에 비유해서 설명한다. 우리의 의식 영역은 전체 빙산의 10퍼센트에 불과하며 그 밑에는 90퍼센트에 해당하는 무의식의 영역이 존재한다고 말이다. 프로이트의 이론이 모두 다 맞지는 않지만 그가 정립한 몇 가지 개념은 매우 중요하며 오늘날에도 여전히 유효하다.

우리가 문제라고 생각하는 행동들은 사실 진짜 문제가 아닌

'문제에 대한 대응'일 때가 많다. 나에게는 폭식이 위로의 방편이자 하나의 해결책이었듯 우리는 누구나 자기만의 해결 방법을 가지고 산다. 그것이 누군가에는 대인 관계로, 누군가에게는 약물이나 일, 자기 비하 또는 불안이나 우울로 나타난다. 다시 말해 당신이 지금 겪고 있는 문제는 무의식에서 뭔가 일어나고 있음을 나타내는 '지표'일 수 있다. 빙산의 일각일 수 있다는 얘기다.

지금 이 순간에도 많은 사람이 해결될 것 같지 않은 각자의 문제를 안고 살아간다. 문제의 원인이 어디에 있는지도 모르는 채로. 나는 심리치료를 해오면서 이런 이유로 힘들어하는 많은 사람을 만났다. 그들은 일상이 뜻대로 돌아가지 않고 있다는 것을 알았고, 뭔가 문제가 있어서라는 것도 잘 알았다. 그리고 변화를 원했다. 그러나 변화를 위해서는, 문제의 해결을 위해서는 문제의 근본 원인이 무엇인지 알아야만 한다. 문제의 뿌리를 알지 못하면 그 어떤 변화도 기대할 수 없기 때문이다. 심리상담이 필요한 이유가 바로 이것이다. 심리상담을 통해 우리는 우리 마음속 깊숙한 곳을 들여다보고, 그 밑에서 무슨 일이 일어나는지 파악할 수 있으며, 나아가 그 깨우침의 순간이 문제 해결의 실마리가 되어 평안을 얻을 수 있다.

내가 소셜미디어에 복잡한 심리학 개념들을 이해하기 쉽게 설명한 글을 올리기 시작한 이유도 바로 여기에 있었다. 심리학적 이해를 통해 삶을 변화시키는 통찰을 상담실 밖으로도 전하고 싶었기 때문이다. 처음에는 소수였던 팔로워가 몇 개월만에 수십만 명으로 늘어났다. 처음엔 내가 쓴 글이 그렇게 많은 사람의 공감을 자아냈다는 게 믿어지지 않았다. 그러나 이내 곧 그 열광적인 반응은 그만큼 많은 사람이 자신을 깊이 이해하려는 갈망을 안고 있다는 의미임을 깨달았다.

우리가 심리상담소를 찾는 이유는 다양하다. 그럼에도 하나의 공통점이 있다면 모두가 크든 작든 삶의 변화를 원한다는 사실이다. 안고 있는 문제는 다양하지만 자신이 문제에 봉착해 있다는 느낌과 그러한 삶이 나아지기를 바라는 마음은 동일하다.

우리가 문제에 사로잡히고 거기서 벗어나지 못하는 이유는 자신에게 잘못된 질문, 말하자면 앞으로 나아가는 데 방해가 되는 질문을 하기 때문이다. 심리치료를 시작할 때 제일 먼저 짚고 넘어가야 하는 사실은 단번에 문제를 사라지게 하는 마법의 약이나 정답은 없다는 것이다. 장담컨대 세상에 그런 건 존재하지 않는다. 만약 그런 게 있었다면 내가 제일 먼저 사용했을 테니까. 내가 할 수 있는 일은 그저 사람들이 스스로에게 이전과는 다른 '질문'을 던질 수 있도록 도와주는 것, 그리하여 미처 인식하지 못했던 빙산의 일각을 들여다볼 수 있도록 하는 것뿐이다.

이 책에서 내가 당신에게 하려는 질문도 바로 그런 것이다. 심리치료나 치유의 여정을 시작하려는 독자들을 위해 각 장에는 내가 대면으로 또는 온라인으로 상담하면서 가장 많이 받았던 질문을 예로 들고, 그에 대한 해답을 제시해놓았다. 이와 더불어 복잡하고 접근하기 어려운 인간관계와 관련된 이론, 자기 인식을 높이는 방법, 긍정적인 정서를 함양하고 삶을 개선하는 방법에 관한 조언과 사례, 과제와 학습 요점 등을 적당한 분량으로 정리했다.

심리치료가 우리 삶에 큰 변화를 불러올 수 있기는 하지만 우리 마음의 진정한 주인은 우리 자신임을 기억해야 한다. 내가 나를 더 잘 알수록, 특히 내 감정의 정체에 대해 잘 알수록, 그렇게 내면에서 스스로 힘을 기를수록 치유될 가능성도 커진다. 당신의 감정을 이해하고 고통을 극복하는 과정에는 다음과 같은 다섯 가지 핵심 단계가 있다.

1. **호기심 갖기** Get Curious: 자신에게 어떤 문제가 있는지 인지하고, 그 문제가 더 깊은 문제의 징후임을 이해하며, 내면의 문제가 무엇일까에 대해 생각한다. 언제 처음 그러한 문제가 나타나기 시작했는지, 그 문제는 내게 어떤 영향을 미치는지, 이러한 문제가 인간관계에서는 어떻게 나타나며 반복되는 패턴이 있는지에 대해서도 고민해본다.

2. **이해하기**Understand: 과거의 경험을 깊이 반추해보고, 근본적인 문제가 무엇인지, 왜 그런 문제가 생겼는지를 좀 더 분명하게 알아본다.
3. **느끼기**Feel: 억눌려 있는 감정을 느껴본다. 우리는 모두 직면하고 싶지 않은 일을 피하는 데 너무 능숙하기 때문에 이러한 작용은 거의 무의식적으로 일어난다.
4. **행동하기**Act: 새로운 인식을 행동으로 옮겨 다른 선택을 한다.
5. **반복하기**Repeat: 이러한 패턴이 언제 나타나는지 알아차리고, 문제 행동이 나타날 때마다 위 단계를 밟는다. 그 후로도 같은 패턴이 나타날 때마다 반복한다.

위 다섯 단계는 무척 간단하게 들릴 수 있으며, 실제로 간단하다. 하지만 무의식적인 고통은 쉽게 감지되기를 원치 않는 속성을 지니고 있다. 그런 이유로 우리가 이를 알아차리기 위해서는 꾸준하고 반복적인 훈련이 필요하다. 그러므로 이 다섯 단계가 쉽고 깔끔하게 지나갈 거라는 말로 당신을 현혹하지는 않겠다.

심리상담 과정은 절대로 깔끔하고 간단할 수 없다. 마음속 상처는 순차적으로 단계를 밟는다고 치유되는 것이 아니기 때문이다. 호기심이 일어나다가 감정을 느끼는 단계에서 갈팡질팡할 수도 있고, 그러다 갑자기 아무 문제도 없다며 모든 걸 부정하는 상태로 되돌아갈 수도 있다. 아니면 바로 행동으로 옮기는 단계로 건너뛰거나, 또다시 깊은 감정에 빠져들 수도 있고, 일단 모든 걸 접고 밀어두었다가 힘이 생겼을 때 다시 시작할 수도 있다. 이렇듯 심리치료에 '정도正道'는 존재하지 않는다. 개개인의 여정이 각기 다르다. 그럼에도 그 과정을 성공적으로 마치는 데 필요한 기본적인 다섯 단계는 존재한다. 그러니 그 순서대로 경험하지 않는다고 해서 놀라거나 걱정하지 않아도 된다. 혹시라도 '내가 지금 제대로 하고 있나?' 하는 의문이 생긴다면, 옳은 방법도 틀린 방법도 없다는 점을 기억해주기 바란다. 혼란을 겪는다면, 그건 당신이 지극히 정상적인 사람이라는 뜻이다.

이 책이 완전한 치료를 대신할 수는 없을 것이다. 하지만 자기 자신을 이해할 수 있게 도와줄 수는 있다. 내가 이 책에서 이야기하는 방법들로 자신을 관찰하고 알아가며 자신이 왜 특정 방식으로 반응하고 행동하는지를 이해하고 나면 분명 스스로 판단하고 결정할 수 있는 선택지가 보이고 힘이 생기리라 믿는다.

나의 심리상담실에는 '머릿속에 떠오르는 생각은 그게 무엇이든 말해야 한다'라는 원칙이 하나 있다. 이상한 생각이어서 창피하다거나 상담 내용과 무관하다고 해도 나는 적극적으로 말하라고 독려하는 편이다. 이 책을 읽는 당신에게도 같은 원칙이 적용된다. 떠오르는 감정이나 기억이 아무리 부끄럽고 어리석고 엉뚱해도 그대로 받아들이고 호기심을 갖고 들여다보도록 하라. 글로 적어보는 것도 좋다.

무작위로 떠오르는 생각들은 무의식에서 시작되는 경우가 많다. 우리가 인지하지 못했지만 삶에 지대한 영향을 미쳐온 것들 말이다. 물론 떠오르는 감정이나 기억이 때로 감당하기 힘들 정도라면 잠시 생각을 멈출 필요도 있다. 스스로 너무 쉽게 자극받는다고 느껴진다면 그와 관련하여 뭔가가 당신을 힘들게 한다는 신호일 수 있으니 전문가를 찾아가 도움을 받도록 하라.

어떤 사람이 내 상담실을 찾아왔다고 해서 곧바로 그가 안고 있는 문제가 무엇인지 단번에 알아낼 수는 없다. 그가 종종 따분함을 느낀다고 말하면서 파트너와 더 이상 성관계도 갖지 않고 두통이 자주 생기는 걸로 보아 뇌에 종양이 생긴 것 같다며 하소연했다고 해보자. 이럴 때 심리치료사는 마치 탐정처럼 그의 말에서 단서를 찾아내고 그동안 배운 지식을 바탕으로 그가 지금 왜 이러는지 나름대로 맥락을 구성한다. 하지만 진실을 말하자면, 그의 내면에서 어떤 일이 일어나고 있는지 단 몇 번만에 알아내기란 매우 어렵다. 그걸 알아가는 여정은 상담을 통해 천천히 진행해야 한다.

새 환자를 만나면 처음엔 캄캄한 어둠 속에 서 있는 상태가 된다. 그래서 우선은 그에 관해 질문을 던지면서 치료를 시작한다. 어떠한 삶을 살았는지, 어떠한 어린 시절을 보냈으며, 어떤 과정을 거쳐 지금의 상태에 이르게 되었는지를 묻는다. 이 책을 읽는 동안 당신도 탐정이 되어 자신의 삶을 탐색해보기 바란다. 다시 말해 자신에게 호기심을 갖는 것이다. 지금 당신이 지닌 사고방식과 믿음은 어디에 근거하고 있는지, 다른 사람과는 다른 특별한 행동 양식이 있는지, 비슷하게 반복해서 경험하고 느끼는 것이 있는지 말이다.

무엇이 잘못되었는지 아는 것이
치유의 시작이다

사람들은 내게 종종 '어떻게 치유할 수 있나요?'라고 묻곤한다. 그럴 때면 나는 항상 '자기 인식'이 선행되어야 한다고 말한다. 문제를 인식하는 것이 변화를 향한 첫걸음이기 때문이다. 무엇이 문제인지 알기 전에는 어떻게 해야 할지 알 수 없다. 하지만 문제를 알게 되면 어렵지만 의식적인 변화를 시도할 수 있다. 자기 인식이 되어 있지 않은 상태에서 변화를 도모하는 일은 매우 소모적일 뿐더러 힘들기까지 하다.

우리의 행동이나 양식, 습관은 모두 나름의 기능적 목적을 가진다. 우리가 특정 행동이나 양식, 습관을 형성하는 데는 그럴만한 이유가 있다는 얘기다. 그것들은 어쩌면 당신이 기억하지 못하거나 무의식 속에 억압된 어떤 경험(주로 어린 시절의 경험)의 결과로 생겨났을 수 있다. 그러므로 겉으로 드러나는 징후 너머에 숨겨진 더 깊은 내면을 이해하도록 노력해야 한다. 수면 위로 드러나는 징후를 되짚어 보면서 그 밑에서 어떤 일이 일어나고 있는지 살펴봐야 하는 것이다.

이 책에서는 하나의 문제를 다룰 때마다 그것 때문에 어려움을 겪는 사람들의 사례를 소개한다. 그런 다음 문제의 근원이 무엇이었는지 밝히고 해결을 위한 조언과 도구를 제시한다.

각자에게 필요한 조언과 도구는 모두 다르다. 문제는 비슷해 보여도 근본 원인은 사람마다 다르기 때문이다. 당신이 지금 힘든 이유가 무엇인지 내가 직접 알려줄 방법은 없다. 그건 오직 당신만이 알 수 있으니까. 대신 문제를 해결하는 열쇠가 될 자기 인식을 높일 수 있는 도구와 문제를 해결하는 몇 가지 경로는 제시할 수 있다.

'자신을 이해한다'는 건 무엇이 잘못되었는지를 단순히 지식의 관점에서 인지한다는 의미가 아니다. 당신이 대립을 싫어하는 이유가 어머니가 통제적이고 공격적이라 무서웠기 때문이었음을 이해하게 됐다고 치자. 매우 중요한 통찰이지만 그렇다고 하여 현실이 바뀌지는 않는다. 그게 그렇게 쉬웠다면, 당신은 아동 심리책을 한 권 읽는 것으로 치유되었을 테고 심리치료는 1회로 끝났을 것이다. 상담사가 모든 게 어머니의 잘못이라고 말해주는 걸로 충분했다면(물론 심리치료 중에 실제로 그렇게 말하기도 한다), 지금 당신을 힘들게 하는 모든 문제가 어린 시절의 상처에 대한 나름대로의 대처법이라는 설명을 듣는 것만으로 모든 문제가 해결된다면 말이다. 하지만 안타깝게도 현실의 심리치료는 그렇게 간단하지 않다. 여기서 이해하고자 하는 것은 그동안 묻어두었던 당신의 '감정'이기 때문이다. 당신이 대립을 두려워하도록 만든 원인이 어머니의 무서운 성격이었음을 아는 것보다 중요한 일은 당신이 감정적으로 조금씩 당시의 느낌과 연결되는 것이다. 얼마나 무서웠으며 그때 어떤 기분이었는지 감정적으로 느껴봐야 한다. 변화를 불러오기 위해서는 과거의 어린 당신으로 돌아가 마음속에 억눌려 있는 감정들을 풀어내야 한다. 자신을 이해한다는 건 왜 그랬는가를 '아는 것'이 아니라 그걸 '느끼는 것'이다.

이러한 과정이 두렵게 느껴질 수도 있다. 과거로 돌아가서 다시 슬퍼하고 화내고 두려움을 또다시 느끼는 일은 당신이 가장 하고 싶지 않은 일일지 모른다. 나 역시 처음 심리치료를 시작했을 때, 얘기하기 어려운 부분은 피하고 전혀 상관없는 일을 이야기하거나 고통스러운 기억이나 감정이 건드려질 것 같으면 주제를 바꾸곤 했던 기억이 있다. 솔직하게 말하면 지금도 가끔 그런다. 그러는 게 나에게 전혀 도움이 되지 않음을 너무도 잘 알고 있는 지금도 말이다. 이처럼 우리의 무의식은 취약한 상태가 위협이 될 수 있다고 느끼면, 어떻게든 그런 상태가 되는 것을 피하려고 하며 이는 지극히 정상적인 현상이다.

이 책을 읽다 보면 짜증이 나거나 말도 안 되는 이야기를 하고 있다는 생각이 드는 순간도 있을 것이다. 그런 생각이 들수록 그 부분에 대해 좀 더 들여다보길 권한다. 심리치료 중에 유난히 신경에 거슬리는 말이 있다면 그 말이 당신의 무의식이 부정하거나 회피하려는 부분을 건드리기 때문일 가능성이 크다. 그럴 때 감정적으로 반응하기보다 인지적으로 알아차릴 수 있다면 자신에 대한 이해를 높이는 통찰의 순간을 가질 수 있다.

어떤 특정한 감정을 느끼는 것이 안전하지 않다고 생각하면서 평생을 살았는데, 어느 날 갑자기 상담사가 자꾸 그 느낌에 관해 묻는다고 가정해보자. 그럴 때 "괜찮아요. 어두운 저의 내면을 모두 열어 보여드리지요. 한때는 저의 이런 어두운 면 때문에 부모님이 나를 더 이상 사랑하지 않으며, 결국 죽음으로 끝나리라 생각했던 적이 있었답니다"라고 말하는 사람은 없다. 비록 당신은 나아지고 싶고 상담사가 당신의 마음을 알아주기를 바란다고 해도, 당신의 무의식은 경계 태세를 갖추고 싸움을 각오할 것이다.

그러한 이유로 해서 심리치료는 매우 긴 과정이 될 수 있다. 두려워하는 내면의 자아가 그러한 감정을 느껴도 안전하다는 사실을 자연스럽게 확신할 수 있어야 하기 때문이다. 신속한 해결, 마법의 알약, 즉각적인 만족을 추구하는 문화에 익숙한 우리에게는 실망스러운 일이지만, 심리치료는 필요한 만큼의 시간을 들여야 하는 과정이다.

자, 이제 그 기나긴 여정의 서막을 올려보자. 그 지난한 과정에서 오롯이 자신의 감정에 집중하기를, 그것을 인지하기보다 가슴 깊이 느끼기를 진심으로 바란다.

Part 1

나는 나를 얼마나
잘 알고 있을까?

: '나' 이해하기

Part 2
우리는 진심으로
가까워질 수 있을까?

: 나와 타인을 잇는 '관계' 이해하기

관계를 이해하는 시작은
나를 이해하는 것이다 176

1. 관계를 시작하기 전에 생각해야 할 것들

혼자의 삶 181
어떻게 하면 혼자서도 행복할 수 있을까

이상화 188
왜 혼자 기대하고 혼자 상처받는가

외로움 201
진실한 유대만이 외로움을 치유한다

3. 관계를 유지할 때 생각해야 할 것들

4. 관계가 끝날 때 생각해야 할 것들

Part 1

나는 나를
얼마나 잘 알고
있을까?

: '나' 이해하기

나의 진짜 모습을
이해한다는 것

인간이라면 누구나 행복하기를 원한다. 알바는 그러한 열망이 특히 더 절실한 사람이었다. 그녀는 행복해지기 위해 갖은 노력을 했지만 어쩐 일인지 자신은 늘 행복하지 않다고 느끼곤 했다.

이유는 알 수 없었다. 그다지 불행하지는 않지만 그녀의 하루하루는 늘 지루하고 힘겹게 흘러갔다. 자주 휴대전화를 훑어보고 틈만 나면 캔디 크러쉬 게임을 했다. 가족 모임에서도 혼자 딴생각에 빠져들곤 했다. 때로 실패했다는 생각도 들고, 사는 게 재미없고 허무하다는 생각이 머릿속을 맴돌기도 했다. 물론 즐거움을 느끼는 순간이 없지는 않았다. 친구들을 만날 때나 웃긴 유튜브 영상을 보며 깔깔거릴 때, 고양이를 쓰다듬을 때면 기분이 좋아졌다. 하지만 곧 다시 무력감과 권태가 찾아왔다.

그녀는 무기력한 느낌으로 아침마다 잠에서 깨어났다. 그리고 늘 눈을 채 뜨기도 전에 전화기부터 더듬어 찾는 것으로 하루를 시작했다. 거의 반사적으로 캔디 크러쉬를 한다. 시계를 본다. 한 시간이 지났다. 회사에 지각하게 생겼고 전날 희망적인 착각 속에 마음먹었던 운동 수업도 놓쳤다. 알바는 실망 섞인 신음을 내뱉으며 전화기를 던져버렸다.

'더 이상 이렇게 살 수는 없어. 변화가 필요해.'

결국 알바는 문제 해결에 돌입하기로 결심한다. 행복해지기 위해 모든 노력을 기울이기로 작정한다. 옷을 사면 기분 전환이 될 것 같아 새 옷을 산다. 하지만 생활은 변하지 않는다. 캔디 크러쉬를 삭제하고 휴대전화를 덜 사용하기로 결심한다. 며칠은 효과가 있었지만 결국 다시 원점으로 돌아왔다. 건강에 신경 쓰기로 하고 식단 관리와 달리기를 시작한다. 뿌듯한 마음이 들기는 하지만 그 역시 큰 변화를 가져오지는 못한다. 퇴사를 하고 여행을 떠난다. 발리, 멕시코, 인도… 그렇게 1년의 시간이 지났다. 요가를 시작하면서 기분이 좀 괜찮아지긴 했지만 여전히 마음 한쪽에는 슬픔이 따라다녔다.

알바는 이 문제를 해결하기 위해서는 삶의 의미와 목적을 좀 더 뚜렷하게 해야 한다고 생각했다. 어린아이들과 함께 생활하면 즐거움과 충족감이 생길지도 모른다고 생각하며 교사가 되기 위한 새로운 교육을 받았다. 예상대로 삶에 대한 마음 가짐이 달라졌다. 하지만 마음 한구석에는 여전히 깊은 슬픔이 고여 있었다. 그녀는 자신을 사랑해주고 아껴줄 사람이 필요한 건지도 모른다고 생각했다. 그렇게 알바는 자말이라는 남자를 만났다. 자말은 재미있고, 섹시하고, 야심 차면서도 자상한, 그야말로 완벽한 남자였다. 몇 달 동안은 좋았다. 짜릿함과 설렘을 맛보며 하루하루가 밝아지는 느낌이었다. 그와 함께 있을 때면 휴대전화는 생각나지도 않았다. 그녀가 느꼈던 뭔지 모를 단절감이 이제 완전히 사라진 것 같았다.

그러나 처음의 설렘이 가라앉고 '사랑의 호르몬'이라는 옥시토신이 진정되면서 정체불명의 묵직한 슬픔이 다시 찾아왔다. 또다시 직장에서 멍한 시간을 보내고, 친구를 만나러 가는 일조차 버겁고 귀찮아졌다. 괜찮다고 말하지만 사실은 전혀 그렇지 못했다. 그녀는 어느새 캔디 크러쉬를 다시 하고 있었다. 버스를 타고 가면서도, 아침에 눈을 떠서도, 잠자리에 들어서도 캔디 크러쉬를 했다. 자말과 함께 있으면서도 했다. 그러다 보니 두 사람 사이에 단절감과 외로움이 싹트기 시작했다. 세상은 또다시 암울해졌고, 알바는 또다시 힘들어했다.

알바는 왜 행복하지 못할까? 노력하지 않는 것도 아닌데.

여기서 중요한 건 알바가 문제의 핵심에 다가가지 못하고 있다는 사실이다. 문제를 해결하려는 모든 시도는 빙산의 일각만 건드리고 끝났다. 물론 직업이나 인간관계, 생활 방식은 정신 건강에 지대한 영향을 미친다. 그러나 그것들은 알바가 겪고 있는 문제의 근원까지는 닿지 못했다.

알바는 간절히 변화를 원하는 마음으로 나를 찾아왔다. 처음 만난 날, 나는 그녀가 마음을 열고 대화하기를 무척이나 두려워한다는 걸 느낄 수 있었다. 미소 짓고 있었지만 불안해 보였다. 산만하고 때로 냉담한 듯 보였으며 자기 이야기를 하는 데 익숙하지 않은 듯 자꾸 말끝을 흐렸다. 그녀가 말했다.

"저는 어떻게 해야 할까요?"

사람들은 답을 찾고자 심리상담소를 찾는다. 하지만 나는 그들에게 종종 더 많은 질문을 던지는 것으로 시작한다(그렇다. 심리치료는 사람을 그렇게 귀찮게 한다. 이 책을 함께 읽어나가면서 차차 알게 될 것이다). 나는 아무 답을 갖고 있지 않다. 사람들이 찾는 마법의 약이 내게 있다면 나도 참 좋겠다. 하지만 안타깝게도 그런 약은 없고, 모든 해답은 그녀 자신에게 있다. 다만 아직 그녀가 인지하지 못하는 영역, 즉 빙산의 아랫부분에 숨겨져 있을 뿐이다. 내 역할은 그녀가 안전하다고 느끼면서 그 해답에 도달할 수 있도록 돕는 것이다. 우리는 함께 수면 아래 바다 깊은 곳으로 뛰어 내려가 빙산의 아래를 보려고 한다.

진부하게 들리겠지만, 우선 나는 그녀의 어린 시절에 관해 물었다.

당신의 어린 시절이
말해주는 것들

인간의 뇌 발달은 출생 이후 3년 사이에 급격히 일어나며 다섯 살이 되면 거의 완전히 성장한다. 이는 그 시기에 일어나는 일이 우리가 어떤 사람이 되는지에 중대한 영향을 미친다는 걸 뜻한다. 언어를 습득하는 방식을 떠올리면 이해하기 쉽다. 유아는 성인보다 외국어를 쉽게 배우고, 그때 배운 언어를 모국어처럼 사용할 수 있다. 반면 12살 이후에 새로운 언어를 배우면 그렇게 되기가 상당히 어렵다. 말하기를 배우는 이 시기에 우리는 감정의 언어도 배운다. 우리가 자신에 대해, 관계에 대해, 세상에 대해 알고 있는 대부분은 이 시기에 습득된다고 해도 과언이 아니다.

사람은 행복이 아니라 생존을 추구하도록 진화해왔다. 그래서 우리의 뇌는 우리가 소셜미디어에 중독되거나, 스스로 동기를 부여하는 능력이 마비되어 직장에서 좋은 성과를 보이지 못한다고 해도 크게 신경 쓰지 않는다. 우리의 뇌는 잠재적으로 해롭다고 판단되는 위험 요인으로부터 우리를 보호하고자 할 뿐이다. 그렇다면 무엇이 위험 요인인지는 어디서 배우는 걸까? 바로 유아기 때의 직·간접적인 경험이다.

인간의 아기는 다른 포유동물 새끼와 비교했을 때 훨씬 무력하고 의존적이다. 생후 2년 정도는 자신의 생존 여부를 온전히 다른 사람의 손에 맡겨야 한다. 누군가 먹여주어야 하고, 테이블에서 굴러떨어지지 않도록 잡아주어야 한다. 그래서 아기는 생존을 위해 양육자와 항상 연결되어 있어야 하고, 사랑받아야 한다. 따라서 유아기에는 그러한 관계를 강화하거나 약화하는 요인에 매우 민감하게 반응한다. 부모가 곁에 없거나 내게 화를 낼 때, 또는 부모가 스트레스를 받는 상태에 있으면 우리의 뇌는 두려움의 신호를 내보낸다. 이러한 신호는 무언가 잘못되었다는 느낌을 불러일으키고, 아기는 상황을 바로잡고 부모를 행복하게 하고자 모든 시도를 한다.

부모와 상호작용을 하면서 아기였던 우리는 주변 환경을 통해 은연중에 무엇이 사회적으로 허용되는지 또한 배운다. 남자는 울면 안 되고, 여자는 자기주장이 강하면 안 된다. 자신감은 가지되 교만해선 안 되고, 행복하되 잘난 척은 좋지 않다. 이러한 기준은 문화적으로 만들어지며 각자가 속한 문화와 인종, 사회 계층, 국가에 따라 다르다.

이렇게 우리는 사회로부터 어떤 사람이 되어야 하는지, 어떻게 행동해야 하는지, 어떤 생각을 해야 하는지 등 수없이 많은 메시지를 받는다. 다시 말해 당신이 어떤 사람이 되는가에 영향을 미치는 요인에는 직계 가족뿐 아니라 더 넓은 의미에서의 사회, 문화, 성별, 인종, 계층, 종교, 신경적 특성 등도 들어간다. 우리가 세상을 살아가면서 겪는 모든 경험이 우리가 다른 사람과의 관계, 그리고 자신과의 관계를 형성하는 방식에 영향을 미치는 것이다.

그런데 신기하게도 성장하면서 부정적인 반응을 이끌어내는 감정이나 행동, 정체성은 무의식으로 밀려나 우리는 그러한 것들이 존재한다는 사실조차 인지하지 못하곤 한다. 어린 시절에 겪은 안 좋은 일이 성인이 된 당신에게 중대한 영향을 미치는 이유는 바로 이 때문이다. 이러한 아동기의 부정적 경험 Adverse childhood experiences, ACEs은 불안 장애부터 심장병, 암, 뇌졸중, 만성 기관지염, 폐기종, 당뇨병 및 간염에 이르기까지 정신적, 신체적으로 건강을 해칠 수 있는 주요 요인으로 작용한다.[1] 어린 시절을 힘들게 보냈을수록 고통은 더 크다. 그래서 이 문제를 해결함으로써 우울증은 절반 이상, 알코올 중독은 3분의 2, 자살 및 심각한 약물 남용, 가정 폭력은 4분의 3 정도 개선될 수 있다는 연구 결과가 나오기도 했다.[2]

하지만 나의 어린 시절은 좋았는데요?!

아동기의 부정적 경험에 대해 이야기하면 어린 시절에 별다른 일 없이 잘 지냈다고 말하는 사람도 많다. 그러나 신기하게도 여전히 영향을 받을 수 있다. 부모는 아이를 키우는 동안 크고 작은 일로 아이에게 실망을 안겨주기 마련이며, 개인에 따라 정도의 차이가 있을 뿐 알게 모르게 영향을 받는다. 아무리 정서적으로 잘 맞춰주고 배려심 많은 부모라고 해도 아이와 부정적인 감정을 주고받는 순간은 있을 수밖에 없고, 그것이 어른이 된 현재에 영향을 미치기도 한다.

다음에 열거한 항목은 트라우마까지는 아니지만 아이에게 부정적 영향을 미칠 수 있는 상황을 예로 들어본 것이다.

- 동생이 태어나 더 이상 부모의 관심을 독차지할 수 없게 되었다.
- 엄마가 너무 바쁘다.
- 아빠가 자신의 감정을 잘 이야기하지 않는다.
- 교실에서 놀림을 받았다.
- 소통이 단절되거나 무시된 경험이 있다.
- 늘 즐겁고 행복해야 하는 집안 분위기 때문에 마음 놓고 슬퍼할 수 없었다.
- 성적에 대한 부모님의 높은 기대와 압박을 받으며 자랐다.
- 주변에 폭력이 난무하고 위험한 지역에 살았다.
- 주변 사람들이 자란 환경과 내가 자란 환경이 달랐다.
- 거주지를 자주 옮겨야 했다.

이 중에 어린 시절을 떠올리게 하는 항목이 있는가? 어쩌면 자라면서 부모로부터 부정적인 영향을 받았다고 생각하는 게 어색하거나 두렵게 느껴질지도 모른다. 내게 부모님이 얼마나 자상하셨는지 말하고 싶어질 수도 있다(그 점에 대해서는 나도 의심하지 않는다). 어린 시절에 대해 좋았다는 것 말고 다른 걸 떠올리기 힘들 수도 있다. 그렇지만 그 모든 시간들이 한결같이 좋은 감정으로만 채워졌을 수는 없다. 좋지만 때때로 힘들었을 수도 있다. 우리가 누군가를 사랑하지만 때로 그에게 화가 나기도 하는 것처럼 말이다.

트라우마trauma란 그리스어로 '상처'를 의미하는데, 고통스러운 사건을 경험한 후에 생기는 감정적, 신체적 반응을 통칭한다. 내면과 외면 세계에 대한 안전감을 무너뜨리는 사건을 겪었을 때 우리가 마음을 처리하고 저장하는 방식이라고도 정의할 수 있다. 다시 말해 좋지 않은 일을 겪어 내가 처한 환경이 안전하다는 감각을 더 이상 신뢰할 수 없게 되는 것이다.

트라우마는 큰 트라우마, 작은 트라우마 이렇게 두 가지 유형으로 나눌 수 있는데 큰 트라우마는 신체적 또는 성적 학대와 같이 생명을 위협하거나 극심한 공포를 유발하는 경험에서 비롯된다. 작은 트라우마는 그 정도로 끔찍하지는 않지만 고통을 유발할 수 있는 모든 것을 지칭한다. 그런데 같은 경험을 하더라도 감정적 민감도, 유전적 차이, 가족의 지지, 문화에 따라 누군가는 트라우마를 겪을 수도 있고 또 누군가는 별다른 반응 없이 지나갈 수도 있다.

당연하게도 어린 시절 심한 학대와 트라우마에 시달린 사람은 심리 치유 과정이 그렇지 않은 사람보다 더 복잡하고 힘들다. 양 끝에 이 두 부류의 사람이 있다면 대부분의 사람은 그 사이 어딘가에 속한다고 볼 수 있다. 어린 시절이 좋았든 나빴든, 그 시간은 긍정적으로든 부정적으로든 당신이라는 사람의 마음에 영향을 미쳤으며, 성인이 된 지금에도 여전히 영향력을 발휘한다. 이 작용을 이해하며 스스로를 인식하는 것이 바로 치유의 첫걸음이다.

어린 시절을 떠올리고 그에 대해 이야기하기란 쉽지 않다. 나도 심리치료를 시작하고 1년이 지나서야 부모님이 완전무결한 사람이 아니었음을 인정할 수 있었다. 대부분의 사람이 자기 부모를 비판하는 일에 죄책감을 가진다. 정상적인 부모라면 누구나 자녀에게 많은 것을 베풀기 때문이다.

당신이 혹여 심리치료에 관해 무슨 이야기를 들어왔든, 나는 당신의 부모님을 비난하지 않을 것이다. 그분들이 좋은 부모였는지 그렇지 못했는지는 차치하고, 그저 호기심 어린 마음으로 그 시절을 떠올려보도록 하자. 어린 시절의 기억을 떠올리는 과정에서 방어적으로 접근하다 보면 스스로와 세상에 대해 알고자 하는 호기심이 차단되어버린다. 그러니 비난은 잠시 접어두고, 대신 궁금한 마음으로 그 시절을 한 번 생각해보자.

어렸을 적을 떠올려보자. 몇 살이든 상관없다. 당신은 어떤 아이였는가? 뭔가로 인해 힘들었던 기억이 있는가? 집에서 키우던 개가 죽었다거나, 새 학교로 전학 갔을 때의 기억 같은 것일 수 있다. 당시의 마음으로 돌아가 그때 어떤 기분이었는지 생각해보자.

가족 간의 관계는 어땠는가? 부모님께 사랑받는 행복한 아이였는가? 혹은 아쉬운 점이 있었는가? 정도의 차이는 있지만 모두가 다양한 이유로 여러 감정을 느끼곤 한다. 어린아이였던 당신은 그런 걸 어떤 마음으로 경험했을까?

질문에 답하기 어렵다면, 가장 어렸을 때의 기억을 떠올려보자. 당시 가족에게 어떤 일이 있었나? 그때의 기억이 당신이 어떤 어린 시절을 보냈는지 이해하는 데 도움이 되는가?

이런 질문을 통해 무의식에 묻혀 있는 기억의 단편들을 통합해볼 수 있다. 부모님을 원망하거나 비판하지 않고도 현재의 당신을 이루고 있는 어린 시절의 경험과 애착 관계를 파악할 수 있다.

우리 마음속에는
어린아이가 살고 있다

알바의 심리치료는 쉽게 진전되지 않았다. 알바는 함께 있는 동안에도 내가 존재하지 않는 양 혼자만의 생각에 빠져들곤 했기 때문에, 나는 종종 그녀가 자신의 공간 속에 나를 들여놓지 않는 듯한 느낌을 받았다. 그녀와의 소통은 쉽지 않았다.

나는 방금 앞에서 했던 질문을 알바에게 했고, 그녀는 조금은 무심한 어조로 어린 시절에 대해 들려주었다. 그녀의 아버지는 기분이 좋지 않을 때가 많았다고 했다. 나는 그녀가 당시의 기분을 기억하는지, 그때의 감정을 다시 느낄 수 있는지 확인하기 위해 예를 들어보라고 말했다.

여섯 살이었던 알바는 정원에서 공을 가지고 놀고 있었다. 벽을 향해 공을 차면 공이 벽에 맞고 튕겨져 돌아오고, 그러면 다시 차는 식이다. 탁. 탁. 알바의 아버지는 주방 식탁에서 일에 열중하고 있다. 탁. 탁. 아버지는 창밖을 한 번 힐끗 보고 나서 읽던 문장을 다시 읽는다. 탁. 아버지가 짜증이 나는 듯 어금니를 꽉 깨문다. 탁.

"아, 정말!"

더 이상 참을 수 없었던 아버지가 정원으로 성큼성큼 나간다.

"조용히 좀 하지 못하겠니! 당장 그만 해. 도대체 너는 왜 그렇게 신경에 거슬리는 짓만 하는 거냐?"

겁에 질린 알바는 입을 꼭 다문 채 그 자리에 얼어붙은 듯 서 있었다. 그저 놀고 있었을 뿐, 잘못한 게 없지 않은가. 알바는 뭔가 대꾸를 하려고 아버지를 향해 돌아섰다. 그렇지만 몸집이 거대한 아버지가 빨갛게 달아오른 얼굴로 잔뜩 인상을 쓰고 있었다. 알바의 입술이 바들바들 떨렸다. 아버지의 그런 모습을 본 건 처음이었다. 공포가 어린 알바의 머릿속을 스치고 지나갔다. 아버지가 또다시 소리를 지르면 어쩌지? 나쁜 아이라고 생각해서 더 이상 나를 사랑하지 않으면 어쩌지? 무섭기도 했고, 아버지의 화를 풀어주어야 한다고 생각한 알바는 얼른 사과하고 공놀이를 그만두었다. 알바는 컴퓨터 게임을 하기 위해 집 안으로 들어갔다.

그렇다고 해서 알바가 억울하지 않았거나 마음이 상하지 않은 건 아니었다. 아무 잘못도 없이 놀고 있다가 꾸중을 들었으니까. 다만 당시에 자기감정을 드러내는 건 안전하지 않다고 느꼈을 뿐이다. 만약 그랬다가 아버지가 더 화를 내거나 더 이상 자기를 사랑하지 않으면 큰일이니까. 앞서 말했듯이 그런 일이야말로 어린아이가 가장 두려워하는 상황이다. 그래서 알바는 자신의 억울한 감정과 상한 마음을 누르고 감추었다. 자신을 외면해버린 것이다.

그 후로 어린 알바는 종종 이런 상황을 경험해야 했다. 몇 번 그러고 나자 화나는 감정을 억누르는 데 익숙해졌고, 어느 순간부터 화가 난다는 사실조차 인식하지 못하게 되었다. 그렇다고 해서 분노의 감정이 사라진 것은 아니었다. 단지 무의식 속에 억압되어 있었을 뿐.

집 안에 들어가 게임을 하니 기분이 좀 나아졌다. 여전히 화가 나고 억울했지만, 게임을 하자 기분을 좋게 하는 호르몬이 나오면서 일시적으로나마 상한 기분이 가라앉았다. 그 후로 아버지에게 야단을 맞고 겁에 질려 말대꾸도 하지 못할 때면 게임을 하면서 화난 마음을 가라앉혔다. 성인이 되어서도 알바는 분노와 두려움의 감정을 잘 표출하지 않고 살았다. 실제로 나에게도 자기는 화를 낼 줄 모르는 사람이라고 했다. 그러면서 하루에도 몇 시간씩 게임을 하고, 휴대폰 화면을 훑는다고 했다.

알바의 이야기를 듣는 동안 나는 그녀가 나에게 이런 이야기를 해준 것에 마음이 따뜻해지면서 감사한 마음이 들었다. 내가 그녀 쪽으로 몸을 기울이자, 그녀는 놀라고 약간 겁먹은 듯한 얼굴로 나를 쳐다보았다. 물론 알바는 여전히 게임을 하면서 마음을 가라앉히고 부정적인 감정은 내면에 가둬둔다. 그녀의 마음속에는 두렵고 화가 나지만 그런 감정을 느끼면 안 되는 어린 소녀가 살고 있었다.

생존을 위협받은 아이는
울지 않는다

아이들은 부모가 감정을 다루는 방식에 놀라울 정도로 민감하다. 굳이 말하지 않아도 아이는 긍정적으로 수용되는 감정이 있고 그렇지 못한 감정이 있다는 사실을 자연스럽게 알아차린다. 만약 당신이 감정을 잘 드러내지 못하는 사람이라면 다음과 같은 이유로 감정을 억제하게 되었을 수 있다.

- 부모가 자신의 감정을 잘 드러내지 않았거나 감정에 대하여 말하지 않는 편이었다.
- 늘 행복하고 긍정적으로 생각하라는 이야기를 들었다.
- 엄마가 자주 불안해하며 화를 내곤 했다. 그래서 예민한 엄마를 건드리면 안 된다고 생각했다.
- 아빠는 비난에 민감했다. 의견 제시를 본인에 대한 공격으로 받아들이기도 했고, 대화를 단절하는 방식으로 벌을 주기도 했다.
- 동생이 시끄럽고 극성스러웠다. 당신까지 말썽을 부리면 부모님이 힘들어 했기에 당신은 늘 말을 잘 듣고 얌전해야 했으며 그렇게 해야 더 많은 사랑과 관심을 받는다는 사실을 배웠다.
- 안 좋은 일이 있어도 그에 관해 솔직하게 대화하는 일이 드물었다. 많은 것을 덮어두는 분위기 속에서 자랐다.

- 당신도 아직 아이였는데 더 어린 동생들을 보살펴야 했다.
- 학교에서 친구들로부터 괴롭힘을 당하면서 강해지지 않으면 타깃이 될 수 있다는 사실을 배웠다.

위와 같은 상황이 계속될 때 우리는 슬픔이나 분노, 질투나 미움 같은 감정은 '사랑받는 아이'가 되는 데 방해가 된다는 사실을 배운다. 부모에게 화가 나거나 섭섭함을 느끼는 것은 지극히 자연스러운 일이지만 위와 같은 상황에 계속 노출된 아이는 그런 감정을 느끼는 것이 안전하지 않다고 생각한다. 아이의 생존에는 부모의 사랑과 보살핌이 절대적으로 필요하기 때문이다.

이러한 상황은 정신적·심리적 문제가 생기는 시발점이 된다. 무의식에 저장된 우리의 믿음 대부분은 어린 시절 처음 세상을 배우면서 생겨난 것이다. 이는 무엇이 자신의 '안전'을 보장해주는가에 근거해 만들어진다. 아이가 울 때 어른은 화를 내며 그치라고 말한다. 그러면 아이는 울게 되면 자신이 위태로워진다는 사실을 배운다. 수업 시간에 발표를 하다가 놀림을 당했다면 대중 앞에서 말하는 건 안전하지 않다는 사실을 배울 것이다. 부모가 자신의 감정을 말하는 데 익숙하지 않거나 아이가 자신의 감정을 말했을 때 무시당한 경험이 많으면, 감정을 이야기하는 데 두려움을 갖게 된다. 당시에는 그러한 상황을 잘 인식하지 못했더라도 어른이 된 후 직장에서 발표를 한다거나 누군가 자신의 감정에 대해 말하라고 할 때 불편함과 어색함을 느낄 수 있다.

이렇게 무엇이 안전하고 무엇이 그렇지 못한가에 대해 경험적으로 습득된 믿음이 무의식에 저장되어 성인이 된 후에도 자신이 미처 깨닫지 못하는 사이 우리 삶을 통제하는 것이다. 스스로 자격이 없다고 생각해 새로운 직업의 기회를 외면하기도 하고, 사랑받을 자격이 없다고 믿어 잘 대해주는 사람은 밀어내고 못되게 구는 사람을 선택하기도 한다. 다른 사람을 화나게 만들면 자신의 안전에 위협이 된다고 생각해서 그들을 화나지 않게 하려고 온갖 노력을 기울이며 살기도 한다.

나를 더욱 고통으로 내모는
내 안의 방해자

이런 식의 자기 방해self-sabotage는 내면에서 일어나는 자기비판에서 비롯되는 경우가 많은데, 이러한 자기비판의 기준은 타인이나 사회의 부정적인 판단에 의해 만들어진다. 정신분석학자 로널드 페어베언Robert Fairbairn은 이를 '내적 방해자internal saboteur'라고 지칭했다.[3]

이 방해자는 우리가 다른 사람에 의해 창피당하거나 거절당하지 않도록 보호하려고 한다. 그러나 어린 시절 위협이 되는 상황에서 자신을 보호하는 역할을 했던 이 방해자는 위협 요소가 더 이상 존재하지 않는 성인기에는 득보다 실을 초래하는 경우가 더 많다. 내적 방해자는 잘못했던 일을 계속 상기시키고, 미래에 재앙이 닥칠지 모른다는 불안을 불러일으키며, 특정 상황을 피하거나 인간관계와 기회를 어그러뜨리기도 한다. 과거에 받았던 상처를 다시 또 받지 않게 하려는 것이지만 성인이 된 상황에서는 한때 우리를 안전하게 지켜주었던 바로 그것이 현재 고통의 원인이 되는 관성으로 작용하게 된다.

자기 방해는 무의식 속에서 뭔가 일이 일어나고 있다는 신호다. 그러므로 이러한 감정이 든다면 자신을 탓하기보다 먼저 내면에서 어떤 일이 일어나고 있는지 들여다봐야 한다.

사례 1

◆ **표면적으로 일어나는 일**: 현재 직장이 만족스럽지 않다고 말하면서 떠날 수 없는 이유를 찾거나 이직할 기회를 날려버린다.

◆ **내면에서 일어날 수 있는 일**: 행복해지거나 원하는 걸 얻기가 두렵다. 다시 빼앗길 수 있으니까. 불행하지만 익숙한 상태에 있는 게 안전하게 느껴진다. 그러한 상태에서 벗어나 새로운 시도를 하는 건 위험하다.

사례 2

◆ **표면적으로 일어나는 일**: 운동을 하고 싶다는 마음은 있는데 헬
스장에 잘 가게 되지 않는다.

◆ **내면에서 일어날 수 있는 일**: 자신이 돌봄을 받을 자격이 없다고
생각한다. 또는 불편함을 느끼고 싶지 않거나 잘하지 못할 것이
두려워 아예 시도하지 않으려 한다.

사례 3

◆ **표면적으로 일어나는 일**: 마음 편하게, 솔직하게 살고 싶다고 말
하면서도 감정에 관한 대화가 시작되면 화제를 돌린다.

◆ **내면에서 일어날 수 있는 일**: 약점을 드러내는 것이 두렵다.

마음 들여다보기

당신이 무감각하게 반응하려고 애쓰는 감정에 대해 생각해보자.
혹시 지난 몇 년간 화내거나 운 적이 있는가? 당신의 가족은 그러
한 감정에 어떻게 대응하는 편이었나? 가족들은 자기감정을 잘 드
러내는 편이었나?

당신에게 생소한 감정을 떠올려보자. 그런 감정이 가정에서 표출
된 적이 있는가? 당신이 그런 감정을 드러냈다면 어떤 반응을 보

마음속에 담아두는 게
왜 문제가 될까?

우리에게 일어난 일에 관해 말하거나 생각하는 것을 피하려고 하면 아이러니하게도 우리의 정신은 그것에 더 신경을 쓰게 된다. 누군가는 그런 상태를 더러운 옷을 그냥 옷장 속에 넣어두는 것과 같다고 표현한다. 일단 눈에 보이지 않게 치웠으나 그 옷은 옷장 안에서 곰팡이를 피우며 썩어간다. 그리고 더러운 옷의 냄새가 다른 옷들에 서서히 배게 된다. 마치 처리되지 않은 감정이 삶에 스며드는 것처럼 말이다. 감정을 제대로 처리하지 않고 회피하면 다음과 같은 일이 일어날 수 있다.

- 독감이나 감기처럼 크고 작은 건강상의 문제가 끊이지 않는다.
- 긴장을 풀고 편안하게 지내기가 어렵다.
- 매사에 무감각하고 피곤하며 우울하다.
- 사소한 일에도 과민하게 반응하거나 흥분한다.
- 자존감이 낮다.

- 늘 생각이 많고 자주 불안해지며 걱정을 멈추지 못한다.
- 가만히 있지 못하고 TV나 음주, 폭식, 과도한 업무 등에 빠져 있다. 아무것도 하지 않고 자기 생각을 마주하게 되는 상황을 피하고 싶어 한다.
- 웬만해서는 울거나 화내지 않는다.
- 중독에 쉽게 빠진다.
- 감정을 느끼지 않기 위한 활동들을 찾는다.
- 자기 방해나 자기 파괴적인 행동을 한다.
- 사람들과 함께 있어도 당신의 진짜 모습을 아무도 모르는 거 같아 외롭다.
- 현재에 머물지 못하고 자주 멍해지거나 상념에 빠진다.

우리는 대체로 자기가 감정을 억누르고 있다는 사실을 인지하지 못한 채 살아간다. 우리의 통제권 밖에서 일어나는 일이기 때문이다. 알바도 자신이 겁을 먹고 화가 난 상태였음을 전혀 알지 못했다. 그러면서 끊임없이 휴대폰을 들여다보고 충동적으로 캔디 크러쉬 게임에 매달렸다.

많은 사람이 자신의 내면에서 뭔가가 억압받고 있다는 사실을 알지 못한 채 힘들어한다. 자기가 얼마나 힘든지조차 깨닫지 못하는 사람도 있다. 어떤 친구는 내게 "나 정도면 정신 건강이 괜찮은 편이지, 뭐"라고 말한 적이 있다. 당시 그는 경계성 알코올 의존증에 심한 불면증을 앓고 있었으며 파트너와의 관계를 유지하기 힘들어하고 있었다. 흥미로웠던 점은 그가 이러한 증상들을 자신의 심리 상태와 연결 짓지 않는다는 사실이었다.

많은 사람이 정신 건강이라고 하면 조현병이나 양극성 장애 같은 심각한 정신 장애만을 떠올린다. 그렇지만 오늘날 현대인 대부분은 정신 건강을 돌봐야 할 상태에 놓여 있으며 뭔가 잘못되었다는 신호를 주는 증상들은 아주 미묘해서 그것이 문제인지조차 감지하기 어려울 때가 많다. 손톱을 물어뜯거나 잠을 잘 자지 못하며 과식을 한다. 업무 스트레스에 시달리고 자녀에게 자주 화를 내며 미안함을 느낀다. 생각이 너무 많으며 만성 피로와 잦은 두통에 시달린다. 단 한 번 데이트했던 사람에게 집착하거나 배우자를 두고 다른 사람을 만나기도 한다.

소소해서 문제라고 인식하기 어려운 일들, 조금 잦아지면 '요즘 좀 피곤한가?' 정도로 치부하기도 하는 일들, 이런 일들 속에 '진짜 문제'가 숨어 있을 수 있다. 회의적인 태도는 잠시 내려놓고, '나는 괜찮다'고 고집부리는 대신 내면에서 떠오르는 경험이나 감정에 주의를 기울여보자.

무의식적인 생각들을 알아차리기 위한 연습

1. 호기심을 갖는다. 떠오르는 생각이나 이미지, 기억에 주의를 기울여보자. 서로 관련이 없거나 이상하다고 느껴지더라도 개의치 말고 생각을 이어 나가라. 이런 생각들은 무의식에서 떠오르는 경우가 많다. 그것들 사이에 공통된 주제나 패턴을 알아차리면 내면에서 어떤 일이 일어나는지 파악할 수 있다. 스스로 검열하거나 엉뚱한 생각이라고 외면하지 말자. 종종 그런 생각들이 중요한 의미를 지닌 경우도 많다. 떠오르는 대로 적어두는 것도 좋다.

2. 이해한다. 과거를 떠올려보자. 어렸을 때 어땠는지 기억을 더듬어보고 특별히 힘들었던 기억이 있는지 살펴보자. 고통의 근원을 파악하려면 그것의 시발점으로 돌아가야 한다. 당신은 어렸을 때 어떤 식으로 자신의 감정에 대응하도록 배웠는가? 가족 내에서 당신은 어떤 역할을 담당했는가? 지금과 같은 행동 양식은 어디에서 비롯되었는가? 이 책을 읽어가는 동안 계속 기억을 떠올려보자. 과거의 감정과 그것이 현재 발현되는 형태를 이해하는 것이 자기 인식의 첫걸음이다.

3. 느낀다. 몸에 주의를 기울이자. 마음은 억눌려 있는 감정들을 기억하지 못할 수 있지만 몸은 기억한다. 감정은 신체적 감각이

다. 이 책을 읽는 동안 몸에 일어나는 일들에 주의를 기울이고 그 모든 변화를 수용하고 인지하도록 노력하자. 스트레스를 받거나 불편함을 느낀다면 그 원인을 찾아내려 애쓰지 말고 잠시 그 느낌에 주의를 기울여보라. 아무것도 하지 않고 단지 어떤 느낌인지 알아차리기만 해도 기분이 좀 나아질 것이다.

우울

문제 없이 사는데 왜 마음은 그러지 못할까

조지는 누구에게나 행복한 사람으로 통한다. 항상 모든 것이 완벽하게 갖추어져 있다. 말끔하게 다림질된 셔츠, 반짝반짝한 구두, 적당히 볼륨 있는 매력적인 머리 스타일. 이렇게 조지의 삶은 모든 부분에서 잘 정리되어 있다. 적어도 그는 그렇게 생각한다. 항상 웃는 얼굴로 일을 하고 신혼의 아내에게도 다정하고 성실한 남편이다. 또한 선망받는 직장에 다니는 그는 동료들과도 돈독한 관계를 유지하고 있다.

결혼식을 치르고 얼마 되지 않은 어느 날, 함께 아침 식사하던 아내가 임신을 했다고 말했다. 두 사람은 너무나 기쁜 나머지 주방에서 춤을 추었다. 모든 게 조지가 꿈꾸었던 대로 되어가고 있었다. 그런데 그 후 한두 달이 지나자 조지는 자기가 생각했던 것만큼 기뻐하고 있지 않음을 깨달았다. 사실은 매사에 무덤덤해지는 것 같았다. 아침이면 피곤한 채로 눈을 떴고, 머릿속에 안개가 자욱한 느낌이었다. 아무리 잠을 자도 풀리지 않을 것 같은 피곤을 느끼면서도 막상 자려고 하면 쉽게 잠들지 못했다. 직장 상사가 그의 승진에 도움이 되는 프로젝트를 맡겼지만 도무지 의욕이 솟지 않았다. 예전 같았으면 설레고 흥분됐을 일인데 지금은 어쩐 일인지 관심조차 가지 않았다. 더 이상 시간 외 근무를 하지 않으려 했고, 술집에서 친구와 만나기로 한 약속도 취소하는 날이 많았다. 아무것도 하지 않고 TV 앞에만 앉아 있으려고 했다. 출근하기 위해 침대에서 일어나는 게 몹시 고된 노동처럼 느껴졌고, 맛있는 걸 먹어도 예전만큼 즐겁지 않았다.

하지만 조지는 아무에게도 말하지 않았다. 아빠가 된 것을 기뻐하지 않는 자신이 부끄럽고 다른 사람의 비난이 두려웠기 때문이다. 그가 유일하게 위안을 얻는 곳은 샤워실이었다. 흐르는 물이 뺨에 흘러내리는 눈물을 가려주었기 때문에 매일 아침 거리낌 없이 울 수 있었다. 조지는 혼자 있을 때면 자신에게 물었다. "도대체 내가 왜 이러는 거지?"

우울감은 누구나 가질 수 있는 매우 정상적인 감정이다. 하지만 그런 상태가 지속된다면(기분이 좋은 날보다 우울한 날이 많다면) 조지의 경우처럼 삶이 생기를 잃어버린다. 어느 날 갑자기 우울감이 찾아오면 대다수 사람은 그럴 이유가 없다거나 부당하다고 생각한다. 자기는 충분한 혜택을 누리며 살고 있을 뿐 아니라 매사가 잘 돌아가는데 왜 우울감을 느끼는지 알 수 없다는 것이다. 이러한 일이 일어나는 까닭은 우리를 우울하게 만드는 진짜 이유가 숨겨져 있기 때문이다. 그걸 지금 느끼기에는 너무 힘들 것 같아서 무의식 속에 묻어둘 뿐이다. 문제는 이렇게 부정적 감정을 계속 억누르다 보면 긍정적인 다른 감정도 함께 가라앉아버려 '감정의 부재 상태'에 놓이게 된다는 데 있다. 부정적 감정을 느끼지 못하도록 감정을 느끼는 기능 자체를 마비시키면서(즉 무감각한 상태에 빠지면서) 기쁨이나 즐거움에도 둔감해지는 것이다.

'감정을 느낀다'는 말의 의미

심리치료사를 만나봤거나 감정에 관심이 좀 있다면 '자기 감정을 느껴보라'는 표현을 들어보았을 것이다. 그게 도대체 무슨 뜻일까? 감정은 당연히 느끼는 것이 아닌가? 감정을 느끼지 않으면 달리 어떻게 한다는 말인가?

감정은 우리 몸에 흐르는 에너지다(학교에서 배운 물리학 법

칙을 기억하는가? 에너지는 생성되거나 소멸하지 않으며, 하나의 형태나 공간에서 다른 형태나 공간으로 전이될 뿐이다). 감정을 뜻하는 'emotion'이란 단어도 e(에너지)+motion(움직임), 즉 움직이는 에너지라고 해석할 수 있다. 그러니까 감정이나 느낌은 에너지가 몸을 통해 움직이는 경험이다. 설레거나 흥분했을 때는 뱃속에 나비가 날아다니는 듯한 느낌이 든다. 공포를 느끼면 목구멍이 좁아지면서 심장 박동이 빨라진다. 슬픔은 무거운 느낌으로 다가오고 눈물로 표출된다. 분노를 느끼면 열이 나고 얼굴이 빨갛게 달아오르며 경계심이 발동한다. 크게 울고 난 뒤 몹시 피곤했던 경험이 있는가? 그건 감정을 느끼느라 에너지가 소모되었기 때문이다.

그렇다면 감정을 마음속에 가둬두려고 할 때는 어떤 일이 일어날까? 감정을 억누르는 데는 더 많은 에너지가 필요하다. 우리가 느끼는 감정이 모두 밖으로 표출되고자 하는 에너지라고 생각해보자. 요동치고, 꿈틀거리고, 뛰고, 폭발하면서 어떻게든 자유롭게 분출되려는 에너지를 가둬두기 위해서는 그보다 더 큰 힘이 필요하다. 위로 밀어 올리는 힘으로 가득 찬 상자를 계속 누르는 것과 같은 상황이기 때문이다. 그러고 나면 무척이나 피곤할 것이다. 수년 동안 그렇게 어마어마한 에너지를 소모하며 감정을 억누르고 살다 보면 에너지가 고갈되면서 우울증이 찾아올 수도 있다.

우울증은 감정에 둔감해지는 것만을 의미하지 않는다. 신체적 에너지가 고갈되고 동기가 저하되는 증상을 동반하기도 한다. 인간의 몸을 자동차에 비유해서 브레이크와 액셀을 동시에 밟고 있다고 상상해보자. 그런 상황이라면 자동차는 아무 데도 가지 못하지만 휘발유는 계속 소모된다. 우리가 감정을 내면에 가둬두는 것도 이와 같은 일이다. 그래서 결국엔 지치고 무감각해진다.

이럴 때 상담치료나 좋은 치유 방법을 통해 차마 견디기 어려운 감정을 인지하면, 무감각 상태에서 깨어나 감정을 제대로 느끼고 수용할 수 있게 된다. 이렇게 묻어두었던 감정을 발산하고 잘 처리하면 그것을 억누르는 데 할애했던 에너지를 좀 더 유용하게 사용할 수 있고, 그 결과 가라앉았던 기분이 회복되기 시작한다.

깊이 묻혀 있는 감정과 소통하는 세 가지 방법

어떤 감정은 알면서 밀쳐두기도 한다. 불쾌한 느낌이 들 때 우리가 술 한잔을 마시며 잊으려 하는 이유는 그렇게 함으로써 불쾌한 생각을 멈출 수 있다는 걸 알기 때문이다. 그런가 하면 어떤 감정은 너무 깊이 묻어버려서 자기 안에 그런 감정이 있다는 사실조차 인지하지 못하기도 한다.

이렇게 깊이 묻혀 있는 감정과 소통하는 방법에는 여러 가지가 있는데, 그중에서도 누구나 쉽게 직접 시도해볼 수 있는 방법으로 다음의 세 가지를 꼽을 수 있다.

첫째는 자기 몸과 소통하는 것이다. 표면적인 감정과 깊은 감정을 모두 파악하려면 몸이 보내는 신호에 귀를 기울여야 한다. 감정도 결국엔 신체적인 감각이기 때문이다.

나는 상담실에 찾아온 환자에게 종종 몸이 어떤 신호를 보내는지 묻곤 한다. 불편한 느낌은 없느냐고 물으면 전혀 없다는 사람도 있고, 다리가 떨리는 느낌이 있다고 대답하는 사람도 있다. 그런가 하면 가슴이 답답하다거나 머리가 지끈거린다고 호소하는 사람도 있다. 그러면 나는 그 느낌을 모양이나 색깔로 묘사해보라고 한다. 그때 떠오르는 이미지가 뭔가와 연관성을 갖지는 않는지, 연상되는 이미지가 있는지 혹은 어떤 기억과 연결되어 있는지 등등을 말이다.

이를 '자유 연상'이라고 하는데, 혼자서도 충분히 해볼 수 있다. 의식의 여과 과정, 즉 분석을 하지 않으면서 떠오르는 대로 무엇이든 말하다 보면 우리 무의식에 저장된 기억이나 감정이 표현될 수 있는 공간이 생긴다. 이러한 방법으로 감정을 연상하고 시각화함으로써 좀 더 신체적인 단계에서 감정을 되살리고 그것과 관련된 어린 시절의 기억을 탐색할 수 있다. 지금 당신의 몸 상태는 어떤가? 몇 초 정도 시간을 갖고 몸에서 어떤 신호를 보내고 있는지 살펴보자. 이러한 과정을 통해 왜 그런 감정이 자신을 힘들게 하는지 이해할 수 있다.

둘째, 자기감정과 소통하는 또 다른 방법은 일기 쓰기다. 이때 펜과 종이를 들고 앉아 자유롭게 쓰는 것이 가장 중요하다. 그래야 진솔한 감정이 드러나기 때문이다. 계획하거나 검열하지 않고 말하듯이 쓰다 보면 무의식에 가라앉아 있던 감정이 글을 통해 표출된다. 자기가 쓴 글을 나중에 다시 읽다가 깜짝 놀랄 때도 있다.

셋째는 호흡법이다. 호흡법은 일반적인 호흡 훈련과 홀로트로픽holotropic 호흡법처럼 특별한 호흡법을 통칭하는 말이다. 홀로트로픽 호흡법은 빠르게 호흡하면서 감정 이완을 도모하는 기법으로 1970년대 자아초월 심리학 및 의식 연구 전문가인 스타니슬라프 그로프Stanislav Grof 박사가 개발했다. 이 호흡법은 체내에 산소 보유량을 증가시켜 감정을 흐르게 하고 스트레스를 해소해 신체를 평온한 상태에 이르게 한다. 그로프 박사의 아내인 크리스티나 그로프는 이 호흡법으로 워크숍을 진행했는데, 참석자들은 호흡법을 시행하는 동안 울고, 소리치고, 바닥을 두드리면서 강력한 감정 배출을 경험할 수 있었다.

나아가 그로프는 이 호흡법이 사람들의 억눌려 있던 생각과 감정을 분출시킨다는 사실을 확인했다. 2023년에 발표된 이 연구의 메타분석 결과도 홀로트로픽 호흡법이 스트레스 해소와 정신 건강 증진에 유익하다는 사실을 뒷받침하고 있다.[4]

처음 시도하는 경우라면, 도중에 불편한 감정이 올라오더라도 안전하게 훈련을 마칠 수 있도록 전문가의 도움을 받는 것이 좋다.

위 세 가지 방법을 통해서든 아니든 자신의 감정을 제대로 느껴보는 과정을 경험하면, 처음에는 나아지기는커녕 더 힘들어지는 듯한 느낌을 받기도 한다. 진정한 치유가 이루어지려면 그동안 피해왔던 고통스러운 감정의 터널을 지나야 하기 때문이다. 이는 옷장에 넣어두었던 더러운 옷을 꺼내는 일과 같다. 처음에는 전혀 즐겁지 않겠지만 옷장 전체에 곰팡이가 피는 것보다는 훨씬 낫다.

받아들이고 싶지 않았던 자신의 한 부분을 직면하는 일은 자신의 취약성을 인정하는 일이다. 취약해진다는 건 두려움을 뜻하고, 특히 어린 시절에 그것이 안전하지 않다고 배웠다면 더 그럴 것이다. 자신에게 너그러워져야 한다는 마음으로 떠오르는 감정을 그대로 받아들이자. 두려움이 느껴질 수도 있지만 감정은 결코 영원히 지속되지는 않는다. 당신은 그저 감정이 떠올랐다가 지나가도록 놔두면 될 뿐이다.

나의 감정을 인지하고
그 근원을 탐색하는 법

조지는 처음으로 삶을 그만 멈추고 싶다는 생각이 들었다. 동시에 그런 자신이 두려웠는데, 자기가 자살을 생각하게 되리라고는 상상해본 적이 없었기 때문이다. 그제야 뭔가 잘못되고 있음을 깨달은 그는 용기를 내어 아내에게 그동안의 심정을 털어놓기로 했다. 그날 저녁, 두 사람은 함께 온라인에서 심리치료사를 찾아보았고 그렇게 나를 찾아왔다. 두 사람 모두 안도감과 동시에 앞으로 겪게 될 상황에 대해 약간의 두려움을 느꼈다.

조지는 처음 몇 번의 상담이 어색하기만 하고 별 도움이 되지 않는 것 같다고 아내에게 말했다. 그의 실망감이 느껴졌지만, 나는 그가 원하는 해답을 가지고 있지 않았다. 조지는 내가 마법의 지팡이를 흔들어 단번에 좋아지게 해주기를 원했고, 나는 계속 그의 어린 시절을 돌아보자고 말했다. 그는 자신의 어린 시절은 좋았다고 했다. 그가 묘사하는 어린 시절은 평화롭고 행복한 장면뿐이었다. 가족은 화목했으며 부모님은 지금도 사이가 좋다고 말이다. 늘 놀이와 웃음과 사랑이 가득했기 때문에 조지는 자신의 어린 시절이 지금의 문제와는 전혀 관련이 없다고 확신했다.

나는 조지의 말이 맞을 수도 있다는 생각이 들었다. 어쩌면 내가 드디어 완벽한 어린 시절을 보낸 사람을 만났을 수도 있으니까. 그러던 어느 날, 조지가 내게 샤워를 하며 운다는 이야기를 하고 있는데 그의 여동생에게서 전화가 걸려왔다.

"전화를 받아도 되겠습니까? 여동생이 전화한 걸 보면 급한 일일지도 몰라요."

나는 고개를 끄덕였다. 통화가 어떤 식으로 흐를지 궁금하기도 했다. 조지는 마치 자식 걱정하는 부모처럼 전화를 받자마자 그녀가 잘 있는지, 도움이 필요한지를 물었다. 나는 좀 의아했다. 조지가 그동안 동생에 대해 들려준 이야기에 따르면, 그녀는 매우 독립적인 사람으로 결혼해 자기 가정을 꾸린 유능한 변호사였기 때문이다. 나는 무슨 일이 있는 건지 궁금해졌다.

"무슨 일 있나요? 많이 걱정하시는 것 같아서요."

전화를 끊은 조지에게 물었다.

"아, 네. 잘 있다네요. 우리 남매가 워낙 가깝게 지내거든요."

그러나 조지의 음성에는 긴장감이 배어 있었다. 정확한 이유는 알 수 없지만 나는 조지가 말하는 '가까운 사이'에 뭔가 복잡한 사연이 담겨 있음을 감지했다.

"전화를 받으시는 모습을 보니 마치 아빠 같았어요. 자식을 보살피는 것처럼 말이에요."

그러자 그는 뭔가 중요한 이야기를 시작하려는 사람처럼

깊은 한숨을 내쉬었다. 그는 여동생이 미숙아로 태어나서 생후 1년 동안 집중적인 보살핌을 받았어야 했다고 말했다. 당시 네 살이었던 조지는 부모의 관심을 동생과 나누게 되어 이미 마음 이 상한 상태였는데 말이다.

"그때 참 힘드셨겠어요."

나는 그의 내면에서 느껴지는 아픔에 다가가고자 이렇게 말 했다. 하지만 조지는 나의 공감을 원치 않았다. 그는 단호한 어 조로 문제는 동생에게 있었다고 선을 그었다. 나는 당시 그가 어떤 마음이었는지 물었고, 그는 다시 자기는 괜찮았다고 짧 게 대답했다. 그때의 일은 지금 자기가 겪는 고통과는 아무 관 계가 없다고 하면서. 그는 아주 강력하게 마음의 문을 닫아버 린 것이었다. 이렇게 지나치게 방어적인 행동을 보일 땐 그 밑 에 고통이 숨겨져 있는 경우가 대부분이다. 나는 일단 더 깊게 파고들지 않기로 하고, 그가 준비되었을 때 여동생과의 관계를 확인해보기로 했다.

내가 느끼지 못해도 상대방은 나의 감정을 느낀다

당신이 표출하지 못한 감정은 다른 사람이 대신 알아차리게 되기도 한다. 심리치료사로서 나의 가장 중요한 역할은 상담하 는 동안 내담자에게서 느껴지는 감정을 지속적으로 확인하는 일이다. 조지와 함께 상담실에 있는 동안 나는 종종 매우 슬퍼지곤 했다. 그가 오기 전까지 아무 문제 없이 즐겁게 지내다가도 상담을 시작하고 10분 정도만 지나면 눈물이 차올라서 양볼에 힘을 주고 울음을 참아야 했다. 정작 조지는 아무런 느낌도 없었을 것이다.

그렇게 해서 나는 조지가 피하려는 게 무엇인지 조금씩 파악하기 시작했다. 조지가 여동생에 관해 이야기할 때 나는 내가 깊은 슬픔을 느낀다는 사실을 알 수 있었다. 내가 어떤 감정에 이입되는가는 상대에 따라 다르다. 함께 있을 때 분노를 느끼게 되는 사람이 있고, 열등감이나 질투, 두려움을 느끼는 사람도 있으며, 때로는 단절감을 느끼거나 무감각해지는 사람도 있다. 상대방은 느끼지 못하는데 나만 느끼는 감정이 있다면, 바로 그것이 상대방은 느끼지 못하는 감정의 단서가 된다.

감정의 뿌리에 접근하기

결국 조지는 동생의 병에 대해 좀 더 자세히 말해주었다. 조지는 동생이 아프고 나서 모든 것이 바뀌었다고 고백했다. 부모님은 동생에게 전적으로 매달려야 했고, 그러다 보니 어린 조지는 부모님이 더 이상 자기에게 관심이 없다고 느꼈다. 부모님이 장기간 병원에서 지내며 여동생을 돌보는 동안 조지는 베이비시터에게 맡겨졌다. 부모님은 조지가 농담해도 웃지 않았고 예전처럼 놀아주지도 않았다. 그러면서 조지에게는 여동생을 위해 용감한 오빠가 되어야 한다고 말했다. 그래서 조지는 그런 사람이 되었다. 부모님을 기쁘게 해드리기 위해 질투, 슬픔, 두려움 같은 감정은 마음속 깊이 감추었다. 시간이 흘러 여동생의 상태가 호전되고 집안은 다시 예전의 균형을 되찾았다. 그때의 힘들었던 시간은 두 번 다시 가족의 입에 오르지 않았고, 모두의 기억에서 잊힌 듯했다.

조지와 이야기를 나누면서 우리는 아내의 임신이 조지의 무의식에 숨겨져 있던 동생이 태어날 때의 기억과 부모님의 사랑을 빼앗겼던 당시의 상실감을 떠오르게 했을 수도 있다는 사실을 깨달았다. 처음에 조지는 크나큰 죄책감을 느꼈으며, 그도 태어날 아기에 대해서 기쁨을 느끼고 있을 거라는 나의 주장을 몹시 짜증스러워했다. 하지만 얼마쯤 시간이 지나자, 그는 마음속에 갈등이 일고 있음을 인정했다. 동생 이야기를 할 때면 가슴이 답답해지고 손가락이 저려온다고 고백했다. 동생이 아팠던 건 동생의 잘못이 아닌데 그 일로 동생을 질투했던 것에 미안함을 느낀다고 했다. 나는 그 역시 어린아이였음을 상기시키며 그가 충분히 그런 마음을 가질 수 있었다고 말해주었다. 어린 그로서는 무척 힘들었을 테니 말이다.

내 말이 끝나자 그의 눈에 눈물이 고였다. 조지는 처음으로 울음이 터지는 걸 감추려 하지 않았다. 나와 함께 자신의 과거를 현재에 연결하고자 노력하는 동안 조지는 자신이 무의식적으로, 예전에 어머니가 그랬듯이 아기가 태어나면 아내가 더 이상 자기에게 관심을 보이지 않을까 봐 불안해하고 있다는 사실을 깨달았다. 그때까지 그는 한 번도 그런 말을 누구에게도 해본 적이 없었고, 내게 말하는 동안에도 그의 손은 덜덜 떨리고 있었다. 마치 그의 온몸이 말하지 말라고 아우성치는 것 같았다. 어렸을 때 그는 동생이 태어나지 않았더라면 더 좋았을 거라고 생각한 적도 있다고 고백했다. 큰 책이 동생 위로 떨어져 덮치거나 개가 동생을 잡아먹는 상상을 했다고도 했다.

"그런 상상을 했다니, 제가 너무 흉악한 사람인 거죠?" 조지가 내게 물었다. "제게 심각한 문제가 있는 건가요?"

물론 조지에게는 아무 문제도 없다. 단지 당시에는 감당할 수 없었던 모든 감정을 처리하는 중일 뿐이다. 그 감정들은 그의 무의식 속에서 잠자고 있었다. 그러다가 아내의 임신으로 무의식에 저장된 동생의 탄생과 관련된 기억과 감정이 수면 위로 떠올랐고, 조지는 그것들을 다시 억누르기 위해 엄청난 힘을 필요로 했다(감정은 곧 에너지임을 기억하자). 조지가 침울하고 의욕이 없었던 건 바로 이런 이유에서였다. 감정을 억압하는 데 모든 에너지를 소진하고 있었던 것이다.

조지가 처음 상담실을 찾아왔을 때, 나는 해답을 가지고 있지 않았다. 그가 우울한 원인이 이런 것이리라고는 생각하지 못했다. 조지 자신도 모르고 있었으니까. 그러나 우리는 함께 탐정이 되어 그의 감정의 뿌리가 되는 상처의 근원을 찾아갔다.

나의 감정에 솔직해질 수 있는 공간을 가져라

시간을 두고 감정과 기억이 수면 위로 떠오르기 시작하면서, 조지는 조금씩 나아지고 밝아졌다. 그에게는 단지 감정을 느끼는 일만이 아닌 다른 누군가가 함께 그 감정을 느끼고 허점을 드러내도 괜찮다고 말해주는 것, 다른 사람에게 부담을 주지 않으면서 자기감정을 표출할 수 있다고 말해주는 것이 매우 큰 도움이 되었다. 어린 조지는 부모님을 위해 자기는 착한 아이가 되어야 한다고 느꼈고 그렇지 않으면 부모님이 자신을 받아들여주지 않으리라 생각했다. 그런데 심리치료를 통해 자기도 도움을 필요로 하는 사람이 될 수 있는 공간, 착하고 건강한 사람이 아니어도 되는 공간을 갖게 된 것이다. 그는 그 속에서 안전하게 자기감정을 느낄 수 있었으며, 그렇게 해도 아무 일도 일어나지 않는다는 걸 체험했다.

조지의 아내가 출산을 하고 나서 몇 주 동안 나는 그를 만나지 못했다. 그러는 동안 그가 조금 걱정되었다. 딸이 태어나고 나서 조지는 어떤 기분일까? 우울증이 더 심해졌을까, 아니면 자신의 복잡한 심경을 받아들이고 표현할 방법을 찾았을까? 그래서 새로 태어난 아이와 진심으로 연대를 이루게 되었을까?

상담실 문이 열리고 조지가 들어왔다. 그의 얼굴에 미소가 번져 있는 것을 보고 비로소 안도의 숨을 내쉬었다. 조지는 괜찮았다. 조지와 인연을 맺은 사람들이 그렇듯이 나도 그가 행복하기를 바라고 있다는 생각이 들었다. 하지만 동시에 심리치료사로서 중립을 지킴으로써 그가 자신의 감정에 솔직해질 수 있는 공간을 주어야 한다고 생각했다. 좋은 감정이든 나쁜 감정이든.

"음, 요즘 저는 말이죠,"

조지가 말했다.

"어떤데요?"

"완전히 사랑에 빠졌어요."

순간 안도감이 밀려오면서 상담실 안을 가득 채웠다. 조지의 얼굴이 환하게 빛나는 걸 보며 나는 그의 말이 진심임을 알 수 있었다. 새로 태어난 딸에 대한 이야기가 끊이지 않고, 사진을 보여주며 아기가 자면서 웃는다는 둥 소소한 이야기를 하며 어쩔 줄 몰라 하는 모습에서 그 진심이 느껴졌다.

그러나 조지는 동시에 두려움도 느꼈다. 감정을 느끼는 역량이 커지면 사랑과 동시에 그만큼의 두려움도 느끼기 때문이다. 상담을 쉬는 동안 조지는 몇몇 친구들과 이런 이야기를 나누었으며, 이제 아내와도 마음을 터놓고 대화를 나눈다고 했다. 때때로 아내가 아기를 돌보느라 바빠서 조지가 회사에서 중요한 미팅을 잘했는지 물어봐주지 않으면 섭섭해지면서 또

다시 우울감이 찾아온다고 했다. 하지만 이제 조지는 옷장 속에 넣어둔 더러운 빨래를 떠올리면서 자신의 진짜 감정을 파악할 수 있게 되었으며 이를 받아들이려고 노력한다. 사실은 아내의 관심을 독차지하고 있는 아기에게 질투심을 느끼고 있으며, 관심을 빼앗긴 데 대해 억울한 마음이 든다는 사실을 인정하는 것이다. 이제 조지는 그러한 감정이 상처받은 어린 시절에서 비롯되었으며 그런 감정을 느끼는 게 잘못된 일이 아님을 알고 있다. 그래서 아내를 비난하거나 원망하지 않고 자기가 소외되는 느낌을 받는다고 솔직하게 말한다. 그리고 아내와 함께 문제를 해결해 나간다. 조지는 그렇게 자기감정을 통제할 수 있게 되면서 더 이상 감정에 통제당하지 않을 수 있었다.

마음 들여다보기

당신도 조지와 같은 감정을 느꼈던 때가 있는가? 꼭 우울감이 아니라도 의욕이 떨어지거나 평소와 다른 기분이었던 시기가 있었는가? 그 시기에 무슨 일이 있었는가? 어떤 사건이나(기뻤던 일일 수도 있다), 변화가 일어났거나, 인생의 중요한 변곡점을 맞이했는가? 무의식에서 잠자고 있던 어떤 감정이나 기억이 건드려질 일이 있었는가?

맞는 답과 틀린 답은 없으며 다만 호기심을 가지면 된다는 점을 기억하라. 침울해진 자신을 탓하거나 더 열심히 일해야 한다거나 소셜미디어에 보이는 사람들처럼 행복해야 한다고 재촉하지 말고 당신의 내면에서 어떤 일이 일어나고 있는지 호기심을 가지고 들여다보자.

몸이 한계에 부딪히면
마음은 문을 닫는다

우울증은 단순히 '아무런 감정도 느끼지 못하는 상태'일 수도 있다. 조지의 이야기를 읽고 오해하지 않기를 바란다. 우울감을 느끼는 모두가 조지처럼 깨달음의 순간이나 딱 맞아떨어지는 설명을 찾게 되는 것은 아니다. 우울감의 원인이 과거에 있지 않을 수도 있고, 단지 전반적인 감정의 봉쇄 상태에 가까운 경우도 있다.

상황이 감당할 수 없는 지경에 이르면 우리의 신경계는 동결 체제로 들어가버린다. 만성적인 스트레스와 힘든 일들을 '위험 요인'으로 느껴 우리 몸이 봉쇄 기제를 작동시키는 것이다. 전기 퓨즈에 과부하가 걸리면 끊어지듯이 우리 몸도 과도

한 스트레스를 받으면 합선되어 회로가 끊어진다. 이러한 '경직' 상태가 되면 몸과 마음이 봉쇄 상태에 들어가, 의사소통과 행동은 물론 감정을 느끼는 기능이 제대로 작동하지 않는다. 격렬한 운동을 한 것도 아닌데 몸을 움직이기가 힘들고 늘 몸이 무거운가? 무감각하고 무력감이 있으며 생각과 감정이 단절되고 분리된 느낌을 받는가? 이 모든 것이 당신이 경직 반응을 보인다는 신호이며 우울증의 증상이다.

이러한 스트레스를 느끼는 상황이 누군가 당신에게 소리를 지른다거나, 사고를 당하는 경우처럼 일회성 사건으로 지나갈 수도 있다. 하지만 과거에 트라우마를 겪었다거나 만성적인 스트레스와 격한 감정에 휩싸여 지낸다거나 하여 지속적으로 위협 요소에 노출된 채 지내면 우리 몸이 경직 반응에 고착되어 그 상태가 영구적으로 굳어질 수 있다.

우리 마음에 이러한 감정을 감당할 수 있는 한계를 나타내주는 '인내의 창window of tolerance(인지적, 정서적으로 최적의 각성 상태를 유지할 수 있는 한계 범주—옮긴이)'이라는 개념이 있다. 이는 정신과 교수인 다니엘 시겔Daniel Siegel 박사가 1999년 출간한 그의 저서 《마음의 발달The Developing Mind》에서 감정적으로 압도되었을 때 우리가 보이게 되는 다양한 반응을 설명하기 위해 사용한 말이다. 우리에게는 기능적이나 감정 통제 면에서 본인의 역량을 가장 잘 발휘할 수 있는 '최적의 각성 상태'라는 게 있는데, 트라우마를 겪은 사람은 그 인내의 범주가 좁아져서 다른 사람보다 쉽게 과각성이나 저각성의 상태로 돌입하는 경향이 있다는 이론이다.

과각성 상태는 심한 불안, 또는 공포나 분노처럼 느껴질 수 있으며, 투쟁-도피 같은 행동으로 연결되는 공포 반응을 촉발시킨다. 과각성 상태가 되면 자신의 감정을 통제하거나 진정시키기가 어렵다. 반면 저각성 상태는 감정을 느끼는 기능을 꺼놓은 상태로, 경직 반응이나 탈진 반응과 유사하다. 우리 몸의 신경계는 봉쇄 체제로 돌입해서 고통을 차단하면 생존에 도움이 되리라 생각한다. 하지만 실제로는 자신과의 소통도 차단되고 주변 사람들과의 관계도 단절되는 심각한 문제를 초래할 수 있다.

과각성이나 저각성 상태 모두 위협으로 판단되는 요인을 마주하거나 과거의 트라우마와 연관된 감정을 느꼈을 때 촉발된다. 조지의 경우를 예로 들어 설명을 하자면 그는 아내의 임신이 과거의 기억을 떠오르게 하여 그를 저각성 상태에 이르게 한 것이었다.

조지의 이야기를 읽고 또 다른 오해가 없기를 바라며 이 장을 마무리하려 한다. 상처의 근원을 찾고 이를 치유하는 과정이 매일매일 그렇게 물 흐르듯 흘러가지는 않는다. 모든 상황이 좋은 방향으로 흐르는 날도 있고, 그렇지 못한 날도 있다. 조지 역시 밤잠을 제대로 자지 못해 피곤한 날이면 예전의 대응 전략으로 돌아가 부루퉁해지면서 기분이 안 좋아지곤 했다. 하지만 그는 계속해서, 조금씩 나아지고 있다. 조금씩 나아진다는 것, 중요한 건 그뿐이다.

우울감이 가져오는 경직 반응에서 벗어나는 연습

1. 호기심을 갖는다. 당신에게 경직 반응을 일으키는 요인을 파악하자. 살면서 특히 스트레스를 많이 받거나 감정을 소모하게 되는 일이 무엇인지 생각해보자. 그럴 때 불쾌감을 더욱 고조시키는 패턴이나 행동이 있는가? 호기심을 갖고 그러한 감정을 자극하는 요인을 탐구함으로써 조금씩 근본적인 원인을 파악할 수 있다.

2. 이해한다. 당신의 삶에서 옷장 속에 넣어둔 더러운 옷처럼 묻어둔, 그래서 언젠가 꺼내 봐야 하는 감정이나 생각, 기억이 있는가? 구체적으로 무엇을, 왜 묻어두었는지 떠올려보자.

3. 느낀다. 몸에 주의를 기울이고 몸으로 전해지는 느낌이나 감각을 알아차리도록 노력해보자.

4. 행동으로 옮긴다. 움직이자. 경직 반응 상태에서 벗어나려면 몸을 움직이고 감정을 표현하면서, 그렇게 해도 안전하다는 사실을 뇌가 인지할 수 있게 해야 한다. 의식적으로 움직이다 보면, 몸을 움직이고 감정을 느껴도 안전하다는 신호가 뇌에 전달된다. 이는 신경계를 정상화하는 데 매우 중요한 과정이다. 뒤에서 이와 관련하여 좀 더 실용적인 방법을 알려줄 것이다. 자신을 진정시키고 달래는 방법을 알고 있으면 안심이 되어 더 많은

감정을 견딜 수 있는 여유가 생긴다.

5. 반복한다. 모든 일이 그렇듯이, 이런 문제는 절대 단번에 고쳐지지 않는다. 우리 몸은 필요하다고 여길 때마다 자꾸 공포 반응을 작동시키려 할 것이다. 자신에게 너그러워질 필요가 있다. 왜냐하면 그러한 반응은 당신이 힘들었을 때 그 상황을 이겨내기 위해 선택했던 대응 기제이기 때문이다. 다만 언제 그러한 기제가 작동되는지 살피면서 이제는 안전하다는 사실을 뇌에 인식시켜주면 된다.

불안

왜 남들보다 걱정이 많고 쉽게 지칠까

한 번 이야기를 시작한 켈리는 15분 동안 쉬지 않고 말했다. 말하는 동안 몸을 어찌나 움직여대는지 나는 그녀의 이야기에 집중하기가 어려웠다. 그녀는 레깅스에 느슨한 어깨끈이 달린 레이스 조끼를 입고 있었는데, 그 끈이 계속 어깨 아래로 흘러내리는 탓에 쉬지 않고 어깨끈을 고쳐 잡았다. 어깨끈을 만지지 않을 때는 얼굴 주위로 흘러내린 금발머리를 이리저리 매만지는 등 손을 한시도 가만두지 않았다. 상담치료의 첫 세션에서 흔히 벌어지는 상황이다. 아무에게도 털어놓지 못하고 오랜 시간 품고 있던 이야기를 마침내 꺼내놓으려는 간절한 순간이기 때문이다.

그런데 켈리의 문제는 우리의 만남이 서로에게 익숙해진 다음에도 매번 봇물 터지듯 쏟아져 나오는 이야기가 좀처럼 진정되지 않는다는 점이었다. 상담실 문을 여는 순간부터 이야기를 시작한 그녀는 내가 멈추게 할 때까지 숨도 쉬지 않았다. 상담 치료를 처음 하는 경우 흔히 벌어지는 상황이긴 하지만 이렇게 이야기가 멈추지 않으면 상담을 진행하기가 매우 어려워진다. 내가 끼어들 틈이 없기 때문이다. 이럴 때는 그녀의 말을 중간에 자르면서 그녀가 내 말을 듣도록 적극적으로 나서야 한다. 그녀가 쉴 새 없이 말하니 나도 생각을 정리할 수가 없고, 그녀 자신도 생각을 정리할 틈을 찾지 못하겠다는 생각이 들었다. 켈리의 말에 따르면, 그녀는 자신이 한계에 다다른 것 같다고 했다. 폭발 일보 직전인 것 같고, 어느 순간 공황 발작을 일으킬지도 모른다는 위기감을 느낀다고도 했다.

"저는 너무 예민해요. 온갖 걸 다 느껴요. 마치 피부 막이 없어서 모든 게 제 안으로 스며드는 것 같아요."

불안은 그녀의 삶 곳곳에 퍼져 있었다. 전화벨이 울리면 누군가 나쁜 소식을 전할까 봐 받지 않는다. 비행기가 추락할까 봐 비행기도 타지 않으며, 두통이 올 때마다 뇌종양은 아닐까 고민한다. 지나간 상황을 몇 번이고 되짚어 보면서 혹시 자기가 바보 같은 말을 하지는 않았는지, 사람들이 자기를 좋아하는지, 누군가 자기에게 화가 나 있는 건 아닌지 걱정한다.

언제부터 그렇게 힘들었느냐고 물었더니, 어렸을 때도 불안이 높은 아이였는데 대학을 졸업한 후로 더 심해졌다고 했다. 누구에게나 인생의 전환기는 불안이 높아지는 시기다. 대학 졸업이나 이사, 이직, 이별, 이혼, 출산, 장성한 자녀의 독립과 같은 변화는 삶의 안정감을 흔드는 동시에 불확실성을 내포하기 때문이다.

졸업 후에 가게 될 직장이 정해져 있지도 않았고, 자신이 무엇을 하고 싶은지도 잘 모르는 상태에서 미래의 불확실성은 그녀에게 두려움으로 다가왔다. 예술가가 되고 싶었지만 어디서부터 시작해야 할지 몰랐다. 하고 싶은 일을 어떻게 찾아야 할지, 어떤 선택을 내려야 할지 막막했다. 모든 선택지가 파국으로 치닫는 길일지도 모른다는 생각에 두렵지만 그렇다고 가만히 있을 수도 없는 딜레마의 연속이었다. 예술계에 발을 디뎠다가 실패하면 어떡하지? 입사 신청서를 냈다가 합격하지 못하면? 합격은 했는데 일이 싫어진다면? 1년 정도 휴학을 하고 싶지만 그러다가 친구들보다 뒤처지면 어쩌지? 엄마 집에서 나와 독립할 형편이 안 되면 어떡하지? 외국에 가서 사는 게 좋을지도 몰라, 하지만 나중에 그곳이 싫어지면 어쩌지?

연애도 늘 똑같은 딜레마의 연속이었다. 그녀는 상담 때마다 데이트에 관한 고민거리를 가져왔는데, 회가 거듭될수록 점점 더 혼란스러워했다. 상대의 문자에 답을 해야 할까? 내게 맞는 상대이기는 한 건가? 위험 신호를 놓치고 있는 건 아닌가?

나는 켈리의 머릿속에 맴도는 수많은 생각들을 듣는 것만으로도 지치는 느낌이었다(당신도 그녀의 이야기를 듣다 보면 나와 같은 느낌이 들 것이다). 그녀는 하나의 주제에 집중하지 못하고 계속 화제를 바꿨다. 동시에 머리를 매만지고 손가락에 낀 반지를 계속 돌렸다. 그녀를 마주한 채 차분함을 유지하기 위해 나는 안간힘을 써야 했다.

우리는 왜 불안을 느끼는가

불안을 느끼는 현상은 사실 매우 정상적이다. 특히 요즘처럼 불확실한 세상을 살고 있다면 더욱 그렇다. 어느 정도의 불안은 생존에 유익한데, 위험 요소에 주의를 기울이게 함으로써 자신을 보호할 수 있게 도와주기 때문이다.

불안은 다양한 형태로 나타난다. 건강에 대한 염려, 인간관계에 대한 불안, 다른 사람의 시선에 대한 두려움, 강박적인 사고나 행동, 온갖 재앙에 대한 걱정, 그 밖에 일상적인 불안과 두려움 등 이 중 어떤 형태로 나타나든, 우리는 내면의 불안에 주의를 기울일 필요가 있다. 그 걱정과 두려움이 뭔가 잘못되고 있다는 중요한 신호일 수 있기 때문이다.

불안 증상은 우리가 미처 깨닫지 못하는 곳에 뿌리를 두고 있는 경우가 대부분이며 그 뿌리는 사람마다 다르다. 어떤 사람은 트라우마로 불안이 생겼을 수 있다. 그런 경우에는 한순간도 안전하다고 느끼지 못하기에 늘 뭔가 잘못될까 봐 경계하고 매사에 예민하게 반응한다. 신경계가 초비상 상태인 것이다.

대다수 사람은 불안을 느낄 때 타당한 근거가 있다. 사회적 불안을 느끼는 이유는 다른 사람보다 열등하다고 느끼기 때문이고, 관계에 대한 불안을 느끼는 이유는 누군가에게 선택받고 싶은데 거절당할까 봐 두렵기 때문이다. 때로는 자신을 바라보는 시각 때문에 불안을 느끼기도 한다. 스스로가 자격이 없다고 생각해 시험을 보거나 취직하려 할 때 불안함을 느낀다. 그런가 하면 여러 가지 이유가 복합적으로 작용해서 용광로처럼 불안감을 조성하기도 한다.

불안감 자체가 문제가 아니라는 점을 이해하겠는가? 불안감은 수면 아래 뭔가 있다는 '신호'다. 그러니 불안을 없애려 하기보다는 그 신호가 말하려고 하는 것이 무엇인지에 주의를 기울여야 한다.

불안을 일으킨
과거의 경험에 집중하라

켈리를 힘들게 하는, 뭔가 나쁜 일이 일어날 것 같다는 불안한 생각은 대체로 과거의 경험에 근거하고 있었다. 이런 경우 과거 어느 시점에 실제로 나쁜 일이 일어났을 가능성이 높다. 우울함이나 불안에 관한 연구에서도 어린 시절의 트라우마가 불안장애의 가장 핵심적인 위험 인자임이 밝혀진 바 있다. 트라우마에 노출되면 우울증과 불안 장애를 앓게 될 위험이 3~4배나 증가한다.[5]

우리는 과거의 기억을 미래에 투사하여 또다시 그런 일을 겪지 않도록 자신을 보호한다. 다치거나 곤란한 상황에 부닥치거나 버림받을 수 있다는 두려움은 대부분 과거에 그런 일을 겪었던 경험에서 생겨난다. 거절당할까 봐 두렵다면 전에 거절당한 경험이 있기 때문일 가능성이 높다. 버림받은 경험이 없는 사람은 그걸 그다지 두려워하지 않는다. 다시 말해 불안의 원인은 과거에 느꼈던 무력감에서 비롯되는 경우가 많다.

우리가 이러한 불안에 귀를 기울여야 하는 까닭은 그것이 우리가 관심을 기울여 살펴봐야 할 과거의 이야기를 가리키고 있기 때문이다. 과거의 경험에 대해 이야기하고 트라우마를 극복함으로써 당신이 미래에 투사하고 있는 두려움을 그것이 비롯된 본래의 자리에 가져다놓을 수 있다. 그렇게 미래에 대한 두려움을 줄이고 보다 희망적인 내일을 맞이할 수 있다.

한편, 모든 불안이 항상 특정한 사건으로 인한 트라우마로 촉발되지는 않는다. 특별한 사건이 없어도 지속적으로 불안정하다고 느낄 수 있는데, 이는 트라우마보다 미묘해서 감지하기가 힘들다. 부모 자신이 불안으로 힘들어했다면, 안전하지 않은 세상에 대한 걱정이 은연중에 자녀에게 전해졌을 수 있다. 그러한 상황에서 정서적 안정감을 충분히 공급받지 못했다면 나쁜 일이 일어나도 보호받지 못할 거라는 생각이 자리 잡게 된다. 그런 경우 자신이 취약하고 위험에 노출되어 있다는 느낌을 받아 전반적인 불안감이 높아진다. 그럴 때 끊임없이 걱정을 하고 집착하면 자기가 상황을 통제하고 있다는 느낌이 들면서 불안의 고통이 조금은 해소된다.

불안의 다른 이름, 통제 혹은 회피

차분하고 충만한 기분으로 하루를 보내는 당신을 상상해보라. 이때 갑자기 친구로부터 약간 퉁명스러운 문자를 받았다. 당신은 당황스럽다. 내가 뭘 잘못했나? 화가 났나? 어떻게 답하지? 지난 시간을 되짚어가며 친구를 화나게 했을지 모르는 언행을 생각해내려 애쓴다. 다음 주에 만나기로 되어 있으므로 당신은 그때 일어날 수 있는 상황을 하나씩 머릿속에 그려본다. 이렇게 어떻게 대응할지 고민함으로써 우리는 자신에 대한 상대방의 감정을 통제할 수 있다고 느낀다. 물론 상대를 통제하는 일은 불가능하다. 하지만 그렇다고 해도 당신은 통제하려는 시도를 멈추지 않는다.

인간의 생존에 있어 관계는 절대적으로 필요하다. 그러므로 거절당한다는 건, 신체적 관점에서 표현하자면 생명에 대한 위협과도 같다. 우리 대부분은 남이 나를 싫어할까 봐 두려워하는 마음을 가지고 있다. 그래서 모든 걸 자기와 연관지어 생각하고, 자신에 대한 상대의 인식을 통제하기 위해 필사적으로 노력한다.

불안을 가라앉히는 핵심 방법 중 하나는 '내가 통제할 수 없다는 사실'을 받아들이는 것이다. 통제하려는 마음을 내려놓으면 불안이 줄어든다. 켈리는 불안을 통해 자신이 상황을 통제하는 듯한 느낌을 받을 수 있었다. 미래에 대한 재앙적 결과를 상상하는 것도 어떻게 보면 불확실함에 대한 두려움을 통제하려는 시도였던 것이다. 그러나 내가 미래를 바꾸거나 통제할 수 없다는 사실을 받아들이고 나면 불안해하는 자신을 좀 더 잘 달랠 수 있게 된다.

때로는 불안을 느끼는 게 다른 감정을 느끼는 것보다 안전하다고 여겨 그것에 집중하기도 한다. 손에 땀이 나고, 다리가 떨리기도 하며, 목이 마르고, 머릿속에 생각들이 번개처럼 스치며, 가슴이 뛰어서 잠도 잘 수 없고, 먹지도 못하며, 걱정되는 그 일 말고는 다른 아무것에도 관심을 두거나 이야기할 수 없게 된다.

어린 시절에 특정 감정을 갖지 말라고 배웠거나 부모가 상처받은 당신의 마음을 이해해주거나 올바르게 달래주지 못했다면, 당신은 무의식중에 그런 감정은 드러내면 안 된다는 생각을 키웠을 수 있다. 그리고 그 감정이 촉발될 때마다 밀어내며 그런 감정을 가졌다는 사실에 대한 불안으로 마음을 가득 채우는 것이다.

그러나 불안이 아무리 크고 생생하더라도 불안은 감정의 핵심이 아니다. 사실 불안은 우리 몸이 다른 감정을 느끼지 못하도록 차단하는 역할을 한다. 물론 이렇게 생각할 수 있다. '그렇지만 나는 감정을 느끼고 있어! 사실은 너무 많이 느끼는 게 문제라고.' 켈리도 정확히 그렇게 생각했다. 실제로 그녀는 너무 많이 느끼고 있었다. 하지만 불안해하는 것과 감정을 느끼는 것은 다르다.

때로 과도한 생각과 스트레스는 더 고통스러운 결과를 피하는 방법이기도 하다. 불안이 우리의 무의식에 남아 있는 더 깊고 힘든 감정이나 기억을 피하기 위한 방편으로 작용하는 것이다. 연인과 헤어졌을 때 불안에 사로잡혀 계속 그 일을 생각하고 무슨 말을 해야 할지 머리를 짜내며 상대에게 집착하는 경우도 이와 비슷하다. 이때의 불안은 사실 상실과 슬픔, 분노, 깊은 우울 같은 고통스러운 감정을 느끼지 않으려는 하나의 방편이라고 할 수 있다.

우리 모두는
스스로 달래는 법을 배워야 한다

켈리는 너무 많은 감정에 시달리는 것 같았다. 잘 울고 사소한 일에도 당황하며 예민해서 북받쳐 오르는 감정을 가라앉히느라 자주 애를 먹었다. 켈리에게는 달래기 힘든 아이 같은 부분이 있었다. 어렸을 때 정서적으로 안정된 보살핌을 받지 못하면, 성인이 되어서도 자기감정을 스스로 진정시키는 데 어려움을 겪는다. 나는 켈리의 약간 유아적인 이런 성향이 어린 시절 스스로 달래는 법을 배운 적이 없어서일 거라는 생각이 들었다.

일관되고 평온하며 정서적으로 잘 통하는 부모 밑에서 대부분의 욕구를 충족시키며 자란 사람은 감정이 격해졌을 때 스스로를 진정시키는 방법을 체득한다. 반면 부모가 아이의 욕구를 제대로 충족시켜주지 못하면 아이는 타인을 신뢰하지 못하고, 자기감정을 달래줄 방법도 찾지 못한다. 이런 아이는 성인이 되어서도 지속적인 불안감을 가질 가능성이 크다. 또 이와 정반대의 지점에서 자녀의 욕구를 충족시키는 데 지나치게 열심인 부모 밑에서 자란 아이는 회복탄력성을 배우지 못할 수 있다. 내가 존경하는 정신분석학자 중 한 명인 도널드 위니콧Donald Winnicott은 그의 저서 《놀이와 현실Playing and Reality》에서 아이들에게는 욕구가 충족되는 순간과 그렇지 못해서 약간의 좌절감을 감내해야 하는 순간의 균형이 필요하다고 설명한 바 있다.[6] 부모가 자신의 욕구를 충족해주기 전에 잠시라도 불편한 감정에 압도되지 않고 견디는 법을 배울 수 있다면, 그것을 통해 스스로 달래는 방법을 배우게 된다는 뜻이다.

스스로 달래는 법을 배운 적이 없다면 스스로가 감정과 기분 변화의 포로 같다고 느낄 수 있다. 심리치료에서는 자신을 달래는 방법, 불편한 감정을 감내하고 감정을 조절하는 방법을 배우는 것이 큰 부분을 차지한다. 이에 대해서는 뒤에서 좀 더 자세히 다룰 것이다.

일반적으로 불안은 뭔가 안전하지 않다고 여겨지는 게 있다는 신호다. 안전하지 않다는 느낌을 불러일으키는 원인에는 여러 가지가 있을 수 있다. 안전하지 않은 동네에서 폭력에 노출된 채 자랐을 수도, 부모가 자주 싸워서 무서웠을 수도 있다. 아니면 부모가 정신적 문제 때문에 힘들어했거나 소외된 집단에 속해서 늘 보호받지 못한다는 느낌을 받으며 살았을 수도 있다. 불안의 근원이 가족이든 친구든 사회든, 불안은 당신의 내면에 세상이 안전하지 않다고 느끼는 어린아이가 살고 있음을 말해주는 단서와도 같다.

켈리의 경우, 나는 그녀가 바운더리^{boundary}(나와 다른 사람 사이에 설정된 경계선. 바운더리는 우리가 누구인지, 무엇을 허용하고 허용하지 않는지를 정의한다)를 분명하게 세우지 못해서 불안이 악화하는 게 아닌지 의구심을 갖게 되었다. 건강한 바운더리를 세우지 못하고 세상을 살다 보면, 세상이 안전하지 않으며 통제가 되지 않는 곳이라고 느끼기 때문에 불안이 커질 수밖에 없다.

엄마가 가장 친한 친구일 때 생기는 문제

켈리의 바운더리 문제는 심리치료를 시작하고 얼마 지나지 않아 드러났다. 그녀는 상담 시간에 늘 너무 일찍 오거나 늦게 왔으며, 상담비 내는 걸 자주 잊어버렸다. 게다가 나에 대해 모르는 사실이 있거나 우리 사이에 공유하지 않은 정보가 있다는 사실을 참을 수 없다는 듯이 쉬지 않고 나에 관해 물었다.

상담치료에서는 바운더리를 지키는 일이 무엇보다 중요하다. 약속된 시간에 도착하고 떠나야 하며, 상담 시간은 매주 같은 시간에 진행된다. 제때 상담비가 지불되어야 하고, 관심의 초점이 상담사가 아닌 환자에게 맞춰져야 한다. 바운더리는 사람에게 안전감을 준다. 매주 같은 시간에 상담을 받을 거라는 사실을 알면 마음이 편안해진다. 상담사가 항상 그곳에 있으며, 대부분 같은 방식으로 상담이 진행되리라는 사실을 알면 환자는 큰 위안을 받는다. 이러한 요소들은 친밀도를 형성해야 하는 상담 초기에 든든한 기반으로 작용한다. 이렇게 상담에 대한 신뢰감이 생기고 일관성을 가질 때 환자는 자신이 받아들여지고 있다고 느끼며, 비로소 마음을 열고 위험을 감수할 수 있다. 그런데 켈리처럼 바운더리를 시험하고자 하는 환자의 경우는 대체로 자신에게 맞는 바운더리를 설정해보지 못했을 확률이 높다.

나는 그녀에게 가족 간에 어느 정도의 바운더리를 정하고 생활하는지 물었다. 그러자 그녀는 웃으면서 나에게 되물었다.

"무슨 바운더리요? 엄마는 저의 가장 친한 친구였어요. 둘이 마치 한 사람인 것처럼 살았죠."

켈리가 태어나고 몇 달 안 되어 남편이 사망하자 켈리의 어머니는 극도의 불안감을 느꼈다. 그래서 좋은 엄마가 되는 일에 몰두했다. 그녀는 자기 존재의 가치를 확인해야 했고, 켈리가 자기를 좋아하게 만드는 일에 집착하게 되었다. 어떤 의미에서는 잘된 일이었다. 그렇게 두 사람은 제일 친한 친구가 됐고, 서로에게 모든 걸 털어놓는 비밀이 없는 사이가 되었다.

이렇게 길모어 걸스Gilmore Girls(미국에서 방영된 길모어 모녀의 이야기를 다룬 가족 드라마—옮긴이) 스타일 모녀 관계에서의 단점은 사생활 보장이 전혀 안 된다는 것이다. 켈리의 어머니는 노크도 없이 딸의 방문을 수시로 열었고, 그녀가 화장실을 사용하는 동안에도 불쑥 들어왔다. 그럼에도 켈리는 죄책감 때문에 어머니에게 적절한 거리를 지켜달라거나 사적인 공간이 필요하다고 말하지 못했다. 어머니와 다른 자기만의 욕구나 필요도 표현하지 못했다. 어머니가 켈리와 친하게 지내기를 너무도 간절히 원했고, 혼자 남겨지는 일에 매우 예민했기 때문이다.

켈리는 어머니의 행복에 대한 책임이 자신에게 있다는 마음가짐으로 살았다. 그러는 동안 켈리는 거절할 줄 모르는 사람이 되었고, 동시에 심각한 불안감에 시달리게 됐다. 그러다가 불안감을 더욱 높여주는 사건이 생겼는데, 켈리가 여덟 살쯤 되었을 때 그녀의 어머니가 데이트를 시작한 것이었다. 어머니는 데이트에서 돌아오면 켈리와 소파에 앉아 이야기를 나누었다. 켈리가 아직 어린 나이였음에도 어머니는 마치 10대 소녀들이 친구끼리 수다를 떨듯 데이트에서 있었던 일을 세세하게 들려주었다.

　아이가 너무 일찍 어른의 생각을 접하게 되면 그 감정에 책임감을 느끼게 된다. 이는 그 자체로 바운더리를 침해하는 행위로, 이러한 관계가 계속되면 성인이 된 후에 상호의존적인 관계 편향을 가지게 된다. 켈리가 "마치 피부가 없는 것 같아요"라고 말했던 것은 자신과 어머니 사이에 사적인 공간이나 경계가 없다는 뜻이 아니었을까. 이제 켈리는 상담실에서 과거 자기 어머니와 똑같은 행동 양식을 내게 보이고 있었다. 어린 시절 바운더리를 지키는 방법을 배우지 못했기에 상담치료에서 지켜야 하는 바운더리 또한 지키지 못하고 있었던 것이다.

마음 들여다보기

최근에 불안을 느꼈던 때를 기억해보자.

• **호기심 갖기**: 불안은 가로막힌 감정이 있음을 알리는 신호임을 기억하고 그것에 귀 기울여보자. 불안을 판단하거나 비난하지 말고, 불안과 씨름하거나 없애려고 하지 말고, 뭔가 잘못됐다고 외치는 어린아이를 연민하는 마음으로 그 신호에 집중해보자.
• **이해하기**: 실제로 불안은 당신이 느껴야 할 감정이 남아 있음을

알리는 신호다. 불안한 마음을 외면하거나 비난하지 말고, 수면 아래에 느껴지고 받아들여지기를 바라는 감정이 있음을 알려주는 유익한 단서로 봐야 한다.

- **느끼기**: 이러한 감정의 저변에 무엇이 있는지 살펴보자. 무엇이 불안을 촉발했을까? 불안 말고 느껴지는 또 다른 감정이 있는가? 불안을 느낄 때, 조용한 공간을 찾아 눈을 감고 몸에 집중해보자. 머리부터 발끝까지 훑어가며 주의를 기울여보자. 어느 지점에서 불안이 느껴지는가? 그곳을 파고든다고 상상해보자. 그 외에 무엇이 있는지 보이는가? 슬픔과 분노의 파동이 뛰고 있지는 않은가? 설렘 또는 두려움이 있는가? 이들 중 여러 감정을 동시에 느낄 수도 있다. 설레면서 두려울 수도 있고, 화가 나면서 행복할 수도 있다. 동시에 두 가지 이상의 감정을 느끼는 건 지극히 정상적인 현상이다. 그러니 옳고 그름을 판단하지 말고 무엇이든 느껴지는 대로 받아들이자.

- **행동하기**: 당신이 어린아이라면 어떻게 자신을 달래겠는가? 두려움을 느끼는 어린아이에게 무엇이 필요할지 생각해서 그것을 자신에게 주도록 하라. 어떻게 하면 스스로 안전하다고 느낄 수 있겠는가? 어떠한 바운더리를 설정하면 지지받고 있다는 느낌이 들겠는가?

불안과 싸우지 않고
내 안의 불안을 이해하는 법

물론 불안감으로 힘들어하는 사람이 모두 켈리와 비슷한 경험을 하지는 않는다. 켈리의 어머니와 정반대로 차갑고 무심한 부모 밑에서 자란 사람도 있을 테고, 자기감정을 회피하는 부모 밑에서 자란 사람도 있을 것이다. 그런 경우에는 또 다른 이유로 다른 유형의 불안감이 촉발되곤 한다. 불안감을 치유하는 과정은 '불안의 원인'을 찾아가는 여정이다. 그 밑에 억눌려 있는 감정을 처리하고 스스로 안전하다고 느끼는 데 필요한 것을 자신에게 제공해야 한다.

불안과 싸우려 들지 말고 그것과의 관계를 바꾸는 방법에 대해 생각해보자. 불안은 당신이 상처받지 않도록 바운더리를 설정해야 할 필요가 있다는 신호이며, 상황이 통제할 수 없는 상태에 이르렀음을 알려주는 신호다. 또한 주의를 기울여 살펴봐야 할 과거의 어떤 경험이 있다는 신호다. 진부하게 들릴지 모르지만 우리는 '불안을 싫어하지 않는 법'을 배워야 한다. 불안 또한 위험으로부터 당신을 보호하려는 당신 내면의 일부이기 때문이다.

불안감을 없애려는 노력은 성공할 확률이 낮다. 불안을 느끼는 데는 그럴만한 이유와 목적이 있기 때문이다. 그러니 불안과 싸우지 말고 불안을 이해하려고 노력하자.

몇 개월이 지나자, 켈리는 차분해지기 시작했다. 상담 시간을 잘 맞춰서 오고 매달 상담비를 잊지 않고 냈다. 나에 관해 사적인 질문을 하는 일도 많이 줄었다. 내가 그녀의 변화를 처음 알아차린 순간은 어느 날 제시간에 상담실에 들어와 깊은 한숨을 내쉬며 의자에 기대어 앉았을 때였다.

"오늘은 어떤 이야기를 할까요?"

켈리가 밝게 물었다. 예전 같았으면 의자에 앉기도 전에 불안한 모습으로 지난 이야기를 꺼냈을 텐데 그날은 차분하고 평온해 보였다.

"오늘은 좀 다른 것 같아요."

내가 말했다. 그러자 켈리가 나를 보며 말했다.

"맞아요. 이상하게 마음이 차분하네요. 왜 그렇죠?"

나는 큰 소리로 웃으며 그녀의 말에 응수했다.

"이제 불안하지 않아서 불안한 건가요?"

그러자 그녀도 웃었다. 그녀에게서 홀가분함이 느껴졌다. 장난기마저 느껴졌다. 변화가 일어난 게 틀림없었다.

켈리에게 제일 먼저 도움이 된 것은 불안을 대하는 마음가짐의 변화였다. 그녀는 불안을 없애야 할 괴로움으로 여기는 대신, 그것에 주의를 기울이고 불안이 전하려고 하는 '메시지'가 무엇일지에 관심을 두기 시작했다.

"어렸을 때부터 그랬어요." 켈리가 말했다. "나는 항상 뭔가가 불안했어요. 상황이 너무 안 좋았고 어머니 역시 걱정이 많았죠. 어머니가 늘 위태로워 보였기 때문에 저도 항상 뭔가 나쁜 일이 일어날 거라는 느낌으로 살았어요."

그 말을 들으니, 켈리의 마음속에 자리 잡은 불안이 반쯤은 그녀 어머니의 것이 아니었을까 하는 생각이 들었다. 나머지 반은 그녀가 두려움을 달래고 안전하게 느끼기 위해 만들어낸 내면의 음성이 아니었을까.

"그러니까 저를 도와주려는 거였다고요? 불안이 저를요?"

내가 고개를 끄덕이자 켈리가 눈살을 찌푸렸다. 불안이 자신을 돕기 위해 생겨난 감정이라는 생각은 한 번도 하지 않았을 그녀였다. 도우려는 과정에서 유익함보다는 해를 더 많이 끼쳤으니 그럴 만도 했다.

이처럼 불안의 원인을 이해하는 것이 변화의 첫 번째 단계다. 불안과 싸우려 하지 말고, 비난하거나 미워하지 말고, 그것이 두려움에 사로잡힌 자기 내면에서 보내는 신호임을 먼저 인지해야 한다. 그러고 나서 안전하다고 느낄 수 있도록 연민으로 보듬어주면, 경계하고 불안해하는 마음이 조금씩 가라앉는다.

켈리가 자신의 어린 시절에 관해 이야기하면서, 지배적이었던 불안감 외에 다른 감정들도 드러나기 시작했다. 켈리는 종종 어머니에게 몹시 화를 냈다고 했다. 그러면서도 늘 자신의 화를 감당하기에는 어머니가 너무 연약하다고 느꼈다고 말했다. 사적인 공간의 부족, 궁핍함, 자신에게 거는 어머니의 기대와 요구 등이 오랫동안 켈리의 마음속에 스트레스로 쌓였지만 그녀에게는 마음 놓고 자신의 답답함을 털어놓을 곳이 없었다. 그것은 건강한 분노였는데 말이다.

켈리는 치료 기간 동안 쌓였던 분노를 분출시키고 자기는 어머니와 다르다는 걸 표현함으로써 어머니로부터 조금은 독립할 수 있었다. 얼마나 자주 만나서 저녁을 함께 먹을지(매일 함께 먹던 저녁을 일주일에 두 번으로 줄였다), 어떤 이야기를 나눌지(어머니가 데이트에서 있었던 일을 지나치게 자세히 털어놓는 것 같으면 대화를 끊기로 했다), 어디까지 그녀가 스스로 결정할지(어머니에게 상냥한 태도로 '나도 이제 성인이니 어머니의 관심은 고맙지만 결정은 내가 하겠다'라고 분명히 말했다)와 같은 바운더리를 설정한 것이다. 일상생활에서 이러한 바운더리를 설정함으로써 켈리는 자기 삶을 자기가 책임지고 통제한다는 느낌을 받았다. 이제야 비로소 운전석에 앉은 느낌이었다. 스스로 삶을 운영한다는 느낌은 내적인 자신감과 힘을 키워준다.

"이제 피부가 조금 두꺼워진 것 같아요."

미술학과 과정에 들어가기로 했다고 말하던 날, 켈리가 이렇게 덧붙였다. 미술학과 과정을 밟기 위해서는 어머니 집에서 나와 따로 살아야 했다.

"앞으로 점점 더 많은 걸 감당할 수 있을 것 같아요."

그 후로 얼마쯤 시간이 지나, 상담 시간에 불안이 지배하는 날보다 평온한 날이 많아질 즈음 켈리가 이렇게 물었다.

"이게 왜 효과가 있는지 모르겠어요. 실제로 약을 먹거나 하지도 않는데 말이에요. 그런데 훨씬 차분해지고 걱정도 줄어들었어요. 뭐가 도움이 돼서 그런 걸까요?"

나는 그저 말없이 웃어 보였다. 정말 많이 받는 질문이고 동시에 답하기 매우 어려운 질문이기도 하다. 여러 가지가 복합적으로 작용해서 효과를 만들어내기 때문이다. 앞서도 이야기했지만 마음의 질병을 한 방으로 해결할 수 있는 묘약은 없다. 무엇이 켈리에게 도움이 되었는지를 굳이 말하자면 과거에 대한 그녀의 감정을 처리하고 현재 상황에서 그녀가 통제할 수 없는 것들을 받아들이며 바운더리를 설정하고 자신의 필요를 충족시킬 권리를 스스로 부여함으로써 삶의 안정감을 찾은 것이 복합적으로 작용했다고 하겠다. 그렇게 함으로써 더 이상 미래를 두렵게 느끼지 않을 수 있었던 것이다.

물론 그렇다고는 해도, 감정을 느끼고 바운더리를 설정하고 신경계를 진정시키는 것으로 충분하다고 단정짓는다면 말로 설명하기는 어렵지만 가장 중요하고 마법과도 같은 힘을 가지는 치료의 미묘한 측면을 놓칠 수 있다. 그건 바로 심리치료의 주체인 환자와 상담자의 관계.

켈리가 자기 삶의 바운더리를 설정하기 시작함과 동시에 심리치료의 바운더리에 익숙해진 것은 결코 우연이 아니다. 켈리는 이제껏 살아오면서 자신의 감정을 받아주고 감당해주는 사람을 만나지 못했다. 자기와 하나가 되려고 하지 않고, 자신의 분노와 두려움을 감당하기에 너무 연약하지도 않으며, 자신의 독립을 지지하고 바운더리의 본보기를 보여주는 사람과 안전하고 신뢰할 수 있는 관계를 맺는 경험은 그녀에게 매우 새로운 것이었다. 내가 자화자찬하거나 켈리의 힘겨운 노력을 나의 공으로 돌리려는 게 아님을 알아주었으면 한다. 정서적으로 자신을 보듬어주고 안전하다고 느낄 수 있게 해주는 사람과의 관계를 경험하는 것이, 특히 그러한 경험을 해보지 않은 사람에게 얼마나 중요한지에 대해 강조하고 싶을 뿐이다.

심리치료에 지름길이란 없고, 그걸 몇 가지 요점으로 정리하기 어려운 이유가 바로 여기에 있다. 무엇이 효과적인가는 경험의 문제이기 때문이다. 우리는 하룻밤 사이에 나아지지 않는다. 모든 변화가 동시에 일어나면서 불안이 갑자기 사라지는 깨달음의 순간 같은 건 없다. 치유의 과정은 마치 어느 날은 날씨가 화창하다가 또 어느 날은 궂은날이 이어지고, 또 그러다 다시 좋은 날이 오고, 그러다 문득 공황 발작이나 불안 증상을 겪은 지가 꽤 오래되었다는 사실을 깨닫는 식이다. 이렇게 치유는 극적인 전환이 아니라 은근한 변화로 다가온다. 치유가 되었다고 해서 다시는 불안을 느끼지 않는다는 뜻도 아니다.

켈리의 불안도 완전히 사라지지는 않았다. 불확실한 요소가 감지되거나 스트레스를 받는 상황이 오면 불안이 또다시 고개를 쳐든다. 하지만 켈리는 이제 생각이 걷잡을 수 없이 앞서 달리고 두려움이 고조되면 마음의 속도를 늦춰야 한다는 걸 안다. 그래서 자신의 일상을 돌아보고 감정에 주의를 기울인다. 바운더리를 재조정하고 스스로 안정감을 찾을 수 있도록 대처 방안을 세운다. 그렇게 불안이 전하려 하는 메시지에 늘 귀 기울이며 불안을 다독이며 함께 앞으로 나아가는 것이다.

불안한 마음을 가라앉히는 연습

1. 자신을 진정시킨다. 상황을 통제하고 있다는 느낌이 들도록 방안에 있는 물건의 이름을 떠올리고 손을 움직여 뭔가를 만든다. 주변의 소리와 만져지는 것들에 주의를 기울인다.

2. 호흡한다. 날숨을 길게 쉬고 들숨을 짧게 하여 신경계를 이완시킨다.

3. 누군가에게 말한다. 감정을 속에 담아두면 점점 더 커질 수 있다. 안전하다고 여겨지는 사람에게 감정을 털어놓으면 곧 마음이 가라앉는다.

4. 쓴다. 불안한 생각들이 머릿속에서 계속 맴돌지 않도록 글로 적어놓자. 내용을 검열하지 말고 무엇이든 자유롭게 표현한다.

5. 움직인다. 신체 운동을 통해 에너지를 발산한다. 산책하거나 방에서 춤을 추거나, 복싱을 하거나, 베개에 대고 소리를 지른다. 움직이고 싶은 대로 몸을 움직이면서 감정이 표출될 수 있는 여지를 만들어보자.

6. 돌아본다. 마음이 가라앉으면 불안을 촉발한 원인이 무엇이었는지, 불안에 가려져 알아채지 못한 감정이 있는지 생각해보자.

이러한 방법들은 분명 도움이 되지만 또다시 불안이 찾아오는 걸 막지는 못한다. 빙산의 아주 작은 끝부분을 일시적으로 다스리는 방법이기 때문이다. 장기적으로 불안을 줄이려면 그 밑으로 내려가야 한다. 다음 장에서 이에 대해 자세히 살펴보자.

트라우마

몸이 당신이 듣고 싶어 하지 않는
이야기를 할 때

시계가 째깍거린다. 천장 한쪽 구석에서 작은 불빛이 깜박인다. 어딘가에서 털털거리며 엔진이 돌아간다. 이웃 사람이 화장실에 드나드는 발소리, 앰뷸런스가 가까운 곳을 지나는지 사이렌 소리도 들린다. 알론이 크게 한숨을 쉰다. 한참 벼르다가 겨우 시간을 확인한다. 새벽 4시다. 그는 신음에 가까운 한숨 소리를 내며 옆으로 돌아눕는다. 벌써 5일 연속으로 잠을 못자고 있다.

방 안이 훤해지자 불면의 밤이 하루 더 보태진 결과를 몸으로 느낀다. 머리가 지끈거리고, 눈꺼풀은 무겁고, 팔다리가 늘어진다. 기분은 더 엉망이다. 너무나 우울하고 짜증스러워 눈물이 나올 지경이다.

수면이 부족하다 보니 면역체계에 혼란이 생겼다. 자주 감기에 걸렸고, 이유 없이 피부 발진이 생겼다. 회사에서 한창 바쁜 시간에 두통이 계속 왔다. 몸이 조금만 자기 마음대로 움직여만 준다면 사는 데 아무 문제가 없을 것 같았다.

알론은 무엇이 잘못되었는지 답을 찾기 위해 노력했다. 수없이 많은 의사를 찾아다녔고, 부지런히 병원에 드나들면서 처방 약을 받아 먹었다. 의사들은 알론의 증세를 부신 피로 증후군, 비타민 결핍, 장내 미생물 불균형 또는 각종 알레르기 등으로 진단했다. 그런데 마치 두더지 잡기 게임을 하듯이 하나의 증상을 해결하면 또 다른 증상이 나타났다. 이렇게 알론은 무엇이 정확한 문제인지 모르는 채 하루하루 힘든 시간을 보내고 있었다.

한밤중에 어쩔 수 없이 일어나 팟캐스트를 듣고 있을 때였다. 스트레스와 신체 건강에 관한 내용이었는데, 마침 절실하게 나아질 방법을 찾고 있던 그는 충동적으로 심리치료 상담을 예약했다. 한번 해본다고 손해 볼 일은 없겠지 싶었다. 하지만 약속된 날짜가 다가오자, 알론은 슬슬 불안해지면서 상담치료는 효과가 없을 것이라는 이유를 하나씩 끄집어내기 시작했다. 결국 예약 시간을 10분 남겨놓고 그는 상담을 취소하고 말았다. 그런 도움은 필요하지 않을 것 같았기 때문이다. 이건 어디까지나 신체적인 문제인데 상담사와 이야기를 나누는 게 무슨 도움이 되겠는가? 알론은 자기에게 필요한 건 대화가 아니라 해결책이라고 생각했다.

알론은 계속 나을 방법을 찾으면서 1년을 더 보냈다. 그러는 동안 건강은 점점 더 나빠지고 스트레스는 점점 더 심해졌다. 두통은 점점 더 자주, 심한 강도로 찾아왔다. 목감기, 코감기 등 다양한 감기 증상을 계속 경험했으며, 밤새 잠을 못 자서 빨갛게 충혈된 눈으로 힘겨운 아침을 맞았다. 모든 방법을 시도해도 소용이 없자 그의 동료가 다시 한번 심리치료를 받아보면 어떻겠냐고 권했다. 거부하기에도 너무 지친 알론은 그렇게 하기로 했다. 더 이상 나빠질 게 없지 않은가.

스트레스가
만병의 근원인 이유

심한 스트레스를 받은 후 몸살감기에 걸린 것처럼 아파 침대에서 일어날 수 없었던 경험이 있는가? 몸이 '이제 그만하고 쉬면서 회복해야 해'라고 말하는 것처럼 말이다. 사람마다 몸이 보내는 경고 신호는 다 다르다. 누군가에게는 심한 두통으로, 누군가에게는 불면증으로, 또 누군가에게는 위경련이나 장 질환으로 나타나기도 한다. 아무튼 우리 몸이 쉬어야 한다고 말하는 순간이 있다.

스트레스가 오랫동안 지속되면 어떻게 될까? 만성 스트레스가 자가면역질환이나 암, 당뇨병, 심장마비, 뇌졸중 같은 만성 질환으로 이어진다는 연구는 이미 차고 넘친다. 이렇듯 우리에게 일어난 모든 일은 긍정적이든 부정적이든, 우리가 기억하든 하지 못하든, 우리 몸에 남는다. 신체는 우리가 겪는 모든 일을 경험으로 담아두는 그릇이다. 너무 충격적인 일을 겪으면 우리 몸과 마음은 분리되어 힘든 일들은 무의식으로 밀려난다. 그렇게 마음은 부정적 경험을 묻고 잊어버릴 수 있지만 몸은 그렇지 못하다. 마음은 아무 일도 없었다는 듯 평화로울 수 있지만 우리 몸은 늘 뭔가를 기억한다.

정신과 의사인 베셀 반 데어 콜크Bessel van der Kolk는《몸은 기억한다The Body Keeps the Score》에서 트라우마가 몸에 미치는 영향과 그 치유법을 상세하고 포괄적으로 다루고 있다.[7] 그의 설명에 따르면 트라우마는 본질적으로 우리의 시스템에 큰 충격을 준다. 두려움을 느끼면 우리 몸은 도망치거나 경직되거나 주저앉는 공포 반응을 작동시키며 아드레날린과 코르티솔, 그 외 몇 가지 스트레스 호르몬을 분비한다.

이러한 충격을 해소하고 공포 반응에서 벗어나려면 감정 처리 과정이 필요하다. 트라우마의 충격이 해소되지 않은 상태로 우리 몸과 무의식에 남아 있으면(우리는 종종 이런 상태로 지내는 경우가 있다), 신경계는 공포 반응 상태에 갇히게 된다. 그렇게 해소되지 않은 감정이 몸 안에 남아 있으면 신경계는 예민하고 긴장된 상태를 유지한다.

이러한 공포와 경계 태세로 장기간 지내다 보면 우리 몸은 '실제 위협'과 '지각된 위협'의 차이를 구분하지 못한다. 즉, 과민한 화재경보기처럼 조금이라도 위험하다고 판단되면 전격적으로 스트레스 호르몬을 분비하면서 공포 반응 체제로 돌입하는 것이다. 트라우마가 있는 사람은 큰 소리에 과민 반응을 하거나 다른 사람의 기분에 지나치게 예민하다. 그뿐 아니라 언제나 만약의 경우를 대비해서 신경계가 공포 반응 체제에 머물러 있으므로 차분하게 있지 못하고 초조해하거나 과각성 증세를 보이곤 한다.

불면증과 만성 피로,
소화 불량이 말해주는 것들

영양처럼 먹잇감이 되는 동물이 사자의 추격을 받다가 간신히 벗어나면 그 충격으로 온몸을 떤다는 사실을 알고 있는가? 피터 레빈Peter Levine 박사는《내 안의 트라우마 치료하기Waking the Tiger: Healing Trauma》에서 야생동물은 사람처럼 신경계의 조절 장애를 겪는 경우가 좀처럼 없다고 설명한다.[8] 영양이 몸을 떠는 이유는 충격으로 인해 과다 분비된 아드레날린을 소모하기 위해서일 뿐, 몸을 떨어 호르몬을 털어낸 다음에는 아무 일도 없었던 듯 다시 일상으로 돌아간다. '스트레스 주기'가 끝난 것이다.

하지만 인간은 그렇게 간단하지가 않다. 우리는 차마 입에 담거나 표출할 수 없는 감정은 묻어둔다. 그러한 감정을 드러냈다가 남들로부터 거부당할까 봐 두렵기 때문이다. 어린 시절 부모님이 자녀의 감정을 잘 받아주지 못했거나 자신의 감정을 조절하지 못하는 편이었다면 더욱 그렇다.

어렸을 때는 신체적으로 훨씬 더 취약하므로 자신이 안전하다고 느끼기 위해서는 누군가에게 의존해야 한다. 그러므로 자신을 돌봐주고 충격을 가라앉혀줄 사람이 없는 상태에서 트라우마를 겪었다면 공포 반응 체제에서 쉽게 벗어나기 어려우므로 성인이 된 후에도 경직된 상태로 살아갈 가능성이 높다. 그러면서도 자신이 공포 반응 체제에 있다는 사실조차 깨닫지 못하는 이유는 그런 상태가 너무나 '익숙해졌기' 때문이다.

다음은 신경계 조절 장애를 나타내는 몇 가지 주요 증상이다.

◆ 잠들기 힘들거나 오래 자지 못한다.
◆ 두통이 잦다.

- 자가면역 체계에 문제가 있다.

- 장 및 소화기 질환이 있다.

- 기억력 장애

- 긴장을 풀고 편안해지지 못한다.

- 불안과 공황 발작

- 만성 피로

- 갑작스럽게 폭발하는 분노

- 낮은 자존감

- 감정을 진정시키는 데 어려움을 겪는다.

- 피부 질환 및 염증

- 중독

- 섭식 장애

- 정서적으로 무감각하거나 분리된 느낌

- 가만히 있지 못한다.

- 만성적 통증

- 최악의 상황을 상상하고 두려워한다.

- 과잉 각성, 즉 불안해하거나 큰 소리에 지나치게 민감하다.

만약 뚜렷한 이유가 없는데도 이러한 증상을 경험한다면 당신의 몸이 생각보다 큰 스트레스를 많이 받고 있다는 신호일 수 있다. 신체의 이상은 종종 마음이 표현하지 못하는 걸 표현한다. 스트레스 반응 모드에 갇혀 있다 보면 면역체계가 약해져 질병과 싸우지 못하는 상태에 놓이기도 한다. 높은 스트레스나 트라우마가 암이나 당뇨병, 심장 발작과 뇌졸중, 자가면역 질환, 소화기 질환, 수면 장애 등의 질병으로 이어질 가능성이 높다는 연구 결과도 매우 많다.[9] 당신은 스트레스를 받고 있거나 트라우마를 겪었다는 사실을 깨닫지 못하지만 몸은 당신이 듣고 싶어 하지 않는 진실을 이야기를 한다. 그러므로 몸이 보내는 신호를 무시하지 말고, 그것에 귀를 기울일 필요가 있다.

이유 없이 몸이 계속 아프다면 이젠 마음을 들여다볼 때

처음 상담을 시작하고 얼마 지나지 않았을 즈음, 알론이 얼마나 겁먹은 상태로 살고 있는지 확인하게 된 계기가 있었다. 그는 고객 앞에서 중요한 프레젠테이션을 하다 두통이 왔던 경험을 말하던 중이었다. 시야가 흐려지고, 겨드랑이에 땀이 나고, 말할 때마다 저절로 얼굴이 찡그려졌지만, 부디 고객이 눈치채지 못하기만을 바라면서 계속하려고 노력했다는 내용이었다. 그를 질책하는 상사의 표정에 대해 말하던 중 갑자기 상담실 초인종이 울렸다. 알론은 순간 깜짝 놀라며 날카롭게 숨을 내쉬더니 자세를 똑바로 하고 앉았다. 어느새 그의 안색은 창백해져 있었다. 마치 사자가 그를 보며 포효하거나 눈앞에서 폭탄이 터지기라도 한 듯이 말이다. 그러고는 괜찮을 거라며 안심시켜주기를 바라는 어린아이처럼 눈을 동그랗게 뜨고 나를 바라보았다.

"미안해요. 놀라신 것 같네요."

나는 그를 안심시키기 위해 부드러운 음성으로 말했다.

"괜찮습니다."

알론이 말했다. 정중하게 말했지만 그의 말투엔 묘한 거부의 의미가 담겨 있었다. 나는 그의 방어적인 응대를 존중하는 마음으로 잠시 아무 말도 하지 않고 기다렸다. 그러자 알론이 아랫입술을 떨면서 말했다.

"평생 겁먹은 채 살았던 것 같아요."

이 시점에서 보면 알론이 안고 있는 두 가지 문제, 즉 신경질적인 흥분 상태와 잦은 병치레는 서로 관련이 없어 보일지 모른다. 하지만 나는 그가 어떤 트라우마를 겪었을 가능성이 있으며, 그로 인해서 만성적인 공포 반응(예를 들면 신경조절 장애 같은)을 보이며 자주 몸이 아픈 것임을 짐작할 수 있었다.

마음 들여다보기

1. 몸에 무슨 일이 일어나고 있는지 주의를 기울여 살펴보자. 심호흡을 하고 무엇이 느껴지는지 알아내보자.

2. 마음을 침착하고 평온하게 가진다. 평온하고 안전하다고 느꼈을 때를 떠올릴 수 있는가? 그때 몸은 어떤 느낌이었는지 기억해보자. 그리고 다시 그때로 돌아간 모습을 상상해보자. 마음을 안정시켜야 할 때마다 완전히 편안하고 걱정이 없는 그때를 떠올리도록 한다.

3. 스트레스를 느꼈던 때를 떠올려보자. 큰 트라우마보다는 작은 일로 시작하는 게 좋다. 스트레스를 받을 때 어떤 기분이었는가? 몸의 어느 부분에서 스트레스를 받고 있음이 느껴졌는가? 당시를 떠올리는 지금은 몸이 어떤 반응을 보이는가? 평온할 때와 비교해서 달라진 점이 있는가? 어떤 감정이든 떠오른다면 그대로 두자. 울고 싶으면 울고, 소리를 지르고 싶으면 소리를 지른다. 몸이 원하는 대로 하게 한다.

4. 준비가 되었으면 안전하고 편안하게 느낄 수 있는 곳으로 간다. 몸에 어떤 변화가 일어나는지 살펴보자. 긴장이 풀리는 자신이 느껴지는가? 호흡, 가슴, 그 밖에 긴장되어 있던 부위에 어떤 변화가 일어나는가? 시간을 갖고 몸이 평온한 상태가 되도록 한다.

이 훈련은 스트레스를 받는 상태에서 평안을 되찾기 위한 첫 번째 단계다. 어떤 일로든 스트레스를 받아서 생긴 감정을 스스로 처리함으로써 영양이 몸을 떨 듯이 스트레스 호르몬을 방출한다. 그러고 나서 몸을 다시 안전하고 평온한 상태로 돌아갈 수 있게 하는 것이다.

이런 유형의 연습은 우리 몸이 공포 반응 모드에 갇혀 있지 않도록 해주기 때문에 스트레스 상황을 겪은 후 곧바로 실행하는 게 좋다. 물론 트라우마가 될 수 있는 사건을 겪은 후에도 시도할 수 있다. 하지만 진심으로 안정감을 느끼고 트라우마를 안전하게 처리하도록 도와줄 수 있는 전문가와 함께하기를 권한다.

마음속 어린아이에게 이젠 안전하다고 말해주기

알론은 공포 반응에 대해 알게 된 후, 자신의 신경계가 평생 경계 태세를 취하고 있었다는 사실을 깨달았다. 그의 몸은 잠자는 시간을 위험으로 생각했다. 가장 취약해지는 시간이어서 스스로를 보호할 수 없기 때문이다. 알론과 내가 함께 문제를 파악하기 위해 노력한 결과 우리는 그의 몸이 그를 잠들지 못하게 하고 있다는 결론에 도달하게 되었다. 그의 몸은 항상 한쪽 눈을 뜨고서 혹시 모를 상황에 대비하려고 하고 있었던 것이다.

알론의 치유 과정은 다층적이었다. 우리는 어린 시절 그에게 일어났던 무서운 일들에 관해 이야기를 나눴다. 양아버지를 화나게 하지 않기 위해서 눈치를 살피고 그의 맘에 들 만한 말과 행동을 하려고 애쓰던 이야기, 양아버지의 차가 마당을 들어서며 내는 자갈 밟는 소리에 가슴이 철렁 내려앉던 이야기, 아래층에서 유리 깨지는 소리와 함께 어머니의 울음소리가 들리면 그걸 듣지 않기 위해 이불을 머리 위로 끌어당기던 이야기 등등.

우리는 그의 몸과 마음이 더 이상 이 세상이 위험하지 않다는 사실을 알아차릴 수 있게 하고자 노력했다. 그러려면 먼저 그가 자기 이야기를 털어놓는 것이 중요했다. 이제껏 한 번도 자기 과거를 돌아보며 이야기한 적 없었기 때문이기도 하고, 알론이 과거의 경험을 현재 그의 몸이 느끼는 감정에 연결지을 수 있으려면 먼저 그와 나 사이에 안전하다는 감각을 구축해야 하기 때문이기도 했다. 그런 다음 그는 자기 몸과 소통하는 작업을 시작했다. 나는 상담 때마다 그에게 몸의 변화에 관해 물었다. 기분이 어떤지, 긴장감이 느껴지는 곳은 없는지 등. 처음에는 잘 되지 않았다. 알론은 대체로 불안하고 흥분된 상태였기 때문에 한 가지 감정을 오래 느끼지 못했다. 그러나 시간이 지나면서 조금씩 달라지기 시작했다. 목 뒤에서 공포가 느껴진다고도 했고, 손가락에 전기가 통하는 느낌과 함께 두려움을 느낀다고도 했다. 가슴에 따뜻한 열기가 느껴진다거나 의자에 기대앉았을 때 등에 안정감이 느껴지는 등 기분 좋은 느낌을 이야기할 때도 있었다.

자기 몸과 더 많이 소통하게 되면서, 알론은 상담실 밖에서도 이를 실천하기 시작했다. 마음챙김 앱을 사용하고, 호흡법 훈련 그룹에 가입해서 일주일에 한 시간씩 호흡에 집중하고, 몸을 이완시키는 시간을 가졌다. 그런 시간을 가진 후에는 좀 더 깊은 잠을 잘 수 있다는 사실도 깨달았다. 하루 중에 점점 더 많은 시간을 자기 몸에 주의를 기울이고 살피다 보니 스트레스를 받거나 불안할 때와 편안하게 이완된 상태일 때의 몸의 차이를 알아차리게 되었다.

알론은 바쁘고 흥분된 상태로 하루를 보낸 날에는 집으로 돌아온 후 심호흡을 하거나 가벼운 산책을 하며 마음을 진정시키고자 의식적으로 노력했다. 알론은 자신이 직장에서도 자주 흥분하고 들뜬다는 사실을 알아차렸다. 흥분이 과해져서 감당하기 힘들어질 때면 화장실에 가서 5분 정도 심호흡을 하거나 사무실 근처를 산책했다.

물론 이렇게 평온한 하루가 계속되기만 한 것은 아니었다. 어느 날은 일주일 정도 잠을 못 자서 머리가 지끈거리는 상태로 상담실을 찾아오기도 했다. 그럴 때면 알론은 모든 노력이 수포로 돌아갔다는 생각에 좌절하곤 했다.

"이해합니다. 답답할 거예요. 하지만 평생 두려움을 안고 살았잖아요. 천천히 시간을 가지고 노력해보기로 해요."

그렇게 알론은 인내를 가지고 꾸준히 노력했고, 우리 둘 다 알아차리지 못할 정도로 서서히 나아지기 시작했다. 그리고 몇 년 만에 처음으로 여덟 시간을 온전하게 잘 수 있었다.

과거가 더 이상
당신을 힘들게 하지 않도록

우선 트라우마가 치유 가능하다는 사실을 알아야 한다. 트라우마를 치유하면 분명 우리 삶의 많은 부분이 달라질 수 있다. 하지만 이것을 트라우마의 영향에서 완전히 자유로워진다는 의미로 해석해서는 안 된다. 트라우마를 아예 겪지 않은 상태로 되돌리기란 현실적으로 불가능하기 때문이다. 하지만 트라우마를 가진 상태로 그것을 극복하고 잘 살아가는 방법을 찾을 수는 있다.

많은 사람이 트라우마를 치유하는 방법과 치유에 걸리는 시간에 관해 묻곤 한다. 하지만 치유는 다각적인 측면에서 이루어지며 사람에 따라 효과를 보는 방법 또한 각기 다르기에 명확한 답을 하기란 어렵다. 트라우마를 경험한 사람마다 촉발 요인과 치료에 반응하는 양식이 다르기 때문이다. 그리고 한 사람을 놓고 보더라도 하나의 치료법이 해답이 되지는 못한다. 그런 이유로 치유를 위해서는 마음과 신체를 훈련하는 다양한 방법을 통합적으로 경험해야 한다.

첫 단계는 트라우마가 발생했다는 사실을 인정하는 것이다. 당신이 겪은 일을 트라우마라고 명명하는 게 부담스럽다면 다른 이름으로 불러도 상관없다. 어렸을 때 당신의 욕구 중 일부가 충족되지 않은 정도의 일일 수도 있으니 말이다. 핵심은 과거가 당신에게 영향을 미쳤다는 사실을 '인식'하는 것이다.

그런 다음 당신이 현재 안전한 상태에 있음을 인지하고 묻어두었던 감정을 표현하며 그것을 견디고자 노력해본다. 당신 안에 갇혀 있는 감정, 기억과 소통함으로써 그것들을 해소할 수 있을 것이다. 공포 반응 체계에 갇혀 있던 신경계가 그 공포에서 벗어나려면 과거에는 위험 요소가 존재했지만 이제는 안전하다는 사실을 몸이 인식할 수 있어야 한다. 그러고 나면 마음과 몸의 분리 과정을 거꾸로 되돌릴 수 있다. 단절된 감정을 다시 통합하는 과정의 일환으로 당신에게 일어난 일을 말로 풀어내는 것도 좋다.

억압되었던 감정을 느껴도 아무 일이 일어나지 않는다는 걸 확인하면, 그때 비로소 몸과 마음이 더 이상 두려워할 게 없다는 사실을 인지하고 공포 반응에서 빠져나올 수 있다.

트라우마 치료의 세 가지 황금률

트라우마 치료를 하는 데 있어서는 다음의 세 가지를 꼭 기억해야 한다.

첫째, 충분한 시간을 가진다. 정서적인 고통과 소통하기 위해서는 나의 몸이 안전하다고 느낄 수 있어야 하며, 이 과정은 시간이 걸릴 수밖에 없다. 서두른다고 할 수 있는 일이 결코 아니다. 치료를 위해 어떤 감정은 반복적으로 되짚어봐야 할 수도 있는데, 내가 안전하다고 여기는 상황에 놓이면 조금 더 깊이 소통하고 조금 더 많이 느끼게 될 수 있다.

둘째, 트라우마를 되새기지 않는다. 충격을 받았던 일을 세세히 되짚어보는 일은 그 자체로 또다시 트라우마가 될 수 있으며, 또다시 신경계에 극심한 스트레스를 줄 수 있다. 치유를 위해 트라우마를 해소한다는 건 일어난 일의 '반복'과 '재생'이 아닌 당시에 느꼈던 '감정'과 '이미지'가 떠오르는 걸 허용하는 일이다. 우리가 힘든 이유도 지난 일을 자꾸 되짚어서라기보다는 현재의 삶 속에서 과거의 트라우마를 떠올리게 하는 촉발 요인을 맞닥뜨리기 때문인 경우가 많다. 그러므로 트라우마를 통해 과거를 되짚어보는 대신, 현재 떠오르는 감정에 집중해서 치유 과정을 이어가도록 해야 한다.

셋째, 도움을 청한다. 트라우마 치료는 혼자 쉽게 할 수 있는 일이 아니다. 진정으로 나를 치유할 수 있는 사람은 오직 나 자신뿐이지만 경험을 함께 나누면서 안전감을 느끼게 해줄 다른 사람이 있다면 큰 도움이 된다. 우리가 감정을 묻어두는 이유는 다른 사람에게 취약한 모습을 보여선 안 된다고, 그건 안전하지 못한 일이라고 배웠기 때문이다. 그러므로 '이제는 안전하다'고 느끼려면 다른 사람 앞에서 자신의 감정과 소통하는 행위가 필요하다.

다음은 신체적인 안전감을 느끼는 몇 가지 방법들이다.

1. **함께 경험하기:** 심리치료를 통해 당신의 고통을 목격하고 보듬어주고 절제시켜줄 수 있는 사람과 함께 있는 경험은 신경계를 안정시키는 데 도움이 된다. 상담사가 당신의 이야기에 타격을 받거나 지치는 모습을 보이지도 않고, 당신이 취약한 모습을 보였다고 해서 화를 내거나 외면하지 않는 것을 보면서 당신은 그러한 감정을 느끼고 표현해도 괜찮으며 더 이상 두려워할 필요가 없다는 사실을 깨닫는다. 부모의 도움으로 자신의 감정을 가라앉혀본 아이는 스스로 감정을 조절하는 방법을 배운다. 만약 당신이 트라우마를 겪었다면 그건 감정을 조절하는 방법을 배운 적이 없었기 때문일 수 있다. 심리치료에서도 이와 유사한 과정이 일어난다. 치료사의 도움으로 감정을 가라앉히는 경험

을 통해 스스로 감정을 조절하는 기술을 배울 수 있다.

2. **호흡**: 요가나 호흡법 또는 명상 같은 느린 마음챙김 수련은 마음을 진정시키고 공포 반응 체계에서 벗어나는 데 큰 도움이 된다. 신경계를 진정시키는 효과가 있는 것으로 입증된 호흡법 중 하나는 날숨을 들숨보다 길게 쉬는 것이다. 넷을 세는 동안 숨을 들이마시고 여덟을 세는 동안 숨을 내쉰다. 스트레스를 받을 때 10분 정도 이 호흡을 하고 나서 마음이 얼마나 차분해지는지 확인해보자.

3. **몸을 움직인다**: 운동이 정신과 신체 건강에 유익하기는 하지만 여기서는 운동이 아닌 몸을 움직여 감정을 '표현'하라는 뜻이다. 소리를 지르거나 베개를 세게 치거나 베개에 얼굴을 묻고 소리를 지르고 싶을 수도 있다. 잠시 멈춰서 자신을 안아주고 부드러움을 표현하고 싶을 수도 있다. 어쩌면 도주 반응처럼 실제로 달리고 싶을 수도 있다. 어떤 식으로든 몸이 원하는 대로 움직여보자. 영양이 스트레스 호르몬을 방출하기 위해 몸을 떠는 모습을 상상해보자. 좀 우스워 보여도 상관없다. 좀 우습게 보이는 정도의 작은 대가는 치르기로 하자.

4. **몸을 만지고 마사지한다**: 자기 몸을 만지거나 다른 사람이 만질 수 있도록 허용한다. 그렇게 함으로써 자기 몸에 대해 다시 알고, 당신의 심신이 안전하다는 것을 인식하고, 차분한 정상 상태로 돌아가도록 만들 수 있다. 신뢰할 수 있는 파트너나 전문

마사지사를 찾아가도 좋고, 없다면 스스로를 안아주거나 쓰다듬는 방법도 있다.

마지막으로 꼭 기억해야 할 점은 이러한 트라우마가 완전히 사라질 수는 없다는 사실을 인식하고 자기 비판적인 자세보다는 이해와 연민의 마음으로 상처받은 부분을 돌보는 것이다. 그 돌봄은 친구들과의 모임이 너무 소란스럽고 버거울 때 10분 정도 혼자만의 시간이 필요하다는 걸 알아차리는 일일 수도, 직장에서 타인과의 비교로 과도한 업무를 떠맡지 않는 일일 수도 있다. 나를 치유할 수 있는 사람은 오직 나뿐이다. 우리에게 일어난 일을 없던 일로 되돌릴 수는 없지만, 그것을 받아들이고 다르게 살아가는 법은 언제나 배울 수 있음을 기억하라.

중독

고통을 잊기 위한 잘못된 선택

나와 마주 앉은 후, 상담을 시작하기 전에 라나가 가장 먼저 한 일은 휴대전화로 간단한 이메일을 보내는 것이었다. 나는 약간 무시당하는 듯한 기분이 들었지만 덕분에 그녀를 찬찬히 살펴볼 기회를 가질 수 있었다. 진회색 정장에 굽이 높은 구두, 뒤로 빗어넘긴 머리, 집중하느라 저절로 찡그려진 미간. 그녀가 두 번째로 한 일은 보통 50분씩 진행되는 상담을 30분만 할 수 있는지 묻는 것이었다. 그녀는 지금 일이 너무 많아서 한 시간이나 뺄 수 있을지 모르겠다고 했다.

여기서 라나가 정말 하고 싶은 말은 무엇이었을까? 그녀는 심리치료보다 일이 중요하다고 말하고 있었다. 상담은 그녀에게 가장 중요한 일이 아니며 우리의 시간을 자기가 통제하고 싶다는 뜻을 전한 것이다. 심리치료는 종종 이렇게 치료사와 환자의 힘겨루기로 시작되기도 한다. 자신이 안전한지, 바운더리를 좀 넘어가도 괜찮은지 확인하기 위해 두드려본다. 이런 상황에서 라나의 요청을 받아들이는 게 도움이 될까? 나는 그녀가 나와 함께 있는 동안 안전하다는 사실을 확인하고자 한다는 점을 알 수 있었다. 그러기 위해서는 우리의 시간에는 정해진 바운더리가 있으며 그녀가 마음대로 끌고 갈 수 없다는 점을 분명히 전해야 했다.

내가 상담 시간은 50분이라고 말하자, 라나는 잠시 눈알을 굴리더니 알겠다며 50분 상담을 해보겠다고 대답했다. 나는 그녀의 동의를 첫 번째 바운더리 테스트를 무사히 치렀다는 신호로 받아들였다.

곧이어 라나는 자기는 아무런 문제가 없다고 분명한 어조로 말했다. 건강한 삶을 추구하는 편이어서 술은 거의 마시지 않고 담배를 피운 적도 없다고 했다. 일주일에 세 번씩 운동하고 자기 일에 매우 헌신적이라고 했다. 남성이 지배적인 법조계에서 여성으로 일한다는 건 쉬운 일이 아니지만, 그녀는 열심히 일한 덕에 신망받는 법정 변호사가 되었다고 했다. 그러면서 짐짓 자랑스러운 어조로 사람들이 자기를 무서워한다고 말했다. 그럴 것 같았다. 나도 조금은 그녀가 무서웠으니까. 하지만 그런 말은 하지 않고 그녀가 이야기를 계속할 수 있도록 귀를 기울여 들었다. 그녀는 최근 몇 년간 압박감이 점차 쌓여가면서 거의 일만 하면서 살았다고 했다. 잠도 많이 자지 않는 편이며 새벽 6시에 일어나 출근하면 저녁 9시쯤 퇴근한다고 했다. 그것도 운이 좋아서 일이 일찍 끝날 경우에 말이다.

"내가 여기 온 건 안토니 때문이에요."

그녀의 이야기에 따르면, 남편 안토니는 라나가 자신과 아이들에게 너무 소홀한 데 불만이 많다고 했다. 안토니는 라나에게 얼굴 보기도 힘들다고 불평하고, 아이들은 왜 엄마가 자기들과 저녁을 같이 먹지 않으며 운동 경기도 보러 와주지 않느냐고 항의한다는 얘기였다.

"나는 혼자 아이를 키우는 홀아비가 되고 싶지 않아. 그런데 꼭 그런 느낌이야."

안토니는 그녀 곁을 떠나고 싶지는 않지만 라나가 직장 일과 관련해 적절한 선을 긋지 않으면 그녀를 떠날 수밖에 없다고 최후통첩을 날렸다. 라나는 결혼 생활을 지키기 위해 어쩔 수 없이 나를 찾아온 거였다. 하지만 그녀는 여전히 일을 줄일 생각이 전혀 없었다.

그녀가 처음 20분 늦게 왔을 때, 나는 그녀에게 기회를 주기로 하고 그냥 넘어갔다. 라나는 회의가 길어지는데 빠져나올 수가 없었다면서 다시는 그런 일이 없을 거라고 했다. 우리는 그녀가 처음에 원했듯이 상담을 30분 만에 끝냈다. 두 번째, 세 번째까지도 나는 아무 말 하지 않고 그녀가 제시간에 올 수 있기를 기다렸다. 그러다가 네 번째가 되자 이건 태도와 관련이 있다는 생각이 들었다. 상담치료에 있어서 이러한 태도는 무의식적으로 어떤 메시지를 전하는 경우일 때가 많다. 다만 그 메시지가 무엇인지 당시에는 파악할 수가 없었다.

안토니가 그렇듯이, 나 역시 소외되는 느낌을 받았다. 그녀가 나에게도, 상담치료에도 관심이 없다는 느낌이 들면서 과연 그녀가 자기 자신에게 주의를 기울이기는 할지 궁금해졌다. 일에 온 정신을 쏟는다면 자신에 대해서는 생각할 겨를이 없을 테니까. 또 한 번 약속된 시간보다 20분 늦게 도착한 그녀에게 나는 원래 정해진 50분의 상담 시간이 부담스러운지, 아니면 늦게 오는 것으로 뭔가를 피하고 싶어서 그러는지 물었다. 그러자 그녀는 아니라고 대답했다.

"일을 우선으로 생각하다 보니 그렇게 되네요."

"당신보다 일이 우선이란 말인가요? 이건 당신을 위한 시간이잖아요."

내가 말했다. 그러자 그녀가 눈을 동그랗게 뜨며 대답했다.

"안토니와 똑같은 말씀을 하시는군요."

지금 이 모습은 중독을 생각할 때 우리가 흔히 떠올리는 장면은 아니다. 하지만 심리적 고통을 제어하기 위한 모든 충동적인 행위가 사실은 중독이다. 라나가 일을 멈추지 못하는 이유는 짐작컨대, 일을 멈추면 고통을 느껴야 하기 때문인 것 같았다.

멈추고 싶지만
스스로 멈추지 못하는 사람들

라나의 경우와 달리 네이선의 중독은 좀 더 일반적인 유형이었다. 그는 열네 살 때부터 마약과 알코올 중독으로 힘든 시간을 보냈다. 처음에만 해도 술은 여러 친구와 어울리기 위한 수단일 뿐이었다. 하지만 이제 나이가 서른다섯이나 되고 보니 친구들은 대부분 각자 나름의 생활을 꾸리기 시작했고, 주말마다 파티를 하고 싶어 안달인 사람은 자기 혼자라는 사실을 깨달았다. 업무 능률도 형편없었고, 항상 숙취에 시달렸으며, 사무실 파티에서 망신당하는 일도 종종 벌어졌다. 결국 회사는 좀 더 착실하고 성실하게 일할 사람이 필요하다며 그와 더 이상 함께 일할 수 없다고 통보했다. 직장도 잃고 친구도 곁에 남아 있지 않은 그에게 친동생은 전문가의 도움을 받을 것을 권유했다. 그렇게 네이선은 나를 찾아왔다.

음주의 시작은 사람들과 어울리기 위해서였다고 했다. 학창 시절 네이선은 한 학년 위 선배들에게 괴롭힘을 당했는데, 네이선이 게이처럼 보인다는 게 괴롭힘의 이유였다. 정작 네이선은 게이가 무슨 뜻인지도 몰랐는데 소문이 퍼지기 시작했다.

"1990년대의 남자 고등학교였어요. '게이'라는 말은 엄청난 욕이었죠. 아무도 나와 친구가 되려고 하지 않았어요."

네이선을 향한 괴롭힘은 미묘하고 교묘했다. 그가 교실에 들어설 때 비웃기, 최대한 책상을 멀리 떼어놓고 앉기, 운동 경기를 할 때 항상 그를 마지막에 뽑기 등. 그를 싫어하지 않는 친구들도 그와 친한 아이로 오해받으면 자기도 괴롭힘을 당할까 봐 그에게서 등을 돌렸다. 그래서 네이선은 쉬는 시간을 늘 혼자서 보내야 했다.

하루는 체육 시간이 끝나고 네이선이 샤워를 하고 있는데, 우두머리 한 명과 그를 따르는 무리가 탈의실로 들어왔다. 그리고 옷을 찾느라 허둥대는 네이선을 조롱했다. 네이선은 타월로 몸을 감싼 채 눈물을 삼키려 안간힘을 써야 했다. 나중에 분실물 센터에서 찾은 꾀죄죄한 체육복을 입은 채 교장실에 웅크리고 앉아 네이선은 두 번 다시 이런 일을 겪지 않겠다고 다짐했다. 그러기 위해서는 강력한 인상을 남길 뭔가가 있어야 했다. 남자답다고 인정받을 만한 매력이 있음을 보여줘야 했던 것이다.

다음 날 네이선은 친구들의 호감을 끌 만한 물건을 가지고 학교에 갔다. 아버지의 술 찬장에서 럼주 한 병을 슬쩍 해온 것이다. 그러고는 점심시간에 체육관 뒤편에서 친구들과 한 모금씩 마셨다. 그의 계획은 믿을 수 없을 만큼 성공적이었다. 어제까지도 놀림받고 조롱당하던 그가 인기 있는 친구들과 어울려 술을 마시고 있었으니까 말이다. 친구들은 소매로 입가를 닦고 빈 술병을 나무 뒤에 숨기며 물었다.

"한 병 더 가져다줄 수 있어?"

"물론이지."

네이선은 생사가 달린 문제라도 되는 듯 진지하게 고개를 끄덕였다.

매일 술 한 병씩을 가져다준 덕분에 네이선은 친구들 그룹에 낄 수 있었다. 얻어맞고 놀림당하던 그는 이제 친구들의 생일 파티에도 초대받았다. 게이라는 비방도 더 이상 들리지 않았다. 네이선이 거칠게 굴수록 친구들은 더 확실하게 그를 받아들였다. 그러다 보니 그는 파티 때마다 제일 많이 취했고, 새로운 친구를 사귈 때마다 먼저 나서서 가짜 신분증을 만들어주었으며, 제일 먼저 대마초를 피우기 시작했다. 음주는 네이선이 친구들 사이에서 인정받고 힘을 가질 수 있는 수단이었다. 하지만 안타깝게도 그건 장기적인 해결책이 되지 못했다.

성인이 되자 아무도 그런 일로 그를 인정해주지 않았다. 사실을 말하자면 술집에 해가 뜨는 시간까지 혼자 비틀거리며 남아 있는 그를, 사람들은 한심한 패배자 보듯 바라보곤 했다. 예전에 학교에서 친구들이 그를 바라보던 바로 그 눈빛이었다. 하지만 네이선은 멈출 수 없었다.

중독을 정의하는 기준은 중독과 관련된 물질이나 행위가 아니라 '멈추지 못하게 하는 그 무엇'이다. 무의식 속에 묻어 둔 괴로운 생각이나 감정을 피하기 위해 특정한 물질이나 행동에 의존하면서 중독은 시작된다. 우리는 왜 멈추지 못할까? 라나는 왜 남편과의 관계를 위해 일을 줄이지 못할까? 네이선은 왜 모두가 그를 걱정하는데도 술을 끊지 못할까? 나는 왜 먹는 것을 멈추지 못했을까? 당사자는 그게 무엇인지 모를 수도 있고, 피하고자 하는 게 있다는 사실조차 모를 수도 있다. 그러나 위에 언급한 것 중 무엇이 됐든 멈추고 싶어도 멈출 수 없는 물질이나 행위를 가지고 있다면, 마주하고 싶지 않은 것을 피하려는 방편으로 그것을 이용하고 있을 가능성이 높다.

우리가 멈추지 못하는 이유는 중독적 행위가 그만큼 중요한 역할을 하고 있기 때문이다. 그 행위를 하는 동안에는 고통을 느끼지 않을 수 있다. 중독으로 더 큰 어려움에 부닥칠 위험성도 있지만 우리 마음은 중독을 이용해 피하려고 했던 '원래의 아픔'이 더 위험하다고 판단해버린다. 의식의 저변에 있는 불안을 느끼지 못하도록 우리의 의식을 분산시키고 마비시킴으로써 마주하고 싶지 않은 무의식 속의 진실로부터 도망치게 한다.

고통을 마비시키기 위한
슬픈 선택, 중독

중독을 치유하려면 마음에 어떤 고통이 있는지, 왜 스스로 달래지 못하는지를 이해해야 한다. 아이는 부모의 도움으로 스스로 달래는 법을 배운다. 부모가 아이의 필요에 반응하고 이를 충족시켜주면 아이는 자기가 안전하다고 느끼고, 그 결과 신경 체계가 안정되며 스스로 감정을 진정시키는 법을 배우게 된다. 반대로 부모가 스트레스를 받거나 우울하거나 곁에 있어 주지 못하는 경우, 또는 감정적으로 공감하지 못하거나 학대하는 경우, 아이는 위기감을 느끼고 그로 인해 신경 체계가 불안정한 상태에 놓인다. 그런 경우 아이는 정서적 안정감을 찾기 위해 중독적 행위에 의존하고, 이를 통해 일시적으로나마 쾌락과 보상 호르몬이 활성화되면 안정감을 맛본다.

어렸을 때 충분한 보살핌과 관심을 받지 못하면 성인이 된 이후 그 결핍을 채우려는 성향을 지니게 된다. 정신분석학자인 하인츠 코헛Heinz Kohut은 나르시시즘 연구를 통해 중독과 정신 건강 문제를 다루면서 이를 어린 시절에 비롯된 결핍에 초점을 맞추어 설명한다.[10] 그는 약물 사용이나 그 밖의 모든 중독은 결핍을 보충하려는 시도라고 보았으며, 중독의 대상은 자신을 달래주고 늘 곁에 있어주었어야 했던, 자기가 갖지 못한 모성의 유사체pseudo mother라는 것이다.

그렇다고 해서 성인이 된 후에 겪은 트라우마는 중독을 유발하지 않느냐 하면 그렇지 않다. 그 역시 중독을 유발할 수 있다. 그렇지만 어린 시절 부모와의 관계가 성인이 된 후 힘든 상황에 대처하는 방식에 영향을 미치므로, 어렸을 때 보살핌과 정서적 지지를 제대로 받지 못하면 스스로 자기감정을 다독이고 건강한 방식으로 자신을 돌보는 기술을 배우지 못했을 가능성이 높다.

트라우마를 겪었는데 옆에서 정서적으로 공감하고 지지해줄 부모가 없을 때, 자신이 감당할 수 없는 고통을 겪게 된 어린 아이는 어떻게 할까? 우리의 몸과 마음은 영리하게도 모든 자극을 작게 쪼개고 나눈다. 그리고 감당할 수 없는 감정들을 무의식으로 보내 더 이상 느낄 필요가 없도록 만든다. 한마디로 마음이 고통으로 가득 차 있어서 오히려 무감각해지는 것이다. 이러한 고통을 마비시키기 위해 우리는 대응 기제에 의존하는데, 그 형태는 다음과 같이 매우 다양하다.

- ◆ 과도한 운동
- ◆ 무절제한 식사
- ◆ 무분별한 물건 구매
- ◆ 소셜미디어

- 도박
- 포르노 시청 또는 자위 행위
- TV 및 유튜브 시청
- 과도한 청소
- 섹스 및 관계
- 일
- 비디오 게임
- 약물 및 알코올
- 갈등에 집착하거나 드라마에 빠지기
- 과식 및 단 음식에 대한 집착
- 뉴스 확인하기
- 강박적인 생각이나 행동(강박증)

위의 목록 중 당신에게 해당되는 항목이 몇 개 있을지도 모른다. 하지만 너무 걱정할 필요는 없다. 힘든 감정이나 생각을 피하려고 주의를 분산시키거나 마비시키려는 시도는 지극히 정상적이다. 집중을 흐트러뜨리는 요인이 넘쳐나는 시대를 사는 지금의 우리로서는 더욱 그렇다. 약물 중독은 운동이나 TV에 빠지는 것과 본질적으로 다르지만 어두운 감정과 생각을 멀리하기 위해 사용된다는 점에서는 그 뿌리가 같다고 볼 수 있다.

이러한 중독은 대부분 자기 파괴적 성격을 띤다. 실제로 드러내고 싶지 않은, 취약하고 상처받아 두려움에 떨고 있는 자신의 일부를 파괴하고 싶은 마음에서 비롯된 것이기 때문이다.

나의 취약함을 이해하고 두려움을 인정하라

내가 상담에서 사용한 치료 방법을 단계별로 살펴보면서 무엇이 라나의 치유에 도움이 되었는지 알아보기로 하자.

첫째, 호기심 갖기

라나가 자신의 일 중독 증상을 살펴볼 수 있게 된 순간은 그것이 남편에게 문제가 되는 게 아니라 자기 자신에게 문제가 된다는 사실을 인정하고 난 다음이었다. 여전히 그녀는 상담 시간에 늦게 나타났고, 나는 짜증이 나기 시작했다. 예정된 시간이 되면 상담 준비를 하고 기다리는데 그녀는 늦을 것 같다는 문자조차 없이 나타나지 않았다. 중독 행위는 이처럼 당사자뿐 아니라 주변 사람들까지 불편을 겪게 만든다. 그러다 보면 결국 문제를 함께 감당하게 되는 것이다. 처음에는 안토니가 그랬고, 이제는 내 차례였다. 나는 내가 아닌 라나가 문제를 자각하고 감당하게 해야 한다는 생각이 들었다.

드디어 라나가 상담실 문을 열고 들어왔을 때, 나는 단호하게 선을 그었다.

"라나, 이렇게 자꾸 늦게 오면 상담 시간을 충분히 가질 수 없어요. 당신이 심리치료를 계속할 수 있는 상황인지 다시 한 번 생각해봐야 할 것 같네요."

이건 위험을 감수하는 일이었다. 나는 라나의 심리치료를 중단하고 싶지 않았지만 문제의 여파를 라나 자신이 경험할 필요가 있었다.

라나는 몹시 화난 눈빛으로 나를 바라보다가 한순간 얼굴이 일그러졌다.

"전 심리치료에 집중할 수가 없어요. 사실은 다른 무엇에도 집중할 수가 없답니다. 일이 모든 걸 망치고 있는 것 같아요. 일 때문에 안토니와의 관계도 힘들어지고, 상담도 힘들어지고, 내 삶 전체가 망가지는 것 같아요."

나는 숨을 내쉬었다. 그녀도 길게 심호흡을 했다.

"저는 왜 이럴까요?"

라나가 물었다. 그녀의 취약한 모습이 밖으로 드러나는 순간이었다.

"그건 나도 몰라요. 이제부터 함께 알아보기로 해요."

둘째, 이해하기

라나가 허둥대는 모습으로 상담실에 들어왔다. 정확히 약속된 시간이었다. 그런데 평소에 비해 뭔가 산만했으며 그때까지 보지 못한 초조함이 엿보였다.

"지난밤에 이상한 꿈을 꿨어요. 보트에 타고 있었는데 구멍이 난 거예요. 나는 무엇이든 손에 잡히는 대로 집어서 구멍을 메꿨죠. 그런데 어떤 남자가 나타나서 그걸 모두 잡아 빼는 거예요. 나는 또다시 메꾸고, 그러다가 짜증이 났어요. 물이 점점 차올랐거든요. 그래서 그를 향해 소리쳤죠. '뭐 하는 거예요!'라고요. 고개를 들고 보니 바로 잭이더라고요."

"잭? 잭이 누구죠?"

"음, 삼촌이에요. 잭 삼촌….'"

라나는 이렇게 말하며 말끝을 흐렸다. 나는 그녀의 말을 알아듣지 못했음을 알리기 위해 눈을 마주치려 했지만, 라나는 멍한 눈으로 벽을 바라볼 뿐이었다. 마치 넋이 나간 사람 같았다. 그러고는 아무 말도 하지 않았다. 나는 손이라도 흔들어서 다시 깨어나게 하고 싶었다. 잠시 후 그녀가 벽에 시선을 고정한 채 말을 이었다.

"잭 삼촌은 좋은 사람이 아니었어요."

그러고는 고개를 좌우로 흔들더니 이내 정신이 돌아온 듯 내 눈을 보며 말했다.

"그 얘기는 하고 싶시 않은데, 괜찮겠죠?"

나는 조심스럽게 고개를 끄덕였다. 이럴 때는 안전하다는 느낌을 주는 것이 무엇보다 중요하기 때문이다. 하지만 나중에 다시 짚어봐야 할 문제라고 생각했다. 그 후 두 번의 상담은 취소되었다. 물론 일 때문이었다. 세 번째가 되어서야 라나가 다시 정해진 시간에 상담실에 도착했을 때, 그녀는 다소 긴장한 모습이긴 했지만 자기 이야기를 털어놓을 준비가 되어 있었다.

라나의 부모님은 두 사람 모두 퇴근이 늦었다. 그래서 잭 삼촌이 그녀를 학교에서 데려와 먹이고 잠자리에 들도록 보살펴주었다. 그녀는 당시의 기억 대부분이 지워졌지만, 삼촌이 자신의 몸을 부적절하게 만졌다는 건 기억하고 있다고 했다. 이말을 하고 나서 라나는 내 눈을 바라보았다. 이런 말을 해도 괜찮은지 확인하는 것 같았다. 나는 고개를 끄덕였다. 어린 라나는 아무에게도 그 말을 하지 못했다고 했다. 너무 어렸기 때문에 어떻게 말해야 할지는 물론이고, 무슨 일이 일어나고 있는지도 제대로 몰랐으니까. 다만 그게 옳지 못한 일이라는 느낌만 있었다고 했다.

그녀는 집에 가서 잭 삼촌과 있는 시간을 줄이기 위해 되도록 늦게까지 학교에 남아 있었다. 과외로 숙제를 더 하기도 했고, 시험 준비도 열심히 했으며, 방과 후 특별활동 클럽에 가입하고, 그러고도 시간이 남으면 할 일을 만들기도 하면서 어떻게든 집에 가는 시간을 늦췄다.

공부하거나 일하는 시간은 라나에게 일종의 안식의 시간이었다. 그동안은 안전했고 위험 요인으로부터 떨어져 있을 수 있었다. 그런데 그 도피 행위가 성인이 되어서도 계속됐다. 그러면서 정작 어린 시절에 그렇게 열심히 뭔가를 해야만 했던 이유에 대해서는 완전히 기억에서 지워버렸던 것이다.

말하기 힘든 사연을 말로 풀어내는 일은 매우 중요하다. 물론 자신에게 일어난 일을 언제나 말로 설명할 수 있는 건 아니다. 우리 인생에서는 때로 아무 이유나 배경 설명 없이 끔찍한 일이 일어나기도 한다. 그때 우리가 할 수 있는 건 내면에 자리 잡은 공포나 두려움을 적절한 말로 찾아 표현하는 일이다.

말로 풀어내는 행위는 트라우마적인 경험을 재구성하는 데 매우 중요하다. 이는 자신에게 일어난 일을 이해하고, 수년 동안 내면에 갇혀 있던 응어리를 꺼내놓는 과정이다. 솔직하게 이야기하자면, 나는 이 부분이 내가 상담치료를 하면서 누리는 가장 큰 특혜라고 생각한다. 누군가 처음으로 자기 이야기를 털어놓고 지난 시간을 새로운 시각으로 조명하는 모습을 지켜보는 일보다 가슴 뭉클한 감동을 주는 일은 없다. 라나는 차마 말로 하지 못한 그때의 일을 털어놓음으로써 그 일을 견뎌낼 힘을 얻었으며, 그동안 마음속에 담고 있었던 수치심을 덜어낼 수 있었다.

셋째, 느끼기

과거에 일어났던 일을 얘기하는 동안 라나는 감정이 북받쳐 오르는 듯 보였다. 울다가 소리치다가 훌쩍이다가 때때로 소리 내 웃기도 했다. 처음에는 그러한 감정들이 아주 천천히 마음의 방어막을 비집고 나와야 한다. 자신이 취약했다는 사실을 받아들이는 일은 매우 어색하고 불쾌하다. 나 역시도 오랜 시간이 지난 후에야 내가 취약하다는 사실을 받아들일 수 있었다. 그리고 다른 사람도 그렇다는 걸 알았다. 우리가 느끼든 느끼지 못하든 우리는 모두 취약하다.

과거에 대해서 그리고 현재 그녀가 살아가는 방식에 관해서 이야기를 이어갈수록 라나는 일이 자신을 과거로부터, 그리고 현재의 관계로부터 도피하게 해주는 수단임을 깨달았다. 그리고 안토니와 가까워지면서 더 바빠졌다는 사실도 알아차릴 수 있었다.

"뭘 두려워하는 거죠?"

내가 물었다.

"모르겠어요. 내가 그를 좋아하고 필요로 한다는 걸 알게 되면 더 이상 나를 좋아하지 않거나 뭐 그렇게 될까 봐 두려운 것 같아요. 그러면 더 힘들고 아플 것 같아서요."

라나는 자신이 남편에게 의지하고 있다는 사실을 느끼지 않기 위해서, 그리고 사랑받지 못하는 데 대한 아픔과 두려움을 느끼지 않기 위해서 일에 중독적으로 매달리는 것 같았다.

넷째, 행동하기

라나는 자신이 안토니에게 의존하게 되는 걸 얼마나 두려워하는지 인지하기 시작했다. 성적 학대로부터 자신을 보호하기 위해 다른 사람, 특히 남성과 가까워지는 걸 스스로 금해왔기 때문이다. 우리는 함께 해결 방안을 모색하기로 했다. 그녀가 일을 늘리려 하거나 일을 핑계로 안토니와의 약속을 취소하는 건 내면에 두려움이 일어서 자기 마음을 보호하고 진정시키겠다는 신호였다.

많은 시간을 들이며 이런저런 시도를 했다가 실패하고, 그녀의 노트 앱에 수없이 많은 초안을 잡고 수정을 거친 끝에, 라나는 결국 안토니에게 자신의 과거를 털어놓았다. 왜 그동안 그렇게 일에 매달렸는지를 말하며 라나도 울고 안토니도 울었다. 안토니는 라나의 손을 잡고 그녀를 아프게 하지 않을 것을 약속했다. 내면의 두려움을 털어놓고 얘기하기 시작하면서 라나는 점차 일에 매달려야 할 필요를 덜 느끼게 되었다. 팀원들과 바운더리를 정하고, 삶을 즐기기 위한 시간을 더 많이 가지기 위해 일하는 시간을 줄였다. 그러자 더 이상 자기 자신과 관계로부터 도피하기 위해 일에 매달릴 필요가 없게 되었다.

다섯째, 반복하기

이야기로 정리하고 보니 리나가 일관되게 나아지기만 했던 것처럼 들릴지 모르겠다. 그러나 사실은 전혀 그렇지 않았다.

라나는 호기심을 가지고 뭔가를 이해하고 느끼다가도 어느 순간 무감해져서, 자기는 아무 문제도 없다고 주장하며 늦도록 일하고 상담 일정을 취소했다. 그러다가 자신의 무장 전선에 또 다른 균열이 생기면 취약한 모습을 보이며 행동의 변화를 시도했다. 그러다가 또다시 원점으로 돌아가, 20분 늦게 와서는 심리치료는 효과가 없으며 자기는 아무 문제도 없다는 주장을 반복했다. 그렇게 라나는 겁먹은 거북이처럼 잠시 등껍질 밖으로 고개를 내밀었다가 다시 안전한 껍질 속으로 들어가버렸다. 잠시 후 조금 더 고개를 많이 내밀기는 하지만, 결국 또다시 숨어버렸다.

이렇게 멈춰 섰다가 뒷걸음치는 과정은 안전하다는 느낌을 받기 위해 우리가 밟아야만 하는 단계이기도 하지만 동시에 심리치료의 마법이기도 하다. 그렇게 반복할 때마다 방어막이 한 겹씩 정리되기 때문이다. 그렇게 시간이 흐른 후, 결국 라나는 안전하게 껍질을 벗을 수 있게 되었다.

모든 중독의 실체는
채워지지 않은 내면의 결핍

심리치료를 할 때, 나는 중독 자체에 관해서는 되도록 언급하지 않는 편이어서 그것을 집중적으로 이야기하고 싶은 환자라면 나의 방식이 다소 실망스러울 수도 있다. 대신 나는 그들이 피하고 싶어 하는, 다시 말해서 무감각해지고 싶어 하는 고통이 무엇인가를 파악하는 방향으로 대화를 유도한다.

중독을 극복하는 일, 끊으려는 노력, 의지를 시험하고 더 나은 습관을 만드는 일은 분명 유익한 도전이지만, 그것은 빙산의 일각을 건드리는 시도일 뿐 중독의 뿌리를 치유하지는 못한다. 우리가 자기 자신이나 누군가가 중독적인 성향을 지니고 있다고 말할 때, 사실 그는 예민하거나 트라우마를 가지고 있으며 감당하기 힘든 감정을 조절하려고 애쓰는 사람인 경우가 많다. 그러므로 중독의 대상인 물질이나 행동을 제거한다 해도 달래주어야 하는 '욕구'와 '필요'는 남는다.

예전에 나는 영국 국가보건서비스의 체중 관리 서비스 프로그램에서 일하면서 체중 감량 수술을 앞둔 사람을 위해 심리상담을 한 적이 있는데, 수술 후 나타나는 흥미로운 현상들을 종종 목격하곤 했다. 그들 중 다수는 내가 보기에 음식 중독이라고 할 정도로 음식에 의존했는데, 위 우회 수술로 예전만큼 많이 먹지 못하자 이를 달래기 위해 다른 방편을 찾았다. 어떻게 보면 음식 중독은 치유되었다고 볼 수도 있겠지만 그들이 음식을 통해 달래고자 했던 '아픔'은 그대로 남아 있었던 것이다. 그러자 하나의 중독이 다른 중독으로 전이되어 나타나는, 소위 '중독 전이addiction transference' 현상이 나타났다. 알코올이나 도박 같은 새로운 중독성 대응 기제를 찾은 것이다. 음식 문제에 관해서는 즉각적인 해결책을 찾았지만 그것은 빙산의 일각에 불과했고 빙산의 실체, 즉 궁극적인 문제의 근원은 음식이 아니라 그들이 음식을 통해 채우려고 했던 내면의 결핍이었기 때문이다.

그러므로 중독에 빠진 자신을 질책하기보다는 단지 그것이 어떤 현상임을 인지하는 게 중요하다. 중독을 통해 내가 무엇을 달래고자 하는지 알아내고, 그것과 소통함으로써 더 이상 대응 기제에 의존할 필요가 없도록 만들어야 한다.

물론 매우 힘든 일이다. 설명을 듣는 것만으로도 두려울 수 있다. 나도 그랬으니까. 안타까운 일이지만 상황이 나아지기 전에 더 힘들어지기도 한다. 진정한 치유를 위해서는 피해왔던 모든 고통스러운 기억들을 마주하고 겪어야 하기 때문이다.

중독을 치유하는 해독제는
유대감과 연결이다

중독의 반대말은 다름 아닌 '연결'이다. 다른 사람과의 연결, 그리고 중독이 가리고 있는 자신의 취약한 부분과의 연결이다. 사랑과 유대를 충분히 경험하지 못하면 중독을 통해 도파민과 엔도르핀을 얻음으로써 그 결핍을 채우려고 한다. 자신의 취약한 부분을 드러내지 않으면 많은 사람에게 둘러싸여 있어도 깊은 유대감이나 사랑받는다는 느낌을 경험하지 못한다.

당신이 안전하다고 느낄 수 있는 사람(당신의 취약한 면을 감내하고 보듬어줄 사람) 앞에서 자신의 취약성을 드러내고 그와 진심으로 소통할수록 당신은 더 깊은 유대감을 느낄 수 있다. 치유는 결코 혼자 할 수 없으며 관계 속에서 가능하다. 당신의 마음을 누군가에게 의지하고 또 누군가가 당신에게 의지하면서 진정한 유대를 체감할수록, 자신을 둘러싸고 있는 공동체가 많을수록, 중독을 이용해 스스로 달래야 할 필요는 줄어든다.

그리고 이러한 연결은 모두 자신과의 소통에서 시작된다.

어떤 트라우마가 중독을 유발했는지 그냥 아는 것과 그것을 처리하는 것은 별개의 이야기다. 상담치료를 하다 보면 간혹 '난 내 트라우마를 정확히 알고 있어요. 하지만 그게 도움이 되지는 않네요!'라는 말을 많이 듣는다. 그럴 수 있다. 왜냐하면 이성적으로 알고 있는 것('폭력적인 아버지가 내게 나쁜 영향을 미쳤다' 같은 사실)과 정서적인 차원에서 이해하는 것('공격적인 아버지 때문에 두려웠고 내가 안전하지 않다고 느꼈다'라는 감정)은 다르기 때문이다.

라나는 자신에게 어떤 일이 일어나고 있는지 알고 있었다. 하지만 자신이 경험한 혼란스러운 경험, 혐오감, 슬픔, 두려움을 표현할 수 있게 될 때까지 그녀는 일이라는 대응 기제에 의존해야 했다. 그건 네이선도 마찬가지였다. 네이선은 내게 어린 시절의 이야기를 상세하게 털어놓았다. 수업 중에 아무도 그와 짝이 되려고 하지 않아서 선생님과 짝이 되어야 했던 일, 누군가에게 말을 걸었을 때 대답 대신 돌아오던 침묵, 친구라고 생각했던 아이들의 냉대, 자신이 너무 더럽고 혐오스러운 존재가 된 것 같은 수치심까지 그의 이야기를 듣는 것만으로도 고통스러울 정도였다. 나는 내가 느끼는 슬픔과 불쾌감을 네이선도 느끼고 있으리라 생각하며 눈을 들어 그를 보았다. 하지만 그는 환하게 웃고 있었다. 마치 오늘 본 귀여운 강아지 이야기를 하는 사람 같았다. 방금 내게 털어놓은 이야기 속의 감정과 전혀 연결되어 있지 않았다. 나 혼자 그를 대신해 그 감정들을 느끼고 있었던 것이다.

고통스러운 일이 일어났을 때 우리가 살아남는 방법 중 하나는 모든 아픔으로부터 분리되어 그것을 경험하지 않도록 하

는 것이다. 그 사건에 관한 기억 전체를 무의식 속에 눌러놓는
다. 의외로 많은 사람이 어린 시절 중 꽤 긴 기간을 기억하지 못
한다고 말한다. 그렇게 함으로써 자신에게 일어난 나쁜 일을
직면하지 않아도 되는 것이다. 하지만 그 기억은 결코 사라지
지 않으며 우리는 무엇 때문인지도 모른 채 그것을 감당하기
위한 대응 기제를 만들어내게 된다.

치유는 그 분리된 조각들을 다시 연결해서 총체적으로 경험
하는 작업이다. 그 과정을 통하면 중독이라는 대응 기제를 더
이상 사용할 필요가 없어진다. 이렇게 하려면 과거에 일어났던
일을 되짚으면서 필연적으로 그 고통과 다시 한번 연결되어야
하는데, 절실하게 피하고 싶었던 감정을 다시 느끼기란 정말로
힘든 일이다. 그래서 시간이 필요하며, 안전한 상황에서 반복
적으로 시도해야 한다.

어느 목요일, 모든 걸 바꾸는 계기가 찾아왔다. 회사에 출근
한 네이선이 책상 서랍을 열어보니 그의 물건이 모두 포장지로
싸여 있는 것이 아닌가? 사무실 동료들이 키득거리며 속삭이는
동안 네이선은 눈시울이 뜨거워졌다. 네이선은 내색하지 않으
려고 화장실로 달려가 칸막이 안에서 하염없이 울었다. 그러자
이번에는 동료들이 당황했다. 악의 없는 장난이었기 때문이다.
네이선이 늘 명랑하고 장난스러운 편이어서 장난으로 받아줄
줄 알았던 것이다. 네이선은 자기가 노트북과 연필의 포장지를

뜯는 동안 동료들이 웃었다는 이야기를 내게 들려주면서 목이 메었다. 턱이 떨리고 말이 끊겨서 알아듣기가 힘들 정도였다.

이때 네이선이 느낀 감정은 현재 상황에서 비롯된 것처럼 보이지만, 사실은 과거의 경험을 마주하고 감당하기 시작하면서 표출된 것이다. 이런 일은 치유의 과정에서 흔히 일어난다.

어찌 보면 이 모든 게 치유 과정의 일부다. 심리치료를 진행하는 동안 사실은 부모님에게 화가 나 있는데 배우자에게 화를 내기도 하고, 사실은 어린 시절의 자기가 가여워서 울고 싶은데 광고에 나오는 귀여운 어린아이를 보고 울기도 한다. 우리에게 있었던 일을 말로 풀어내면서 과거의 힘든 감정이 올라오는 건 자연스러운 일이다. 그 취약한 감정을 모두 느낌으로써 내면에 숨겨져 있던 아픈 기억과 그로 인한 수치심을 해소할 수 있다.

치료를 계속 이어가면서도 네이선의 음주 욕구는 완전히 사라지지 않았다. 여전히 자극받으면 흔들리고, 감정적으로 힘들어질 때면 술에 취해 무감해지고 싶은 충동을 느꼈다. 하지만 그러한 충동에 대처하는 방식은 달라졌다. 네이선은 이제 술 마시고 싶다는 충동은 스트레스를 받고 있다는 신호이므로 내면을 들여다보고, 달래주기를 바라며 울고 있는 자기 마음과 소통해야 한다는 걸 안다.

"술이 너무 마시고 싶어요."

어느 날 네이선은 여자친구와 싸우고 내게 상담치료를 받던 중 이렇게 말했다. 나는 아무 말도 하지 않고 그의 다음 말을 기다렸다. 치료사의 역할은 끼어들어서 어떻게 해야 하는지를 알려주는 게 아니라, 스스로 치유에 이르도록 돕는 것이기 때문이다. 그가 나를 바라보았다. 내가 자기를 꾸짖거나 그러지 말라고 말해주기를 기다리는 것 같았다. 그러더니 미소를 지으며 말했다.

"제게 뭐라고 하실지 알아요. 마음을 달래기 위해 술을 마시려는 거라고 하시겠죠. 가만히 앉아서 그 감정을 받아들이고…. 뭐, 그런 말씀이잖아요."

내가 여전히 아무 말 없이 듣기만 하자 그가 말을 이었다.

"저는 지금 거절당한 느낌이에요. 싸움을 하고 나서 마음이 닫혀버린 것 같아요. 혼자가 되어 나를 보호해야 할 것 같은 마음이라고나 할까요. 그렇지만 술이 저를 보호해주지는 않겠죠."

나는 고개를 끄덕였다.

"참 재미있어요. 술 마시고 싶은 충동을 너무 오래 참으면 다른 걸로 바뀌는 게 말이에요."

"무엇으로 바뀌는데요?"

내가 물었다.

"고통과 두려움, 그리고 취약하다는 느낌으로요. 그러면서 사랑받고 싶어 하는 어린 네이선이 보여요. 그럼 또 그 느낌을 한참 그대로 두어요. 어린 네이선이 투정 부릴 수 있게 놔두는 거죠. 그러면 기분이 좀 홀가분해지더라고요. 제가 술을 마시는 동안은 제 안에서 그런 과정이 일어날 수 없었어요. 고통을 느끼기 싫어서 그랬던 건데, 그 때문에 고통을 해소할 기회를 얻지 못했던 거죠."

기쁨이 벅차오르면서 네이선이 자랑스러웠다. 그를 안아주고 박수를 보내주고 싶었다(물론 그러지는 않았다). 심리치료사가 되기 위한 교육을 받을 때 환자의 성취에 너무 기뻐하지 말라고 배운다. 환자에게 잘해야 한다는 압박감을 줄 수 있기 때문이다. 그렇지만 예외 없는 규칙이 어디 있겠는가. 때로는 치료사도 다른 사람에게 감동받을 수 있고, 그 사실을 상대방에게 확인시켜줄 필요도 있다. 나는 얼굴 가득 환한 미소를 지어 보였다.

어쩌면 네이선의 중독은 완치되지 못할 수도 있다. 그걸 알면서도, 때로는 고통에 직면할 용기를 내지 못해 안도감에 이르지 못할 수 있다는 걸 알면서도, 언젠가 또다시 술을 마시고 이 치료 과정을 처음부터 다시 시작해야 할 수도 있다는 사실을 알면서도, 나는 네이선을 보며 흐뭇한 미소를 지었다. 그도 나를 보며 함께 웃었다. 우리는 이렇게 미소 띤 침묵으로 자축하면서 한동안 앉아 있었다.

나를 괴롭히는 어려운 감정과 소통하는 연습

1. 어떤 감정이든 느낄 수 있도록 스스로 허락한다. 어떤 감정을 느껴야 하는가에 대해 자신에게 강요하지 말자. 아무 감정도 느끼지 못하거나 무덤덤할 수도 있고 행복하고 긍정적인 느낌으로 마음이 가득 찰 수도 있다.

2. 몸의 변화에 주의를 기울인다. 감정은 신체적 감각이라고 했던 말을 기억하는가? 그러므로 감정에 귀를 기울인다는 건 몸에 귀를 기울인다는 뜻이기도 하다. 이건 혼자서도 할 수 있다. 지금 당신의 몸은 어떤 상태인가? 잠시 시간을 갖고 스스로 점검해보자. 몸이 자신의 상태를 알려오도록 가만히 귀를 기울이고 있으면 된다.

3. 글을 쓴다. 생각하고 느끼는 것을 자유롭게 쓸 수 있는 공간을 마련하면 자기도 모르는 사이에 쌓여 있던 감정을 해소하게 된다. 매일 잠깐이라도 글 쓰는 시간을 가져보자. 잘 쓰려거나 누군가 읽을 것을 전제할 필요는 없다. 판단이나 비판으로부터 자유로운 무의식에 있는 생각이나 감정을 쏟아놓을 수 있는 안전한 공간을 만들자.

4. 내면의 아이와 유대감을 형성한다. 때로는 자기 자신보다 내면의 아이에게 공감하는 것이 더 쉬울 수도 있다. 어린 시절의 자

기 모습을 떠올려보고, 그때 어떤 기분이었을지 상상해보자. 늘 돌봄을 받고 있다고 느꼈는가? 때때로 외롭거나 이해받지 못한다고 느꼈는가? 좀 더 힘든 상황에서는 어땠는지 떠올려보자. 어린 당신에게는 무엇이 필요했나? 지금 그 어린아이가 당신에게 필요로 하는 것은 무엇인가? 자신의 어린 시절을 떠올리고, 그때의 어린아이와 깊이 소통할수록 현재의 자신에 대한 연민과 공감도 깊어질 수 있으며, 스스로 차단하고 살았던 어린 시절의 고통을 더 잘 받아들이고 느끼기 시작할 수 있다.

자기비판

나는 왜 나에게 유독 가혹할까

넌 왜 그렇게 멍청하니? 모두가 널 싫어해. 뒤에서 모두 네 흉을 본다고. 그들은 네가 바보 같고, 재미도 없고, 뚱뚱하고, 못생겼고, 귀찮다고 생각해. 네가 아무리 잘하려고 노력해도 소용없어. 어차피 사람들은 너를 좋아하지 않을 테니까. 무엇 때문에 널 좋아하겠어? 네가 그렇게 형편없는데. 한심하잖아. 너는 너무 예민하고 멍청해. 아무리 좋은 성과를 거두어도 소용없어. 잘하든 못하든, 너는 결국 보잘것없는 사람이니까.

위 단락을 적으며 마음이 몹시 불편했다. 적힌 글을 다시 보는 것도 그랬다. 모두 예전에 내가 나에게 했던 말들이기 때문이다. 심리치료사로 일하면서 날마다 자신에게 이보다 훨씬 더 심한 말을 하는 사람도 많이 보았다. 정말 가슴 아픈 일이다.

　이상한 점은 이들 중 누구도 다른 사람에게는 이런 끔찍한 말을 하지는 않는다는 것이다. 예전에 그룹 치료를 진행할 때 내게 심리적으로 많은 영향을 미친 과제가 있었다. 각자 자신에게 했던 말 중에 가장 가혹한 말을 종이에 적고, 두 사람씩 짝을 지어서 상대방에게 자기가 적은 내용을 큰 소리로 말하게 하는 것이었다. 그룹 치료 중에 이 과제를 내주면 모두가 차마 그 말을 입에 담지 못한다. 옆에 있는 사람에게 못생기고 따분한 사람이라는 말을 어떻게 하겠는가. 누군가의 눈을 보며 그들이 혐오스럽고 쓸모없는 사람이며 아무도 당신을 좋아하지 않는다고 말하는 건 정말 두렵고 당황스러운 일이다. 다른 사람에게는 할 수 없는 그런 말을 자신에게는 아무렇지 않게 쏟아부었다는 사실이 믿을 수 없어 우는 사람도 있다.

　흥미로운 사실은 이 그룹 치료에 속한 사람 중에 보살피는 일을 직업으로 삼은 사람들이 많았다는 점이다. 간호사나 치료사, 교사도 있었고 어머니, 아버지도 많았다. 이들은 모두 누군가에게 친절을 베풀고 배려하면서도 자기 자신에게는 도저히 그와 같은 연민을 쏟지 못하고 있었다. 왜 우리는 다른 사람에게는 친절하면서도 자신에게는 가혹한가? 나 역시도 왜 심리 치료 그룹은 기꺼이 도와주면서 집에 가서 나 자신에게는 똑같이 해주지 못하는가?

나에게 가장 비판적인 사람은
바로 나

내면의 비판자는 우리 안으로 내면화되어 들어온 외부의 비판자다. 우리가 자신에게 하는 비난의 말들을 가만히 생각해보면 과거에 누군가에게 들었던 말인 경우가 대부분이다. 우리는 나를 둘러싸고 있는 사람들과 사회적 구조에 의해 무엇이 허용되고 무엇이 허용되지 않는지를 배우는데, 다음과 같은 말이나 행동을 경험하면 자신에게 뭔가 문제가 있다는 생각을 하게 된다.

1. **직접적인 말**: 비판적인 부모나 형제, 교사가 우리의 특정 행동에 대해 꾸짖거나 어떤 말이나 관심사를 조롱하거나 성공에 대한 지나친 기대로 압박감을 느끼게 할 때 또는 우리가 하는 일을 비판하는 경우다.

2. **직접적인 행동**: 비판의 메시지는 말이 아닌 행동을 통해서도 받는다. 어린아이는 자기가 충분한 보살핌과 관심을 받는지에 매우 민감해서, 그렇지 못한 경우 자기에게 문제가 있다고 생각한다. 어머니가 아버지는 사랑하지만 자식들에게는 가혹하고 무심했거나, 학교 선생님이 다른 아이들은 너그럽게 대하면서 자기만 트집 잡아 괴롭혔거나, 친구들에게 따돌림을 당한 경험도 열등감을 느끼게 할 수 있다. 이는 자기가 뭔가 부족하거나 다른

아이만큼 사랑스럽지 않다는 메시지를 주기 때문이다.

3. **간접적인 말이나 행동**: 비판이 직접적으로 우리를 향하지 않았을 수 있다. 하지만 아버지가 어리석은 누군가를 향해 모욕적인 말을 하는 것을 우연히 들었다면 자신이 학교에서 좋은 성적을 거두지 못했을 때도 아버지가 화를 내리라는 생각을 하게 된다. 어머니가 몸매를 가지고 누군가를 헐뜯는 소리를 들었다면 자신이 살이 쪘을 때 심하게 자책할 수 있다.

4. **사회로부터의 압박**: 부모의 사랑과 지지를 충분히 받고 자랐어도 사회가 우리에게 기대하는 바가 가정의 가치와 상반될 때 스스로 비판적인 시각을 갖게 된다. 우리는 뚱뚱한 것보다는 날씬한 것이, 화내는 것보다는 상냥한 것이 좋다고 배웠으며, 여성은 다정해야 하고 남성은 감정적으로 다소 무덤덤해야 한다고 배웠다. 어떤 게 '옳은'지에 대한 수많은 메시지는 우리가 어딘가 태어날 때부터 문제가 있다는 느낌이 들게 만든다. 본연의 모습 그대로는 충분치 않다는 메시지를 주기 때문이다.

자신에게 문제가 있다는 말을 들으면 마음이 어떨까? 잘못된 점을 바로잡기 위해 노력하려 할 것이다. 학교 성적을 올리기 위해, 아이들의 호감을 사기 위해 애쓸 것이다. 부모의 관심을 끌기 위해 형제와 경쟁할 수도 있고, 말썽을 부리거나 떼를 쓰지 않으려고 노력할 수도 있으며, 욕구를 충족시키기 위해

오히려 더 떼를 쓰거나 자기 마음대로 하려 들 수도 있다. 그러면서 한편으로는 자기비판을 하면서 자신이 부족해서 이런 대우를 받는다고 생각할 것이다.

이처럼 비판적인 내면의 소리는 다소 왜곡된 방식으로 당신을 도우려고 한다. 스스로 생각하기에 사회적으로 용납되지 않는다고 생각하는 부분을 억압하려고 든다. 이는 마음의 방어기제가 작동하는 것이라서 외부의 반박이 별로 도움이 되지 않는다. 스스로를 비판하는 소리를 잠재우는 가장 좋은 방법은 자기 안에 포용하고 연민하는 다정한 소리를 북돋아서 비판적인 소리를 잠재우는 것이다. 물론 나도 잘 안다. 그 일을 하기란 무척 어렵다는 걸 말이다.

사랑보다 상처받는 게 훨씬 더 편한 사람들

피오나가 자신에게 화를 내고 있다는 사실은 상담 첫날부터 알 수 있었다. 그녀는 단정하고 깔끔한 인상이었다. 반백의 머리는 말끔하게 틀어 올렸고, 다림질이 잘 된 흰 셔츠에 꽃무늬 치마를 입고 있었다. 상담실에 들어와 재킷을 벗고 잘 접어 의자에 걸쳐놓고, 마치 사진을 찍기 위해 자세를 취하듯 단정하게 의자에 앉았다. 매사가 반듯하고 완벽했다. 그녀와 비교하니 내가 무척 지저분한 느낌이 들 정도였다.

자리에 앉은 지 10분이 채 지나기 전에 그녀는 늙어가는 자기 몸이 참 싫다고 말했고, 업무를 잘 해내기엔 능력이 부족하다고 했으며, 너무 뚱뚱하고 형편없는 엄마라고 했다. 그래서 아무도 자기를 좋아하지 않는다고 했다. 나는 그녀에게 그런 얘기를 어디서 들었느냐고 물었다.

"어디서 들었냐고요? 누구에게 들은 게 아니라 늘 생각해오던 거예요."

"부모님은 어떠셨어요?"

"제 나이가 지금 쉰아홉이에요. 부모님은 이 문제와 아무 상관이 없지요."

어떤 면에서는 피오나의 말이 맞다. 과거가 오늘 우리의 모습에 영향을 미치기는 하지만 평생 과거에 붙잡혀 살 수는 없다. 피오나가 지금 마주하고 있는 문제는 분명 자신의 현재 그리고 미래와 관련된 것이긴 하다.

그런데 이와 더불어 반드시 고려해야 할 점은 우리 앞에 놓인 미래다. 시간은 우리가 좋아하든 싫어하든 변화를 불러온다. 죽음을 받아들이는 일은 모두에게 어렵지만 이를 피할 수는 없는 법이다. 나이가 들어가면서 우리는 새로운 정체성을 수용해야 하고 사랑하는 사람을 잃는 슬픔이나 삶에 걸었던 기대를 내려놓아야 하는 허무를 감당해야 한다.

환갑이 다가오면서 피오나는 자기가 기대했던 삶이 현재와는 많이 다르다는 사실을 깨달았다. 자녀 양육을 위해 진로를 포기한 그녀는 지금 좁고 답답한 사무실에서 자기 나이의 반밖에 안 되는 사람들 밑에서 일하고 있다. 아이들이 대학에 진학할 때쯤 남편과 헤어졌고, 아들 둘은 모두 다른 나라에 가 살고 있어서 혼자 남은 그녀는 외롭고 쓸쓸하다. 젊었을 때는 언젠가 자기가 꿈꾸던 삶을 살 수 있으리라 기대했지만, 그런 날은 오지 않았다. 그러다 보니 시간이 흐를수록 인생을 잘못 살았다는 자책과 혐오가 차올랐다.

피오나는 과거는 상관없다는 식으로 말했지만, 그녀에게는 어딘가 어린아이 같은 데가 있었다. 그녀 마음 속 어딘가에 어린 시절의 그녀가 아직 살고 있는 듯한 느낌이 들었다. 지금까지 내 경험에 의하면, 자기 비판적인 사람 중에 어린 시절에 뭔가 사연을 가지지 않은 사람은 드물다. 자기 비판적인 성향을 안고 태어나는 사람은 없다. 그건 습득되는 성향이기 때문이다. 피오나에게는 유리그릇처럼 연약해 보이는 면이 있었다. 내가 너무 몰아붙이면 깨질 것 같아서 나는 일단 그녀가 자기 삶이 실패의 연속인 까닭을 모두 털어놓을 수 있도록 하는 데 집중하기로 했다.

다음 상담이 있던 날, 피오나는 빨갛게 상기된 얼굴에 눈물이 그렁그렁 맺힌 채 씩씩거리며 들어왔다. 독선적인 상사가 그녀에게 공격적인 이메일을 보내면서 자기 방에서 면담을 하자고 했단다. 피오나는 이미 상사가 자기를 해고하려고 한다고 확신하는 상태였다. 피오나는 그 이야기를 하면서도 휴지를 깔끔하게 접어서 작고 완벽한 삼각형으로 만들고 있었다. 물론 가능성 있는 일이지만 그렇다고 해고될 거라는 명백한 단서가 있는 것도 아닌데 피오나는 이미 최악의 상황을 겪고 있는 사람처럼 보였다. 업무 실수 등의 이유로 최근 평가 결과가 좋지 않았을 거라고 했다. 뭐가 됐든 모두 자기가 멍청한 탓이며 이제 그 대가를 치르게 되었다는 얘기였다.

"실수한 게 없을 수도 있지 않아요? 일상적인 업무 회의를 하자고 부르는 것일 수도 있고요."

"아니에요."

피오나가 손가락 사이에 끼고 있던 휴지를 꽉 움켜쥐며 말했다.

"난 결국 낙오자가 될 거예요."

이렇게까지 자신을 질책하는 소리를 들으면 무척 슬프고 괴롭다. 피오나는 나와 상담을 할 때마다 자기가 너무 뚱뚱하고 못생겼다고 말했다. 때때로 사람들은 신체의 약점을 드러내는 일이 더 쉽기 때문에 그 편을 택하기도 한다. 자기가 뚱뚱하다고 말하는 게, 너무 슬프다거나 화가 난다거나 질투심을 느낀다고 말하는 것보다 받아들여지기 쉽다고 생각하기 때문이다. 그러다 보니 드러내기 어려운 감정을 좀 더 수긍하기 쉬운 신체적인 단점으로 바꾸어 표현하곤 한다.

건강염려증이나 신체 건강에 관한 문제도 이와 마찬가지다. 자신의 취약함을 모두 신체의 문제로 돌린다. 마치 체중이 줄고 외모가 달라지거나 건강해지면 모든 문제가 사라질 것처럼 말이다. 이런 경우, 변화의 시작은 신체를 빌려 표현하고자 하는 '본연의 문제'를 들여다보는 것이다. 뚱뚱하다는 생각 밑에는 좀 더 어렵고 복잡한 문제가 숨어 있을 가능성이 크다. 어쩌면 진짜 하고 싶었던 말은 다음과 같은 것이었을 수 있다.

- 나 자신이 만족스럽지 않아
- 사람들이 내 진짜 모습을 좋아하지 않을 것 같아
- 나 지금 슬퍼
- 사람들이 나를 거부할까 봐 두려워
- 내가 아닌 다른 사람이 되어야 할 것 같은 압박감을 느끼고 있어
- 내가 부족하고 쓸모없고 사랑받을 자격이 없는 사람 같아

나는 피오나의 말을 가로막고 그녀가 배려심 많고 재미있으며 아름다운 사람이라고 말해주고 싶었다. 하지만 내 역할은 그런 말을 해주는 게 아니라 그녀의 비판적인 말에 집중하고

그 밑에 숨어 있는 의미를 그녀 자신이 인지하도록 돕는 것이었다.

"자신에게 나쁜 일이 생길 거라는 생각을 끊임없이 하시네요. 자신에게 좀 더 친절해지면 어떨까요?"

그러자 그녀가 날카롭게 내 말을 받았다.

"그런 좋은 말은 그만하시면 안 돼요?"

"제가 좋은 말을 하는 게 왜 그렇게 불편하시죠?"라고 내가 물었다.

그녀는 잠시 머뭇거리더니, 마치 오랫동안 입에 달고 살던 말을 내놓듯 대답했다.

"전 그런 말을 들을 자격이 없으니까요."

피오나의 전남편은 자주 그녀에게 매정하게 굴었으며 종종 체중을 가지고 그녀를 모욕했을 뿐 아니라 친구나 자녀들 앞에서도 무례한 농담을 서슴지 않는 사람이었다. 직장 상사 역시 그녀에게 비판적이었으며 그녀가 하는 모든 일을 세세하게 통제하려 들었다. 피오나의 친구들도 그녀를 빗대어 농담하기를 즐기고 이런저런 만남을 계획할 때도 그녀를 제외하는 일이 잦았다. 그럼에도 피오나는 마치 스스로 샌드백이 되기로 작정한 사람처럼 그런 일들을 말없이 감수했다. 놀랍게도 그녀는 사랑받는 것보다 상처받는 게 훨씬 더 편해 보였다.

피오나는 치료 시간의 대부분을 자기비판으로 보냈다. 마치 자기 얼굴을 주먹으로 계속 때리는 모습을 지켜보는 느낌이었다. 나는 그녀에게 너무 가혹하다는 지적도 해보고, 그러한 내면의 소리가 어디에 근원을 두고 있는지 찾아보려는 시도도 해보았으며, 자신에 대한 연민과 공감하는 마음을 갖도록 유도해보기도 했다. 하지만 스스로의 모습을 수용하고 사랑하도록 하려는 나의 모든 시도는 계속 거부되었다.

우리는 피오나의 삶에 연결되어 있으면서 그녀를 힘들게 하는 사람들에 관해 이야기했다. 그들에게 맞서고 그들이 피오나에게 상처를 주고 있음을 알리는 방법에 관해서도 얘기했다. 그와 더불어 그녀가 참을 수 있는 것과 참을 수 없는 것에 관해 바운더리를 설정하는 방법에 대해서도 얘기했다. 하지만 실질적인 변화는 일어나지 않았다. 피오나의 마음속에 자기는 그런 대우를 받아 마땅한 사람이라는 생각이 확고하게 자리 잡고 있었기 때문이다.

"사람들이 당신을 그런 식으로 대하는 게 화나지 않아요?"

"저는 화를 잘 내지 않아요."

"아니요, 당신은 화내고 있어요. 그런데 그 화를 당신 자신에게만 낼 뿐이죠."

그녀가 내 눈을 바라보았다. 우리는 마주 보고 가만히 웃었다. 뭔가 뜻이 통하는 것 같았다.

시간이 흘러 피오나가 상담치료에 익숙해지고 편해지면서

좀 더 깊은 이야기를 들을 수 있었다. 피오나의 어머니는 그녀가 일곱 살 때부터 아프기 시작해서 병원에서 지내는 시간이 많았고 몇 주씩 그녀를 보지 못할 때도 있었다. 엄마 없이 지내는 게 무서웠던 피오나는 늘 엄마가 돌아오기를 애타게 기다렸다. 아버지는 밖에 나가 일을 해야 했기에 그녀는 할머니의 손에 자랐다. 할머니는 엄격하고 종교적인 사람이었는데, 예의를 지나치게 강조했으며 특히 여자에 대한 수치심과 편견이 심했다. 직접적으로 피오나를 비난하지는 않았지만 은연중에 어린 피오나에게 할머니가 기대하는 좋은 여자의 기준이 분명히 있다는 생각과 함께 피오나는 그 기준에 부응하지 못한다는 생각을 심어주었다. 그리하여 그녀는 자신이 너무 지저분하고 시끄러우며 예의가 없는 아이라는 생각을 하게 되었다.

피오나는 자기가 할머니의 기대에 부응하는 아이가 되면 엄마가 집으로 돌아오리라는 생각으로 좋은 아이가 되기 위해 노력했다. 열심히 기도하고, 의사들에게 편지를 쓰고, 매일 밤 의식을 치르듯 엄마를 집으로 돌아오게 하는 주문을 외웠다. 그러다가 문득 엄마가 자기 때문에 집을 떠난 건 아닌가 생각했다.

피오나는 수년 동안 이런 얘기를 누구에게도 한 적이 없었는데 어린 시절의 그 느낌을 기억하고 있는 게 신기하다고 하며, 할머니를 생각하면 몸에 한기가 도는 것 같다고 말했다. 어렸을 때 복도에 할머니의 꽃무늬 가방이 보이고 할머니 냄새가 나면 다정한 엄마는 또 한동안 집에 없을 거라는 생각이 들면서 가슴이 무겁게 내려앉았다고 했다. 화가 나기도 했다. 엄마는 또 어디 간 거야? 왜 엄마는 다른 엄마들처럼 건강하지 못한 거지? 그러나 엄마는 너무나 아프고 연약했으며, 무섭고 엄한 할머니 옆에서는 감히 화를 낼 수 없었다.

부모가 너무 약해 보일 때, 아이는 부모가 자신의 힘든 감정을 받아줄 수 없을 거라 생각하게 된다. 오히려 자기가 부모를 보호해야 한다고 느끼면서 자신의 힘든 감정을 깊이 묻는다. 피오나는 할머니와 같이 지내기 싫다는 말을 엄마에게 감히 하지 못했다. 할머니 때문에 마음이 상하고 외롭다는 말도 하지 못했다. 이미 아픈 엄마를 더 힘들게 할 수 없었기 때문이다.

그 대신 그 모든 부정적 감정을 자기에게로 돌렸다. 자신에게 문제가 있다고, 모든 게 자기 잘못이라고 말이다. 어린아이는 때로 자신이 실제보다 더 큰 힘을 가졌다고 생각한다. 피오나는 자기가 엄마를 아프게 했고, 자기가 힘들게 해서 엄마가 병원으로 갔다고도 생각했다. 그런 마음을 표현할 수 없어 가슴 속에 담아두었고, 그 마음은 성인이 된 지금도 그녀 안에 뿌리 깊게 자리 잡고 있었다.

우리 안의 어린아이는
왜 늘 자신을 탓하는가

심리학에서 가장 중요한 개념 중 하나는 1943년 정신과 의사인 로널드 페어베언Ronald Fairbairn이 처음 정리해 설명한 '도덕적 방어moral defence'다.[II] 부모에게 학대받은 아이는 대체로 자신을 탓한다. 아이는 자신의 생존을 위하여 부모가 필요하기 때문에 그들이 나쁘다고 생각하지 않는다. 즉, 부모가 학대하더라도 자기가 나쁜 아이고 뭔가 잘못했기 때문이라고 생각한다. 부모를 나쁜 사람으로 여기는 것은 자신의 생존을 고려할 때 너무나도 무서운 일이다. 자신이 안전하다고 느끼기 위해서라도 부모는 무조건 좋은 사람이어야 한다.

그래서 아이는 그러한 상황의 원인을 부모가 아닌 자기 때문인 걸로 만들어버린다. 그렇게 함으로써 자기가 상황을 통제할 수 있다는 착각을 이어가며, 자기가 좀 더 노력하면 사랑받으리라 믿는다. 이는 곧 모든 분노와 상처를 자신을 향해 쏟음을 의미한다. 자신이 부족하다고 생각해서 가혹하게 비난하고, 성인이 된 후에도 자기는 어리석고 아무도 좋아하지 않을 거라 생각하며 늘 뭔지 모를 죄책감을 안고 산다. 이 모든 과정은 우리의 의식 밖에서 일어난다. 자기도 모르는 사이에 무의식적 믿음이 내면의 비판자가 되는 것이다.

자기가 나쁜 아이라는 믿음은 성인이 되어서도 사라지지 않고 남아 자신과 주위 사람과의 관계를 좀먹는다. 학교 혹은 직장에서도 능력이 부족하다고 자책하며 잘해야 한다는 압박감에 시달린다. 친구도 나를 싫어하고, 애인이나 배우자는 내가 못생겼다고 생각할 거라고 믿는다. 항상 사람들이 자기에게 화가 나 있다고 여기거나, 직장에서 문제가 생길 거라거나, 자기 신체나 외모를 혐오하기도 한다. 그러면서 머지않아 자기가 얼마나 형편없는 사람인지 모두가 알게 되리라 생각한다.

다른 사람이 아무리 안심시키는 말을 해줘도 도움이 되지 않는다. 남이 아무리 자신을 긍정하고 인정해도 스스로 가지고 있는 자신에 대한 느낌은 바뀌지 않는다. 왜냐하면 그 감정은 사실 자신이 아닌 어린 시절 자신을 보살피면서 동시에 힘들게 했던 사람을 향한 것이기 때문이다. 그러므로 자신을 힘들게 했던 사람에게 그 감정을 돌려줄 방법을 찾아야 한다. 그래야 더 이상 자신에게 그 분노와 증오를 쏟아붓지 않을 수 있다.

최선의 해결책은 처음 원인 제공을 했던 사람에게 그 감정을 되돌려주는 것이다. 힘들고 괴로운 일이기는 하지만, '나는 나쁜 사람이야'라는 말을 '나는 나쁜 대접을 받았어'라는 말로 바꿀 수 있어야 한다. 그리고 자신에게 그런 피해를 준 사람에게 분노하고 화낼 수 있어야 한다.

심리치료사가 자꾸 환자의 부모에 관하여 이야기를 나누려는 이유는 부모가 당신에게 미친 부정적 영향을 깨달음으로써 자책감에서 벗어나도록 하기 위해서다. 그러나 이 과정은 치유의 가장 어려운 부분이기도 하다. 부모를 향해 분노를 드러내거나 그들을 나쁜 사람으로 보는 것이 배은망덕한 일처럼 느껴지기 때문이다. 그러나 부모의 단점을 보지 않으려고 하면 결국 모든 분노와 질책을 자신에게 돌려야 한다. 부모의 단점을 본다고 해서 그들을 사랑하지 말라는 뜻은 아니다. 단지 더 이상 그들을 옹호하려 들지 말자는 얘기다. 우리는 동시에 여러 가지 감정을 느낄 수 있다. 매우 혼란스럽긴 하지만 누군가를 향해 사랑과 미움, 자랑스러움과 질투, 분노와 애정을 동시에 느낀다는 건 정서적으로 그만큼 성숙했다는 뜻이다.

스스로에게 문제가 있지 않았다는 사실을 깨닫기 시작하면 더 이상 자신을 가혹하게 대하지 않을 수 있다. 가족에게서 상처받은 마음을 느끼고 나면 자기 내면의 어린아이를 연민할 수 있게 되며, 많은 것이 그 아이의 잘못이 아니었음을 깨닫게 된다.

마음 들여다보기

• 호기심 갖기: 다른 사람이 당신의 어떤 면을 판단하거나 비난할 거라고 생각하는가? 당신 내면의 소리가 특히 더 가혹하게 비판하

는 부분은 무엇인가?

- **이해하기:** 당신이 스스로에게 하는 말은 누구에게 배웠는가? 자신을 비난하는 그 말들은 누군가가 당신에게(직접적이든 간접적이든) 했던 말들일 것이다. 언제, 누구에게 들었던 말인지 생각해보자. 어렸을 때 직간접적으로 기억에 남을 만큼 비난받았던 때가 있는가? 그 대상은 부모일 수도 있고, 친구, 또는 대중매체일 수도 있다.

- **느끼기:** 자신에게 가혹한 그 소리에 주의를 기울여보자. 무엇을 우려해서 그런 말을 하는가? 어떤 말로 안심시킬 수 있을지 생각해보자. 예를 들어 '어리석다거나 못생겼다고 해서(이 대목에는 자신에게 중요한 내용을 넣는다) 두려워할 필요는 없어'라고 하면 어떨까?

내 안의 비판자를
잠재우는 법

자기비판적인 사람에게 다른 사람의 인정은 잠시 기분을 좋게 할 수는 있지만 근본적인 문제 해결이 되지는 못한다. 자존감이 낮아지는 원인은 자신에 대해 긍정적인 감정을 충분히 느끼지 못하는 데 있다. 사람들이 아무리 칭찬과 찬사를 퍼부어도 그것이 진실하다고 믿지 못하면 체망 사이로 빠져나가듯 사라지고 만다. 즉, 스스로를 사랑하지 않으면 외부의 인정이 아무리 많아도 결핍을 채우지 못한다. 문제가 자기 내부에서 비롯된 것이기 때문이다.

사람에 따라서는 다른 사람의 인정이 상황을 더 악화시키기도 하는데, 부정적인 감정을 투사할 대상이 없어지면 불안감이 높아질 수 있기 때문이다. 이들에게는 항상 자신의 분노와 단점을 투사할 곳이 필요하며 그 대상은 주로 자신이다. 그런데 누군가 자기를 칭찬하거나 띄워주면 불편해진다. 내가 좋은 사람에 둘러싸여 있다고 믿기 위해서는 내가 나빠야 하기 때문이다.

피오나가 자신을 다정하게 대하는 일을 너무 어려워했기에 나는 어린 피오나를 등장시키기로 했다. 어린 피오나가 상담실 안에 함께 있다고 생각하고 그녀가 몇 살인지, 어떤 생각을 하는지, 어떤 느낌인지에 관해 이야기를 나눴다. 피오나가 상사에게 꾸중을 들었다거나 체중이 몇 킬로그램이 늘었다는 이유로 자신을 비난할 때마다 나는 그녀에게 어린 피오나의 존재를 상기시켰다. 어린 피오나는 지금 어떤 기분일까요? 이런 상황에서 어린 피오나에게 어떤 말을 하고 싶나요?

그때마다 그녀의 대답은 한결같았다.

"그건 너의 잘못이 아니야. 너는 어려. 아무 잘못이 없어."

비난이 자기 자신에게서 어린 피오나에게로 옮겨가자, 그녀는 새삼 어린 피오나를 방어하기 시작했다. 어린 피오나가 이유 없이 비난받아서는 안 된다는 생각이었다. 우리는 존재 자체만으로 나쁘다는 비난을 받아야 했던 어린 피오나를 생각하며 함께 울었다. 쉰아홉 살의 피오나는 어린 피오나를 대신해 화를 냈다. 그 시절로 돌아가 할머니를 향해 괴롭히지 말라고 소리치며 어린 피오나를 구해주고 싶다고도 했다. 물론 그렇게 할 수는 없지만 그녀는 조금씩 자신을 연민하는 마음을 가지게 되었다.

이러한 과정을 '재양육reparenting'이라 부른다. 어린 시절의 자신과 소통하며 그 시점에 필요했지만 충족되지 못했던 걸 주는 것이다. 그다음 단계로 중요한 것은 부모에 대한 연민이다. 부모 역시 한때는 어린아이였음을 기억하라. 그들을 향해 분노나 죄책감을 가지는 건 아무런 도움도 되지 않는다. 그 대신 피오나가 그랬듯이 자신에게 일어난 일들이 자기 잘못이 아니었음을 인정하면 자신에게 퍼붓던 아픈 감정을 해소할 수 있다.

어느 날 아침, 상담실에 들어온 피오나는 전에 없이 활기찬 기운을 뿜어내며 의자에 앉았다.

"드디어 해냈어요."

피오나는 이렇게 말하며 휴지에 코를 풀더니 아무렇게나 구겨서 휴지통에 던져넣었다.

"나에게 아주 잘해줬어요."

피오나의 상사는 그녀가 일을 제대로 하지 않았다며 또다시 그녀를 비하하는 이메일을 보냈고, 피오나는 또다시 익숙한 자기 비하를 시작했다. 자신은 멍청하고 이 일을 할 실력을 갖추지 못했으니 그만두는 것이 좋겠다는 결론에 도달했다. 그러다가 잠시 멈추고 어린 피오나를 떠올렸다. 미움이 아니라 사랑이 필요한 그녀 안에 살고 있는 겁먹은 어린 피오나.

"우린 괜찮아." 피오나는 자신과 어린 피오나에게 이렇게 말했다. "작은 실수를 했을 뿐이야. 그렇다고 우리가 쓸모없거나 멍청한 건 아니야."

피오나는 평소처럼 사과부터 하는 대신 상사에게 자신감 넘치는 답신을 보냈다. 그리고 퇴근하는 길에 케이크 한 조각을 사 먹으며 자신을 위로해주었다. 아주 오랜 세월 스스로에게 가혹한 말들을 던지며 살았던 그녀는 이제 조금씩 자신에게 다정한 말을 건네기 시작하고 있었다.

자신에게 덜 가혹해지는 연습

1. 비판적인 내면의 소리가 어디에서 시작되었는지 찾아낸다. 누구에게 듣던 말인가? 그 말을 듣고 왜 당신이 열등하거나 문제 있는 아이라고 느꼈는가?

2. 자신에게 가혹해진 것은 당신 잘못이 아니며, 그렇게 되도록 길들여졌음을 이해한다. 어렸을 때 비난받고 받아들여지지 못한 이유는 당신에게 문제가 있어서가 아니라 당신을 받아들이지 못했던 사람들에게 문제가 있었기 때문이다. 그들 역시 자신을 받아들이지 못했을 가능성이 크다.

3. 나쁜 아이라고 생각하도록 길들여졌던 어린아이의 아픔에 공감해본다. 자신을 향한 비판의 말들이 떠오를 때 그 아이를 떠올려보자. 그 아이가 정말 그런 말을 들어야 할 이유가 있는가? 그 아이는 어떤 기분이 들까? 화내고 비판하는 주체가 된 기분이 어떤지 느껴보자. 자신에 대한 분노가 사실은 당신을 아프게 한 사람에 대한 분노는 아닐까? 당신의 분노는 정당하다. 그러므로 분노를 느껴도 괜찮다.

4. 연민하는 마음을 가지기 위해 좀 더 적극적으로 노력한다. 내면의 성난 목소리가 들리면 그것을 그대로 믿기보다 호기심을 가지고 탐구하려는 자세를 취해보자. 그 성난 소리에 대응할 수

있는 사랑과 이해의 목소리를 가지도록 노력한다.

5. 위 단계를 반복한다. 내면의 소리는 또다시 들릴 것이다. 자신에게 다정해지는 데는 시간이 걸린다. 그러므로 시간을 두고 위 단계를 되풀이해야 한다. 그러다 보면 비판적인 내면의 소리가 점차 작아지고, 연민의 소리가 조금씩 커질 것이다.

Part 2

우리는
진심으로
가까워질 수 있을까?

: 나와 타인을 잇는 '관계' 이해하기

관계를 이해하는 시작은
나를 이해하는 것이다

연애의 첫발을 떼던 10대 시절, 나는 사랑이 단순하다고 생각했다. 멋지게 꾸미고 파티에 가서 사람들과 이야기를 나누고, 마음에 드는 상대를 만나면 친구에게 내가 마음에 드는지 물어봐달라고 부탁하고, 그럴듯한 문자 메시지로 상대를 유혹하고, 만날 때마다 멋진 모습을 보여주면 그만이라고 말이다.

그러나 일련의 실패를 경험하고 또 심리학을 공부하면서 나는 로맨스 영화들이 모두 틀렸다는 사실을 깨달았다. 정말 어려운 시기는 첫 키스 후, 눈에 씌워져 있던 장밋빛 렌즈가 벗겨지고 꿀처럼 달콤한 초반의 시기가 지난 다음에 시작되는 거였다. 철없던 연애 초기 시절, 나는 상대에게 "당신은 바꿔야 할 부분이 하나도 없어"라고 말한 적이 있다. 그러고선 몇 년 지나지 않아 정말 간절하게 저 사람의 모든 부분을 바꾸고 싶다는 생각을 했지만 말이다. 우리는 정말 맞는 구석이 하나도 없었고 그가 하는 모든 행동은 나를 짜증 나게 했다.

인간관계는 이렇듯 복잡하다. 그런데도 우리는 준비되지 않은 채 이 어려운 관계를 시작한다. 왜 어려운 걸까? 누군가를 사랑하고 함께 행복하게 사는 일은 단순해야 하는 거 아닌가?

인간관계는 우리 내면의 치유가 필요한 부분에 거울을 비춘다. 특히 연애는 친밀감을 형성하는 일이기 때문에 가족 관계와 매우 비슷한 면이 있다. 그래서 어린 시절에 겪었던 어려움을 다시 불러올 가능성이 높다. 연애하다 보면 갈등을 겪기도 하고 어려운 대화도 나눠야 하며 자신의 취약점이 걸림돌이 되기도 한다. 또한 바운더리를 설정하고 성관계 같은 것에 대한 타협이 필요할 때도 있다. 이러한 관계는 우리를 자극하는 동시에 마음을 열게 한다. 그래서 관계를 깊이 성찰하면 할수록 자신에 대해서도 많은 걸 알게 된다.

처음 연애를 할 때 나는 많은 어려움을 겪었다. 심리학을 배우며 내 과거를 돌아보는 과정을 거치지 않았다면 지금도 같은 실수를 반복하고 있었을 것이다. 그렇다고 이제는 완전히 인간관계를 맺는 일이 쉽다거나 모범적으로 잘하고 있다는 얘기는 아니다. 우리 대부분이 그렇듯이 나도 여전히 배우는 중이다. 하지만 이제는 좋은 관계를 맺으려면 정성과 연습이 필요하다는 사실을 안다. 그래서 항상 어떻게 했을 때 좋은 결과를 얻었고 어떻게 했을 때 그렇지 못했는지를 돌아보면서 내 행동과 사고 패턴을 들여다보는 연습을 한다.

우리는 인간이기에 완벽할 수 없고, 실수는 불가피하다. 하지만 노력하기에 따라 관계 맺기가 좀 더 수월해질 수는 있다. '그 사람이 이거 하나만 바꿔주면 모든 게 다 좋아질 텐데.' 이런 생각을 해본 적이 있는가? 나는 참 많았다. 그런데 다른 사람을 변화시키는 데 초점을 맞추는 행동은 궁극적으로 스스로를 회피하려는 시도다. 만약 두 사람의 관계에서 상대방에게만 포커스를 맞추어 어떻게 하면 상대가 좀 더 내게 관심을 보일지 혹은 반대로 덜 집착할지, 어떻게 하면 자기중심적인 태도를 버리게 할지와 같은 방법을 찾느라 인터넷만 뒤지고 있다면 변화가 일어날 가능성은 심각하게 줄어든다. 우리가 변화시킬 수 있는 존재는 오직 나 자신뿐이기 때문이다.

우리는 때로 순조롭지 못한 관계를 스스로 떠날 수도 있고, 자기 몫의 책임을 감당할 수도 있으며, 어려운 대화를 시작하거나 적절한 바운더리를 설정할 수도 있다. 상대가 아니라 '내가' 말이다. 이 장에서는 바로 그 방법들을 살펴보고자 한다. 이러한 내용들을 스스로 깨닫기까지 참으로 오랜 시간이 걸렸다.

연애하는 데 옳은 방식, 틀린 방식이란 없다. 모든 경험이 배움의 기회가 된다. 다양한 사람과 관계를 맺고 함께 시간을 보내면서 어떤 것들이 당신을 즐겁게 하는지 알아볼 수 있다. 모든 상황을 '문제'에 초점을 맞춰 지뢰밭으로 여기기보다는 새로운 관계와 만남을 자신을 더 잘 알아갈 수 있는 '기회'로 생각하자. 연애는 당신이 무엇을 좋아하고 싫어하는지, 친밀한 관계를 맺을 때 어떤 사고와 행동 패턴을 보이는지, 무엇에 자극받는지, 나아가 궁극적으로 당신은 어떤 사람인지를 알기 위한 실험 과정이다.

그래도 연애하는 동안은 스스로 몹시 취약해진 느낌이 들 수 있다. 사랑받고 싶은 욕구와 거절에 대한 두려움, 상처받을 수 있는 위험성, 혼자 남겨질 것에 대한 두려움 같은 원초적인 욕구와 두려움이 촉발되기 때문이다. 배움의 기회라고 하지만 외부 자극에 휘둘리는 느낌이 당연히 들 수밖에 없다. 그럴 때면 자신을 잘 달래고 보듬어주자.

모든 인간관계에 나름대로 어려운 점이 있기 마련이지만 여기서는 우리 대부분이 가장 힘들어하는 친밀한 관계, 연애에 초점을 맞출 것이다. 연애라는 이름의 인간관계 속에서 가장 핵심적인 문제 몇 가지를 꼽고 그 저변에 무엇이 있고 어떻게 문제들을 헤쳐나갈 수 있는지 확인해보자.

1

관계를 시작하기 전에
생각해야 할 것들

혼자의 삶

어떻게 하면 혼자서도 행복할 수 있을까

인간은 관계 지향적인 동물이다. 사랑을 나누며 살도록 만들어졌다는 뜻이다. 하지만 현대를 사는 우리는 예전만큼 공동체 생활을 하지 않기 때문에 삶이 외로워지기가 쉽다. 각자의 집에 살고 자기 책상에서 점심을 먹으며 몇 주에 한 번 부모와 통화를 하고 친구와 간단히 술 한잔을 마시고는 집에 돌아가 다시 혼자가 된다. 그리고 보면 그렇게 많은 사람이 유대감을 충족시키기 위해 연애에 집착하는 것도 그리 놀랄 일이 아니다.

고립감을 쉽게 느낄 수 있는 이런 상황에서도 우리는 혼자서도 행복할 수 있어야 한다거나 관계에 집착하지 말라는 말을 수시로 듣곤 한다. 그럼 대체 어떻게 하면 유대와 친밀감을 충족시키면서 동시에 강하고 독립적으로 살 수 있을까?

일단 관계에 대한 자연스러운 욕구를 부정하지는 말자. 사람에게는 사람이 필요하다. 관계에 대한 욕구는 먹고 숨 쉬는 것만큼이나 자연스러운 인간의 본능이다.

유대감에 대한 욕구가 올라올 때마다 이를 억누르려고 한다면 당신은 외로움을 느낄 수밖에 없고 그러한 자신을 수치스럽게 여기게 될 것이다. 외로움에 대해 이야기할 때면 나는 늘 나의 반려견을 떠올린다. 개를 혼자 두는 건 가혹한 일이다. 개는 무리 지어 사는 동물이기 때문에 몇 시간 이상 혼자 두어선 안 된다고 한다. 개도 혼자 있는 시간이 너무 길어지면 우울해하는데 하물며 사람은 어떻겠는가. 그런데도 사람을 몇 시간 이상 혼자 두는 게 가혹한 일이라고 생각하는 사람은 거의 없다. 사람은 개보다 훨씬 더 사회적인 동물인데도 말이다. 사람은 완전하게 독립적인 개체로 살 수 있도록 만들어지지 않았다. 우리에게는 유대와 소통이 필요하다.

내가 혼자였을 때, 나는 스스로에게 다음과 같은 말을 되풀이하곤 했다.

- ◆ 모두가 나를 불쌍하게 생각해
- ◆ 아무도 나를 사랑하지 않을 거야
- ◆ 난 아무도 필요하지 않아
- ◆ 혼자서도 행복할 수 있어야 해

- ◆ 연애하지 않으면 존재 가치가 없어
- ◆ 나는 바라는 게 너무 많아

긍정적인 시각이라곤 찾아볼 수가 없다. 연애하고 싶어질 때면 바로 그 점이 문제인 것 같았고, 혼자 지내는 게 좋다고 느끼면 또 그게 문제인 것 같았다. 이렇게 비판적인 시각은 내 안에서 생겨났다기보다는 나를 둘러싸고 있는 문화로부터 흡수한 사고방식이다. 나와 전혀 안 맞는 사람을 맺어주려는 가족들, 커플 이벤트에서 배제되는 경험, 거기에 더해서 강하고 독립적인 사람이 되어야 한다고 외치는 소셜미디어까지, 혼자여서는 안 된다는 압박과 혼자서도 얼마든지 행복하고 편안하게 지낼 수 있어야 한다는 압박을 동시에 감당하는 일은 고통스럽고 혼란스러웠다. 하지만 이제는 분명하게 알고 있다. 혼자 지내고 싶은 마음도, 연애하고 싶은 마음도 둘 다 전혀 잘못된 게 아니라는 것을 말이다.

'자신을 먼저 사랑하라'는 속설

건강한 연애를 하려면 우선 혼자서도 행복할 수 있어야 한다고 말하는 사람들이 많다. 하지만 나는 이 말에 동의하지 않는다. 사랑하는 관계는 강력한 치유 효과를 발휘할 수 있으며, 타인과의 사랑을 피한다고 저절로 자신을 사랑하게 되는 것도 아니기 때문이다. 우리는 관계를 통해서 치유된다.

그렇다고 해서 치유를 위해 무조건 연애를 해야 한다거나 독신으로 지내면 치유될 수 없다는 뜻은 아니다. 다만 누군가를 만나기 전에 자신을 먼저 사랑해야 한다는 잘못된 속설을 그대로 받아들이지는 않았으면 한다. 우리는 취약점을 자극하는 요인을 거듭 마주하고 그때마다 다른 방식으로 대응하는 과정에서 성장한다. 치유는 이렇게 자극 요인을 피하지 않고 당당하게 마주할 때 일어나는 것이다. 사람은 관계 지향적 존재이기 때문에 안전감을 느끼기 위해서는 다른 사람이 필요하다. 연인 관계뿐 아니라 모든 관계는 성장의 기회가 되며, 타인으로부터 사랑받는 경험을 통해 자신을 사랑하는 법을 배운다. 그러므로 아직 자신의 문제를 해결하지 못했다고 하여 타인과의 사랑을 시도할 수 없다고 생각하지는 말자. 지금 당신에게 필요한 것은 바로 사랑일지도 모르니까.

다만 자신의 모든 욕구를 연애 상대를 통해서만 충족해야 한다는 생각은 버리자. 그건 마을 사람 전체를 동원해야 할 일을 한 사람에게 바라는 것과 같기 때문이다. 한 사람이 나의 가장 친한 친구도 되어줘야 하고, 재정적인 문제도 함께 짊어져

야 하고, 한집에 살면서 가족이자 잠자리 상대까지 되어준다는
건 거의 불가능에 가깝다.

지금 당신에게 필요한 것은
사람이다

혼자서도 행복하게 지내려면 인간관계가 풍요로워야 한다.
그래야 연애를 하지 않아도 충분한 유대감을 느낄 수 있다. 가
족, 친구, 동료, 혹은 여러 헐거운 인연들도 괜찮다. 새로운 관
심사를 찾고 다소 소원해진 우정도 재정비하며 외롭다는 생각
이 들 때는 손을 내밀어 누군가에게 도움을 청하자. 만남의 횟
수보다는 인연의 깊이와 진실성에 초점을 맞추는 것이 중요하
다. 자신의 취약함을 드러낼 수 있는 관계를 형성하도록 노력
하자. 자신의 참모습을 드러내고 유대감을 나눌 수 있는 동호
회나 모임에 참석하는 것도 좋다.

그러면 우연히 연애 감정을 느끼는 상대를 만나더라도 유대
감에 굶주려 있는 상태가 아니므로 상대에게 성급히 다가가지
않고 삶의 성취와 풍요의 관점에서 당신과 잘 맞는 상대인지 침
착하게 생각해볼 수 있다. 폭넓은 대인 관계를 통해 삶의 다양
한 필요를 충족시킬 수 있으면 연애 관계에 덜 집착하게 된다.

그 결과 어떤 형태로든 친밀한 관계를 맺어야 한다는 절박함에 떠밀리지 않고 좀 더 현명하게 관계를 시작할 수 있다.

마음 들여다보기

앞으로 만나게 될 잠재적 연애 상대에게 바라는 점은 무엇인가? 솔직하게 적어보자.

_____

적은 내용 중 연애가 아닌 다른 방법으로도 충족시킬 수 있는 것이 있는가? 다른 관계를 더욱 돈독하게 함으로써 잠재적 연애 상대에게 거는 기대를 덜 수 있다면, 그건 어떤 관계일까?

_____

연애, 사랑, 유대감을 얻기 위해 당신이 스스로에게 해줄 수 있는 세 가지 일을 생각해보자.

1. _____

2. _____

3. _____

인간이란 참으로 다양해서 행복한 삶을 위해서는 연애가 필수라고 생각하는 사람도 있고, '나는 혼자인 게 좋아!'라고 생각하는 사람도 있다. 둘 다 옳다. 누군가는 관계 속에서 충만함을 느끼고 또 누군가는 연애가 너무 힘들어 혼자 있을 때 훨씬 더 만족스럽고 균형 잡힌 삶을 살기도 한다. 연애도 좋지만 나는 혼자 있을 때 가장 안정감을 느낀다. 복잡한 관계에 감정이 휘둘릴 일도 없고 온전히 나 자신으로 있을 수 있기 때문이다. 관계는 감정을 자극하고 행동과 사고방식 하나하나를 자세히 들여다보게 한다. 잘못된 관계를 이어가면서 누군가를 위한 갈망으로 애태울 때보다 혼자 있을 때 훨씬 더 깊이 나 자신과 연결되는 느낌을 받기도 한다.

하지만 당신이 원하는 게 관계라면, 이를 피하는 건 장기적인 해결책이 될 수 없다. 많은 사람이 무의식적인 두려움 때문에 연애를 회피하곤 한다. 친밀한 관계가 두렵거나 연애가 어렵다는 이유로 혼자 지내는 거라면 내면에 아물지 않은 상처가 있어서일 수 있다. 그 상처를 살피고 치료하면 관계 맺기가 조금은 수월해진다. 또 그런 경험이 나중에 훨씬 더 강렬한 애정관계를 감당할 수 있게 하는 기회로 연결되기도 한다.

이상화

왜 혼자 기대하고 혼자 상처받는가

제이는 자기 인생을 자기가 망쳤다고 확신하며 말했다. 그는 평생 동안 한 사람을 간절하게 찾았다고 했다. 그리고 마침내 그런 여자를 만났는데 그 인연을 자기가 망쳐버렸다는 얘기였다. 나를 찾아온 이유는 그녀를 되찾고 다시는 그런 일이 일어나지 않도록 하기 위해서라고 했다. 제이는 어렸을 때부터 못 말리는 로맨티시스트였다. 학교에서도 마음에 드는 여학생에게 장미꽃을 꺾어주고 운동장에서 프러포즈를 하는 아이였다. 그런가 하면 학교 파티에 실수로 두 여자를 초대해놓고 수습을 못해 할 수 없이 아픈 척하기도 했다. 제이의 누나는 그 일을 수시로 꺼내며 놀리곤 했다. 친구들도 제이는 누군가와 눈이 마주치는 순간 사랑에 빠진다며 그를 놀렸다.

이런 상황이 힘들기는 했지만 제이는 '사랑에 빠진' 그 느낌이 너무나 좋았다. 마지막 연애가 끝난 지 두 달이 지났지만 제이는 마음을 움직이는 누군가를 찾지 못하고 있었다. 그도 그럴 것이 제이가 늘 불꽃놀이 같은 상대를 찾았기 때문이다. 심장이 멎을 것 같고 시간이 정지한 것 같은 짜릿함을 안겨줄 상대 말이다. 누군가 연애는 여러 번 해봐야 아는 거라는 충고를 하자 제이는 일주일에 다섯 번씩 데이트 일정을 잡아가며 여자들을 만났다. 하지만 그가 원하는 것처럼 가슴에 불을 당기는 사람은 없었다.

어느 날 동네 재즈 바에서 그저 그런 데이트를 하고 있는데, 멋진 여자가 무대에 올랐다. 야즈라는 이름의 그녀는 허스키한 목소리로 청중에게 몇 마디 말을 건넨 다음 제이 쪽으로 짧게 시선을 던지고 노래를 시작했다. 그 순간 제이는 넋을 잃었다. 제이는 그녀에게서 눈을 떼지 못했다. 데이트 중인 여자가 제이에게 직장이 어디냐고 물을 때에야 눈을 껌뻑이며 정신을 차렸다. 제이는 데이트 상대를 버스 정류장까지 데려다주고 나서 곧장 재즈 바로 달려갔다. 야즈가 아직 거기 있기를 간절히 바라면서. 카운터 위에 기타 케이스가 놓여 있는 것을 보고 일단 쾌재를 부른 제이는 헛기침을 하고 나서 그녀 옆에 앉았다.

두 사람의 사랑은 제이가 갈망하던 바로 그것이었다. 그녀와 열정적이고 관능적인 사랑을 나누면서 제이는 자신이 원하는 모든 욕구가 두루 충족되는 걸 느꼈다. 아무리 사랑하고 함께 있어도 늘 부족하다고 느껴질 정도였다. 제이는 이 여자야말로 자기가 찾던 상대라고 확신했다. 두 사람은 곧 서로의 친구와 지인들을 만났다. 제이는 야즈를 어머니에게 소개시켜줬고 곧이어 동거 이야기도 나왔다. 이번에야말로 제이가 꿈꾸던 상대를 만난 것 같았다.

야즈가 농담처럼 제이의 아내가 되겠다고 했다. 제이는 그런 의미 있는 말을 농담처럼 하는 야즈가 속으로 살짝 불쾌했지만 웃어넘겼다. 그러고 보니 야즈는 웃을 만한 상황에서 웃음 대신 '정말 웃긴다'라고 말로 하는 버릇이 있었다. 제이는 그것도 조금 신경에 거슬렸지만 넘어갔다. 침대에서 두 사람은 제이가 튼 테크노 음악에 맞춰 팔과 어깨를 들썩이며 춤을 추었다. 뮤지션이었던 제이는 테크노 음악에 관한 자신의 폭넓은 지식에 자부심을 가지고 있었다. 그런데 음악이 끝나자 야즈가 완전히 다른 장르의 음악을 트는 게 아닌가? 제이는 '지금 장난해?'라며 어이없어 했다. 음악 취향이 엄청 다른데 함께 살 수 있을까? 두 사람 사이의 간극은 조금씩 벌어졌다. 야즈는 언젠가 외국에서 살고 싶다고 했지만 제이는 고향 땅을 떠나고 싶지 않았다. 어쩌면 야즈는 생각만큼 잘 맞는 상대가 아닐지도 모른다는 생각이 들기 시작했다.

제이의 이러한 의구심에 친구들은 제이가 정신을 차리지 못하고 있다며 핀잔을 주었다.

"너랑 완벽하게 잘 맞아. 괜히 또 좋은 여자 떠나보내지 마."

그렇지만 뭔가 불쾌한 기분이 가시지 않았다. 어느 날 클럽에서 술에 취해 있는 제이에게 한 여자가 야릇한 눈길을 보냈다. 제이는 그러면 안 된다고 생각하면서 자기도 모르게 마음이 흔들렸다. 다음 날 아침이면 죄책감과 수치심에 몸을 떨 것을 알면서도 그 순간 제어할 수 없는 힘에 이끌려 그녀에게 키스하고 말았다.

이 사실은 안 야즈는 격분했고 곧바로 제이 곁을 떠났다. 그런데 이상한 건 제이가 상실감을 느낀다는 사실이었다. 야즈가 떠나면서 안 좋았던 기억은 모두 가져가고 좋은 기억만 남겨놓은 것 같았다. 하지만 이제 야즈는 제이가 가질 수 없는 사람이었다. 한때 그를 짜증스럽게 했던 모든 문제가 더 이상 문제처럼 보이지 않았다. 제이는 도대체 무슨 생각을 했던 걸까? 그녀의 음악 취향이 자신과 다른 것도, 다소 거슬리는 습관이 있었던 것도 이제는 더 이상 중요하게 여겨지지 않았다. 그녀야말로 영혼의 단짝이었으며 제이가 원하는 모든 걸 갖추고 있었는데 말이다. 어쩌다가 그녀와의 관계를 망치게 되었을까?

제이를 나르시시스트라든가 자기중심적인 멍청이라고 비난할 수도 있다. 하지만 겉으로 드러나는 그의 행동은 빙산의 일각에 불과하다. 수면 아래에 모든 걸 망치려 드는 무의식적인 동기가 숨어 있을 수 있는 것이다. 의도적으로 일을 망치는

데 그 이유를 아직 모르고 있을 뿐이다. 그는 왜 이런 행동을 할까? 그는 왜 사랑하는 사람을 계속 떠나보내는 걸까?

그들은 왜
완벽한 상대를 꿈꾸는가

제이의 이야기는 전형적인 자기 방해self-sabotage의 예다. 야즈와의 관계가 안정을 찾자마자 제이는 두려움을 느꼈다. 우리의 마음은 '행복'보다 '생존'을 최우선으로 생각한다. 그래서 당신이 원하는 것이 위협 요인으로 보이면 무의식은 그걸 방해해서 쫓아냄으로써 당신을 보호하려 한다.

그렇다면 제이는 왜 야즈와 함께 있는 것이 생존에 위협이 된다고 느꼈을까? 행복한 관계를 유지하면 자신에게도 유익할 텐데 말이다. 안타깝게도 제이는 어린 시절 맺었던 인간관계의 경험이 그다지 행복하지 않았다. 그는 폭력과 범죄가 만연한 위험 지역에서 자랐다. 영리하고 명랑했던 제이는 학교에서 돈독한 우정을 쌓는 친구들이 많았다. 그중에도 제일 친했던 말릭은 제이가 평생 함께할 친구였다. 엄마끼리도 친구여서 둘은 거의 형제처럼 자랐다. 10대에 접어들어서는 하루 종일 서로의 집에서 시간을 보냈고 수업 시간마다 나란히 앉았으며, 여자아이에게 말을 걸려면 어떻게 해야 하는지를 비롯해서 온갖 주제로 얘기를 나눴다. 말릭은 제이의 가족사진에도 종종 등장했고 모든 크리스마스와 그 외의 거의 모든 날을 함께 보냈다. 제이의 모든 기억과 일상에 말릭이 있었다.

그러던 열네 살이 되던 해, 말릭이 끔찍한 사고를 당했다. 제이는 지금도 그날 엄마의 전화를 받던 순간을 기억한다. 말릭의 죽음으로 제이는 심신이 완전히 무너졌다. 석 달 동안 한마디도 하지 않았다. 입을 열면 차마 감당할 수 없는 고통이 터져나와 온몸이 부서져버릴 것만 같았다. 그런 종류의 상실감은 회복할 수도, 대체할 수도 없다. 제이는 얼마간의 시간이 흐른 후, 슬픔을 극복하고 앞으로 나아갔다. 그래야만 했으니까. 하지만 가슴의 상처는 치유되지 않았다.

이제 성인이 된 제이는 다시 누군가와 그토록 가까워지도록 자신을 놔두지 않는다. 상실의 트라우마로 고통을 겪었기 때문에 다시는 그런 관계가 형성되지 않도록 마음이 방해를 한다. 사랑을 갈망하고 관계를 원하면서도 또다시 상처받을 것이 두렵고, 또다시 마음이 무너지는 고통을 겪고 싶지 않아 한다.

이렇듯 자기 방해는 무의식과 의식이 일치하지 않을 때 일어난다. 의식은 뭔가를 하고 싶다고 생각하는데, 무의식은 그 반대의 행동을 하는 것이다. 어린 시절 가까운 사람에게 실망했다거나 그 사람을 잃은 경험이 있어서 누군가와 가까워지는 건 위험하다는 생각이 각인되어 있다면, 연애를 간절히 원하면서도 행복한 관계로 발전할 가능성이 있는 상대를 만났을 때 무의식이 이를 방해할 수 있다. 담배나 술이 격앙된 감정을 진정시키는 데 가장 좋은 약이라는 걸 알고 나면 그걸 끊고 싶어도 잘 안 되는 것처럼 말이다.

제이의 이야기로 돌아가자면, 제이는 야즈와의 관계에 몰입했듯이 나와의 심리치료에도 곧바로 몰입했다. 내가 말하는 대로 그의 마음을 움직였고 만날 때마다 변화가 일어났다. 상담이 끝나면 다음 상담 때까지 깊이 생각하면서 내게 말해줄 새로운 기억과 생각들을 가득 모아 오곤 했다. 내가 한마디를 할 때마다 생전 처음 아이스크림을 맛보는 어린 소년처럼 눈을 크게 뜨고 감탄사를 연발했다.

이렇게 강렬한 반응은 처음 자기 자신에 대해 생각하기 시작한 사람에게서 흔히 볼 수 있다. 새로운 관점으로 자신을 바라보는 경험과 누군가 자기 말을 들어준다는 사실이 희망과 설렘을 주기 때문이다. 하지만 나에 대한 제이의 강박적인 환호와 박수에는 비현실적인 느낌을 주는 뭔가가 있었다. 야즈를 이상화했던 것처럼 나를 이상화하는 건가? 솔직하게 말해서 이런 식으로 이상화되는 느낌은 자신감을 북돋우는 동시에 상당한 압박감을 준다. 그가 생각하는 이상적인 나의 모습에 부합하기 위해서는 내가 하는 모든 말이 그의 생각과 완벽하게 일치하면서도 통찰력이 있어야 한다는 생각이 들기 때문이다.

그러다 보면 필연적으로 벌어지는 상황이 있다. 내가 실수를 하는 것이다. 어느 날 상담 중에 그의 이름을 잘못 불렀다. 아차, 하는 순간에 입 밖으로 나와버렸다. 나는 얼른 정정하고 사과했지만 이미 상황은 나빠진 후였다. 제이는 내게 실망한 기색이 역력했다. 그는 경직된 자세로 시선을 방의 한쪽 구석에 둔 채 나를 보지 않았다.

"미안해요. 기분이 상한 것 같네요."

"괜찮습니다."

여전히 구석에 시선을 둔 채 제이가 대답했다. 그는 거의 공격적으로 느껴질 정도로 움츠러들었다. 나는 돌이킬 수 없는 엄청난 잘못을 저질렀다는 느낌이 들었다.

제이는 다음 상담 시간에 오지 않았다. 화가 난 걸까? 아니면 나를 만나서 그 일에 관해 이야기하는 게 불편해서일까? 나를 멀리함으로써 벌을 주려는 건가? 이런 생각들을 하고 있는데 이메일이 왔다.

"친애하는 애니 선생님, 더 이상 상담치료를 받지 못할 것 같습니다. 그동안 감사했습니다."

나는 한동안 멍하니 앉아 있었다. 앞으로도 완전히 이해할 수는 없겠지만 내가 짐작하기로, 제이는 야즈에게 그랬듯이 나의 결점을 용납할 수 없었던 것 같았다.

어떤 사람들, 특히 과거에 심한 상실이나 배신을 경험한 사람은 사람을 선과 악으로 양분해서 보는 경향이 있다. 이는 상대가 당신을 아프게 할 의도가 없고, 자기 잘못으로 떠난 게 아니어도 마찬가지다. 말릭을 잃으면서 제이는 자기가 사랑하는 사람은 자신을 떠난다는 사실과 그러므로 신뢰할 수 없다는 사실을 배웠다. 누군가 당신을 아프게 하거나(설사 의도하지 않았다 하더라도) 당신에게 실수를 하면 마음속 어린아이는 그가 더 이상 좋은 사람이 아니며 따라서 신뢰할 수 없다고 단정짓는다. 그러나 진실을 말하자면, 사람은 선하지도 악하지도 않다. 남을 해칠 의도가 전혀 없고 늘 최선을 다해 살려고 노력해도 때때로 다른 사람을 아프게 할 수 있고 실수할 수도 있다. 제이가 나와 야즈에게 그랬던 것처럼 누군가를 이상화하는 이유는 언젠가 상대방이 자신을 힘들게 하거나 상처를 줄 가능성으로부터 자신을 보호하기 위해서다. 하지만 다른 사람과 친밀한 관계를 맺으려면 상처받을 위험을 감수해야 한다.

제이의 의식은 치료를 원했고 그것이 도움이 된다는 사실도 알았지만, 치료사와 친밀해지면서 자신의 취약함을 드러내야 하는 관계가 너무 위험하다고 느꼈다. 그래서 내가 실수를 저질러 그가 세워놓은 이상적인 사람의 기준 아래로 떨어지자마자 관계를 지속하지 않기로 결정했다. 내가 자기에게 상처를 줄 수 있는 위험을 감수하고 싶지 않았을 것이다.

나는 내 실수로 그의 마음을 상하게 했으며, 그런 상황을 극복하도록 그를 도와줄 수 없게 된 것이 몹시 안타깝고 슬펐다. 제이가 처음에 나를 이상화했던 것은 환상이었다. 그러나 심리치료사는 완벽하지 못하다. 세상에 완벽한 사람은 아무도 없다. 제이가 상담치료를 계속하면서 사람은 누구나 때때로 실수를 한다는 사실을 받아들였다면, 관계 속에서 살아가려면 타인의 결점을 어느 정도는 감수해야 한다는 점을 배웠더라면 연애의 환상에서 깨어나 그가 간절하게 원했던 강렬한 사랑을 이루는 방법을 찾을 수 있지 않았을까?

때로는 아름다운 환상이 고통스러운 현실보다 낫다

사랑은 두려운 일이다. 누군가를 사랑하는 동안 우리는 취약해진다. 상대의 마음이 바뀔 수도 있고 멀리 떠나갈 수도 있으며 나를 두고 다른 사람과 사랑에 빠질 수도 있고 언젠가 나보다 먼저 죽을 수도 있다. 얼마나 많은 사람이 상처받을 일이 두려워 연애를 스스로 방해하는지 모른다. 어려서든 성인이 되어서든 한 번 상처받은 경험이 있는 사람은 특히 더 그렇다. 또다시 그런 일이 일어날 수 있다는 생각 때문에 누군가를 마음에 들여놓기가 꺼려지는 것이다. 연애에 있어 환상 추구는 친밀감을 피하고자 하는 방편이다. 환상 속에 머무는 동안은 진짜 사랑의 위험을 감수하지 않아도 되기 때문이다.

지금까지 내가 한 이야기는 대부분 과거를 돌아보고 자신을 이해하는 일과 관련되어 있었지만 때로는 우리의 미래와 관련되어 있기도 하다. 우리는 필연적으로 나이를 먹고 곁에 있던 사람을 잃기도 한다. 연애의 환상을 꿈꾸는 밑바닥에는 어린아이로 남아 부모와의 유대를 이어가고 싶은 욕구가 숨어 있다. 친밀감과 더불어 잠재적 고통을 동반할 수 있는 성인의 관계를 원하지 않는 것이다.

과거와 현재, 미래를 들여다보면서 우리가 관계로부터 도망치는 이유를 하나씩 살펴보기로 하자.

1. **과거:** 부모나 친구, 연인에게 크게 상처받은 적이 있다. 그러한 경험을 통해 관계는 고통을 가져오며 모든 관계가 같은 결과를 초래하리라 생각하게 됐다. 그래서 사랑하는 관계로 발전하기 어려운 사람에게 환상을 품거나 나를 좋아하지 않는 사람을 좋으면 과거의 고통을 다시 겪을 위험이 없어 안전하다.

2. **현재:** 현재에 머물고 싶지 않다. 다른 친구들은 모두 연애를 하는데 나만 혼자여서 외롭고 창피하다. 그런 괴로운 심정을 피하고 싶어서 수치심도 외로움도 느낄 필요가 없는 다른 삶을 상상

해내기도 한다. 또는 상대가 내가 바라는 대로 변할 거라는 환상을 안고 산다. 현재 자기가 경험하는 현실을 그대로 인지하고 받아들이면 그와의 관계를 끝내야 할 것 같아서다. 현실을 피하려고 환상 속에 머문다.

3. **미래**: 성장하기를 원하지 않는다. 아직 부모와 정서적으로 분리되지 않았다면 성인으로서 진지한 관계를 맺기가 어렵다. 부모와 사이가 매우 가까웠고 부모가 당신을 독립적인 인격체로 보지 않는 경향이 있었다면 당신은 여전히 부모에게 '얽매여' 있는 상태일 수 있다. 이러한 관계는 부모와 자식 간의 바운더리가 모호할 가능성이 높으며, 자식이 부모의 감정에 책임감을 느끼곤 한다. 부모와 의견 차이가 있거나 부모가 승인하지 않는 일을 해야 할 때 어려움을 느끼기도 한다. 이렇게 정서적으로 부모와 얽매인 사람은 내면에 부모를 떠나고 싶지 않은 심리가 남아 있어 성인으로서 연인과의 관계를 발전시키는 데 어려움을 겪는다.

상처받을 용기를
가진다는 것

환상에서 벗어나 실제 연애를 하려면 당신 내면에 친밀한 관계를 맺는 것에 대한 두려움이 존재함을 인식하는 데서 출발

해야 한다. 무엇을 두려워하는지 파악할 수 있어야 한다. 상처 받았던 관계를 되짚어보고 겁먹고 취약해진 과거의 당신과 소통해보자. 그 시점에서의 당신을 이해하고 받아들이면 도망칠 가능성이 줄어든다. 그런 다음 환상 속의 관계가 당신에게 무엇을 보여주는지 살펴보면 원하는 것을 발견할 수 있다. 그런 다음 연애든 아니면 다른 무엇이든 그 필요를 충족시킬 방법을 찾도록 하라.

취미나 경험을 함께 나눌 친구를 만들면 자신의 정체성에 대한 안정감을 얻는 데 도움이 된다. 자기 자신이나 타인과 좀 더 친밀해질 수 있는 방법을 찾아보자. 하지만 만약 당신이 원하는 게 연인 관계라면 위험을 감수해야 한다. 상대가 완벽하지 않아도 관계를 지속하면서 좋은 방향으로 이끌도록 노력해야 한다는 얘기다. 내면에서 자기 방해가 작동하려 들 때마다 이를 제지해야 한다. 마음을 열고 누군가를 사랑한다는 건 상처받을 각오를 하는 것이다. 하지만 장담컨대, 당신은 괜찮을 것이다. 만약 일이 잘못되더라도 당신에겐 여전히 당신 자신이 있으니까. 누구도 당신으로부터 당신을 빼앗아가지 못할 테니까.

외로움

우리가 홀로 있기를 두려워하는 가장 주된 이유는 외로움 때문이다. 이런 걱정이 인간이라면 누구나 갖는 보편적인 것이긴 하지만 홀로 있다고 해서 반드시 외로운 것은 아니다. 누군가와 함께 있다고 해서 외로움이 사라지지 않듯 말이다. 외로움은 단순히 누군가 함께 있는가의 문제가 아니라 내면의 좀더 깊은 곳과 연관되어 있다. 자기 자신과 얼마나 깊이 소통하는가는 다른 사람과 얼마나 원활하게 관계를 맺을 수 있는지 예측하는 지표가 된다. 그러므로 사람들과 유대를 나누며 살고 싶다면 먼저 자신을 잘 알아야 한다.

나는 외로움이 자기가 다른 사람에게 어떻게 보이고, 얼마나 이해받는지의 문제라고 생각한다. 나의 경우를 되돌아보면 나는 사람들에 둘러싸여 풍족한 사회생활을 누리던 시절에도 형언할 수 없는 외로움을 느끼곤 했는데, 그건 내가 나의 참모습으로 살고 있지 않아서였던 것 같다. 아무에게도 진정한 나를 보여주지 않았다. 의식적으로 그렇게 했다기보다 나조차도 그게 나의 참모습이 아니라는 걸 몰랐다. 왜냐하면 나 자신에게도 참모습을 보여준 적이 없었기 때문이다. 그러다 보니 늘 공허하고 단절된 느낌이었다.

진실한 유대만이 외로움을 치유한다. 가면을 벗고 기꺼이 취약해질 수 있어야 한다. 우리는 모두 남이 봐주기를 원하는데, 그러려면 용기를 내서 나의 참모습을 드러내 보여야 한다. 하지만 그게 말처럼 쉽지는 않다. 우리가 가면을 쓰는 데는 나름대로의 이유가 다 있기 때문이다. 우리의 무의식 속 어린 자아는 가면이 자신을 안전하게 지켜준다고 믿는다. 과거에 그랬으니까 말이다. 하지만 성인이 된 지금, 그 가면이 우리를 외롭게 하고 고립시키고 있다.

참모습으로 산다는 건 무슨 의미인가

참자기true self와 거짓자기false self의 개념은 소아과 의사이자 정신분석학자인 도널드 위니콧이 처음 소개했다.[12] 사람들은 취약한 참자기를 보호하려고 일종의 사회적 가면인 거짓자기를 만들어낸다고 한다. 거짓자기는 가족과 사회에 적응하기 위해 습득한 모습으로, 무리에 어울리기 위해 마음에 들지 않는 옷을 입거나 상처를 주는 농담을 웃어넘기기도 하고 화가 나도 조용히 참아버린다.

어렸을 때 부모에게 받아들여진다는 느낌이 확고할수록 참자기의 모습으로도 사랑받고 받아들여질 수 있다는 자신감을 가지게 된다. 부모가 완벽한 양육자는 아니었을지라도 자녀의 솔직한 욕구와 감정을 인정하고 수긍해주었다면, 그 아이는 참자기로 살아도 된다는 자신감을 가지고 성장한다. 그건 곧 내가 울면 누군가 곁에서 최선을 다해 달래주고 이해해주리라는 믿음과도 같다.

그러나 어떠한 이유로든 받아들여진다고 느끼지 못하거나 충분한 관심을 받지 못한다고 느끼면(그럴 수 있는 이유는 많다. 예를 들어 부모가 아플 수도 있고, 우울증을 앓거나 다른 걱정이 많아서, 혹은 곁에 없어서일 수도 있다. 또는 당신이 몸집이 크거나 소수 인종이어서 사회적으로 받아들여지지 못했을 수도 있다), 참자기로 살지 못하고 남들이 좋아하는 거짓자기를 만들어내게 된다. 사랑받기 위해서는 착하고 순종적이고 상대의 마음에 들게 행동해야 한다고 생각하기 때문이다. 그러면서 진정한 자기 모습은 억압하고 밀어내버린다.

나는 참자기와 거짓자기의 균형을 이야기할 때 이를 종종 저울에 비유해 설명한다. 다음은 당신의 참자기에 비해 거짓자기가 너무 크다는 걸 나타내는 몇 가지 징후다.

- 사람들과 함께 있는 동안에도 외롭다고 느낀다.
- 다른 사람의 감정에 민감하고 사회적인 상황에서 어떻게 행동해야 하는지 잘 알고 있다.
- 좀처럼 강렬한 감정을 느끼는 편이 아니며, 설사 느낀다고 해도 남들에게 이를 드러내지 않는다.
- 늘 긍정적인 사고를 해야 한다고 다짐하면서 부정적인 생각과 싸우는 편이다.
- 외모에 집중하고 남들이 나를 어떻게 보는지에 신경 쓴다.
- 자신의 존재감을 잘 체감하지 못한다.
- 성공적인 삶을 살고 있지만 내면은 공허하다.
- '난 괜찮아'라는 말을 자주 한다.

해당되는 항목이 많다면 그만큼 사회적 가면을 쓰고 지내는 시간이 길다는 뜻이다. 사회적 가면은 타인이나 자기 자신과의 진정한 유대를 가로막는다. 우리 중에는 자신의 참모습을 모르고 사는 사람이 꽤 많은데, 이는 거짓자기가 너무나 익숙해져서 무엇이 자신의 참모습이고 무엇이 거짓인지 구분할 수 없게 됐기 때문이다. 그렇게 되면 거짓자기를 기반으로 관계를 구축하지만 늘 뭔가 부족하거나 공허한 느낌을 받는다.

외로움은 종종 자신의 참모습을 숨겨야 했던 과거 경험의 메아리일 수 있다. 내면의 아이가 자신의 참모습을 숨겨야 했던 시절을 기억하는 것이다. 어린아이였을 때부터 한 번도 사회적 가면을 벗어본 일이 없다면, 그의 내면에는 누군가의 눈에 띄기를 갈망하는 몹시 외로운 아이가 살고 있을 것이다. 그 아이를 바라보고 그 아이와 소통하며 차츰 다른 사람에게도 그 아이를 보여주기 시작해야 한다. 그 과정은 두렵고 낯설겠지만 적어도 더 이상 외롭지는 않을 것이다.

거짓자기의 가면을 벗고 취약한 나를 만나라

진정한 자아와 소통한다는 말은 온전한 자기를 느끼는 일이며, 취약한 감정을 드러냄으로써 살아 있음을 느끼는 일이다. 남들의 기대에 구애받지 않고 진심으로 원하는 바를 추구하며, 다른 사람의 시선과 타협하지 않는 자신의 참모습을 드러내도 안전하다는 사실을 깨달아야 한다.

물론 이렇게 말로 하기는 쉽지만 막상 실천하려면 어렵고 두려움이 앞서기 마련이다. 나도 그랬으니까. 하지만 그럼에도 취약한 자신을 마주하고 드러낼 때의 자유로움과 해방감은 인생을 바꿀 만큼 강렬하다.

바로 그런 일에 심리치료가 도움이 될 수 있다. 심리치료는 당신이 두려워하는 부정적인 여파를 걱정하지 않고 참자기를 드러낼 수 있는 공간을 제공한다. 심리치료는 참자기로 살아도 안전하다는 사실을 배우는 과정이며, 이때만큼은 진정한 자아를 드러내도 이기적이라거나 분노에 차 있다거나 나쁘다는 등의 비판을 받지 않는다. 그렇게 거짓자기의 장벽이 무너지고 그동안 숨어 있던 좀 더 취약한 자신을 만나는 것이다. 그리하여 자신과 좀 더 깊이 소통할 뿐 아니라 그 취약함을 다른 사람에게도 보여주기 시작하면서 그들과 좀 더 깊은 유대를 형성할 수 있게 된다.

심리치료가 여의치 않다면, 안전한 사람을 상대로 자신의 취약함을 드러내고 그동안 숨어 지내면서 간절하게 나오길 원했던 참자기를 보살펴주고 욕구를 충족시키는 시도를 해보자.

참자기를 드러내기 위한 연습

1. 당신이 숨기고 있는 부분과 소통한다. 드러내기가 부끄러워 어둡고 깊은 내면에 숨겨둔 부분이 있는가? 왜 그것을 다른 사람과 공유할 수 없는가? 남들이 당신을 덜 사랑하거나, 받아들이지 못할 것 같아 두려운가? 당신이 가장 수치스럽다고 생각하는 바로 그 부분에 가장 먼저 공감해줘야 한다. 그 부분을 받아들일 방법을 찾아서 더 이상 숨겨둘 필요가 없도록 하자.

2. 가면을 벗는다. 당신의 감정을 솔직하게 얘기한다. 취약해질수록 이해받을 가능성이 커진다는 점을 기억한다.

3. 나와 같은 마음을 가진 사람들과 어울린다. 진정한 나를 보여줄 수 있는 사람과 관계를 형성한다. 타성에 젖지 않은 새로운 관계 속에서는 좀 더 쉽게 마음을 열고 취약함을 드러낼 수 있다. 그러한 관계를 찾을 수 있는 곳으로 가보자.

4. 남을 돕는다. 우리는 필요한 존재가 되기를 원한다. 남에게 베풀고 그들의 인정과 감사를 경험함으로써 유대감을 느낄 수 있다.

5. 현재에 더 집중한다. 외로움을 덜 느끼기 위해서는 자신과 원활하게 소통할 수 있어야 한다. 마음챙김이나 호흡법, 신체 운동, 일기 쓰기, 자신과 대화하기, 춤추기 등 현재에 집중하는 데 도움이 되는 일이라면 무엇이든 시도해보자.

2
—
관계를 시작할 때
생각해야 할 것들

만남

모든 새로운 만남에는 위험이 따른다

미라는 성공한 사람이다. 인테리어 디자이너로 뛰어난 경력을 쌓고 있으며 이제 막 자기 아파트의 보증금을 지불했고 곧 직접 인테리어도 할 예정이다. 대학 때부터 친하게 지낸 친구들과 여전히 잘 지내고 있으며 반려견 입양도 고려 중이다. 그런데 어쩐 일인지 연애에는 그다지 소질이 없다.

데이트는 쉽지 않은 편이다. 하지만 제대로 된 연애는 3년 전이 마지막이었고, 그 후로는 친구도 애인도 아닌 애매한 관계의 연속이었으며 모두 똑같은 과정을 겪은 후 끝났다. 미라는 강박적으로 사람을 만났고 만나는 사람마다 대부분 마음에 들지 않았다. 그들은 너무 멍청하거나 너무 키가 작거나 너무 수다스럽거나 풋볼에 미쳐 있었다. 미라는 지적이고 창의적이면서 진심으로 교감할 수 있는 사람을 원했다.

그러다가 정말 그런 사람이 나타났고, 미라는 단숨에 깊이 빠져버렸다. 에디는 그녀가 지금까지 만났던 사람 중에 가장 멋진 사람이었다. 몇 번 만나지도 않았지만 마음이 완전히 기울어진 미라는 친구를 만날 때마다 사랑에 빠졌다고 말했다. 하지만 친구들은 귀 기울여 듣지 않았다. 사실 미라는 늘 상대가 바뀔 때마다 그렇게 말했기 때문이다. 하지만 이번에는 진심이었다.

미라는 정말 에디를 사랑했고 두 사람은 온종일 문자를 주고받았다. 에디가 하는 농담은 미라가 지금까지 들어본 얘기 중 제일 재밌었다. 음악 취향도 최고였고 미소조차 더할 수 없이 매력적이었다. 에디는 다른 사람과 달랐다. 늘 미라의 흥미를 자극하면서 함께 있는 순간에 충실했다.

그러다가 변화가 찾아왔다. 특별하게 뭔가 달라진 건 아니었으므로 다른 사람 같으면 무심코 넘어갔을지도 모른다. 그렇지만 미라는 뭔가 예전과 조금 다르다는 느낌이 들었다. 에디가 문자에 답장하는 속도가 예전보다 늦어졌고, 만나자는 약속을 먼저 제안하는 일이 뜸해졌으며, 막상 만나서 함께 있는 중에도 종종 다른 생각을 하는 것 같았다. 미라의 마음에 익숙한 불안이 다시 고개를 쳐들었다. 미라는 애써 냉정한 척했지만 친구들의 눈에는 그녀가 흔들리는 게 보였다. 미라는 에디에게 완벽한 답문을 보내기 위해 몇 분씩 공을 들이는가 하면 그에게 너무 빨리 답장하지 않으려고 일부러 전화번호를 지우기도 했다. 또 그를 만날 때 무엇을 입을지, 어떤 말을 할지 등을 지나칠 정도로 신경을 썼다.

미라는 에디의 관심을 놓치지 않기 위해 더 많은 메시지를 보내고 데이트 아이디어를 제안했다. 그럴수록 에디는 계속 뒷걸음질치며 멀어지는 것 같았다. 다만 그 방식이 너무나 미묘해서 미라의 친구들은 미라가 혼자 곡해하는 거라고 여겼다. 하지만 미라는 거절의 신호를 민감하게 알아차리는 사람이었다. 에디에게서 안심해도 좋다는 신호를 발견할 수 있었다면 미라는 훨씬 더 편안해졌을 것이다. 하지만 에디의 연락은 점점 짧아졌고 데이트는 갈수록 뜸해졌다.

미라는 에디의 관심을 돌리는 데 광적으로 집착했다. 그녀는 두 사람의 좋았던 시간을 에디가 다시 떠올리도록만 하면 될 것이라 확신했다. 하지만 두 사람이 만난 지는 이미 3주가 지났고, '미안해, 너무 바빠서'라는 문자는 점점 의미를 잃어가고 있었다. 미라는 괴로웠다. 이번에는 다를 줄 알았는데, 또다시 자기에게 관심을 주지 않는 남자에게 집착하고 있지 않은가. 에디를 만나기 전에 자신감 넘치고 독립적이었던 미라의 모습은 찾아볼 수가 없었다. 비참하고 불안한 마음이 가득했다.

미라에게는 왜 자꾸 이런 일이 생기는 걸까? 왜 남자들은 처음에는 관심을 보이다가 그녀가 빠지기 시작하면 수면 아래로 숨기 시작하는 걸까? 미라가 잘못된 메시지를 보내서일까? 삶의 다른 부분은 그렇게 성공적으로 잘 이끌어온 미라가 왜 연애에서는 계속 실패하는 걸까?

우리 내면의 문제가
곧 관계의 문제

내면의 갈등을 다른 사람이나 자신에게 숨기기는 쉽지만 관계를 맺을 때는 그럴 수가 없다. 내 마음에 갈등이 있으면 관계에서도 똑같은 갈등을 겪는다. 그럼에도 인간은 누군가와 끊임없이 관계를 맺어야 하며, 관계가 전혀 없는 진공 상태에서는 살지 못한다. 다시 말해 우리 내면의 문제는 곧 우리가 맺는 관계의 문제가 된다는 얘기다.

심리치료사로 일하면서 많은 사람이 가장 힘들어하는 부분이 바로 인간관계라는 사실을 실감한다. 여기서의 인간관계는 남녀 관계뿐 아니라 가족, 친구, 동료와의 관계까지 모두 포함한다. 그렇다. 인간관계는 개개인이 가지고 있는 정서적인 문제, 중독, 절망, 불안의 문제가 모두 튀어나와 사투를 벌이는 전쟁터다. 그 전쟁은 연애라는 불가사의한 세계를 헤쳐 나가기 위한 것일 수도 있고, 까탈스러운 친구 때문일 수도 있으며, 자녀의 선택을 인정하지 않는 어머니 때문일 수도 있다. 또는 소통이 안 되는 아들이나 잔소리가 너무 심한 아내 때문일 수도 있다.

그러므로 누군가 내게 올 때는 그 사람이 맺고 있는 관계도 함께 따라온다고 봐야 한다. 그리고 이는 상대방이 맺었던 '과거의 관계'도 따라온다는 뜻이다. 그 속에는 인간관계에 대한 청사진을 제공한 사람들이 있다. 그러므로 누군가 상담실에 들어와 의자에 앉을 때, 그는 현재의 그이기도 하지만 동시에 유아기, 아동기, 청소년기의 그이기도 하다. 그러니까 방 안에는 지금까지 그의 성격과 삶을 형성하는 데 이바지한 모든 사람이 함께 있는 셈이다. 부모, 학교 친구, 선생님, 형제 그리고 그들이 선망했던 영웅과 친구, 원수까지도.

그리고 물론, 심리치료사와 환자의 관계도 있다. 심리치료의 성공 여부를 예측할 수 있는 가장 중요한 요소가 치료사와 환자의 관계다. 메타분석 중에서도 정수로 꼽히는 한 메타분석 연구를 보면, 치료사와 환자의 관계가 좋으면 치료 결과가 성공적일 가능성이 훨씬 커진다고 한다.[13]

관계는 치유의 핵심이자 동시에 고통의 핵심이다. 트라우마를 남기는 많은 사건이 바로 이 관계 속에서 일어난다. 우리가 아기였을 때는 누군가와의 관계가 우리의 생명을 유지하고 죽음으로부터 보호하는 유일한 방편이었음을 기억하자. 그 시기에 관계 문제나 결핍이 생기면 아이에게 거의 죽음의 공포와도 같은 트라우마를 안겨줄 수 있다.

남녀 관계의 복잡성이 주는 위험

연애하는 게 왜 그렇게 어려운 걸까? 미라는 자매간의 우애도 좋고 친구나 동료들도 모두 그녀를 존경하고 좋아하는데, 왜 연애는 성공하지 못할까?

한 가지 이유는 성인이 된 후의 연애는 삶의 다른 부분에 비해 그 위험 부담이 상당히 높기 때문이다. 버림받거나 거절당할 수 있다는 위험이 다른 관계와 비교했을 때 상당히 크다. 우리는 친구를 사귀기 시작하면서 헤어질 수도 있다는 생각은 거의 하지 않는다(물론 친구와의 결별도 엄청난 피해를 남길 수 있다. 이에 대해서는 뒤에서 좀 더 자세히 살펴볼 것이다). 실패를 각오하고 시작하는 관계는 오직 연인 관계밖에 없다. 그러다 보니 그에 대한 공포 반응도 자연히 과장되게 나타난다. 친구가 내 문자에 답이 없으면 크게 신경 쓰이지 않지만 연인이 하루 종일 답하지 않으면 거의 미쳐버리게 되는 것이다. 연인의 거절은 훨씬 더 민감한 문제이기 때문이다.

연애 상대란 어쩌면 내가 앞으로 매일 보면서 살아야 할 사람일지도 모르기 때문에 더 그렇다. 그 사람과 재정을 공유하고, 함께 가족을 일굴 수도 있으며, 당신이 아는 모든 사람과 그가 잘 지내야 하고, 당신도 그에게 매력을 느껴야 하며, 함께 아이를 낳고 오래오래 같이 살 수도 있다. 이 모든 조건과 기대가 연인 관계를 복잡하게 만드는 것이다. 그에 더해 관계가 친밀해질수록 당신이 가족과 쌓아온 관계 맺기의 양식이 상대방과의 관계에 투영되기 때문에 과거의 관계 속에 굳어진 습성이나 자극 요소들이 현재의 관계에 개입될 수 있다.

끌림

사랑의 열정이 당신을 눈멀게 할 때

에디와 결국 이별을 한 미라는 다시 데이트를 하기로 마음
먹었다. 그저 그런 상대와 여러 차례 데이트를 한 끝에, 그녀는
한눈에 보기에도 자기와는 완전히 동떨어진 세계에 속한 것 같
은 한 남자를 만났다. 바에 앉아 있는 그를 처음 보았을 때 미라
는 곧장 돌아서서 나갈까 생각했다. 자신이 감당하기에는 너무
매력이 넘치는 사람 같았기 때문이다. 목에 헤드폰을 두른 그
남자는 빈티지한 데님 재킷을 입고 있었다. 잘 다려진 블라우
스 차림이었던 미라는 도저히 잘될 거 같지 않다는 불길한 예
감에 뱃속이 움츠러드는 가운데 그에게 다가갔다.

그런데 술이 세 잔 정도 들어가자 그 남자는 미라의 시시한
말장난에 고개를 뒤로 젖히며 웃는가 하면 메뉴판을 집으면서

그녀의 손가락을 은근슬쩍 스치는 등 호감을 표시했다.

"한 잔 더 할래요?"

그가 물었다. 아직 확신할 순 없었지만 자기를 마음에 들어 하는 것 같았다. 하지만 이런 남자가 날 좋아할 리가 없잖아? 미라는 그가 메뉴판을 읽는 동안 그에게서 눈을 떼지 않았다. 초연한 표정이 뭔가 신비로운 느낌을 주는 얼굴이었다. 무심한 듯한 그를 바라보고 있자니 미라는 그가 자기에게 관심이 있는지 알고 싶어서 초조해졌다. 그러다가 그와 눈이 마주치거나 그의 손이 팔에 닿으면 온몸에 전율이 일었다.

밤이 되어 역으로 걸어가면서 미라는 자신에게 속삭였다. '키스해. 남자는 적극적인 여자를 좋아해.'

두려움이 온몸을 휘감는 가운데, 미라는 그의 볼을 감싸고 눈을 감은 채 입술에 입을 맞췄다. 노래 가사에 나오는 그런 키스였다. 열정적이고 섹시하며 두 사람의 영혼이 마주치는 듯한 키스. 두 사람 사이에 사랑의 불꽃이 당겨지는 걸 느낄 수 있었다. 미라는 수줍은 미소를 지으며 곧 다시 만나자고 말했다. 그 다음 상담치료 시간에 미라가 내게 말했다.

"사랑에 빠진 것 같아요."

"그 사람 이름이 뭔데요?"

아직 그의 이름을 듣지 못했다는 사실이 떠올라 내가 물었다.

"제이예요."

순간 너무 놀랐지만 나는 미라가 떠날 때까지 내색하지 않았다. 설마 내게 상담치료를 받던 그 제이? 상대를 이상화하다가 막상 그녀와의 관계가 현실로 다가와 힘들어지면 달아나버리는 제이? 두 사람 다 상담실 근처에 살았기 때문에 우연히 만난다고 해도 전혀 이상할 게 없었다. 나는 미라의 말을 되짚어 보았다. 음악을 좋아하고, 데님 재킷 차림에, 강렬함과 무심함의 묘한 조화. 내가 아는 제이의 모습이긴 했다.

나는 먼저 미라에게 초점을 맞춰 생각했다. 내가 제이에 대해 알고 있는 사실들에 근거해서 볼 때, 이 관계는 좋은 결말로 이어지지 않을 듯했다. 그다음에는 심리치료사인 나에게 초점을 맞춰 생각해보았다. 이런 일은 윤리적으로 합당한가? 지금 내 환자가 전 환자와 사귀는 사례에 관한 규정이 있는가? 나는 지도 상담 선생님과 긴급 상담을 예약했다. 일반적으로 상담치료에서는 치료사와 어떤 식으로든 인연을 맺고 있는 사람은 환자로 받지 않는 걸 원칙으로 한다. 그래야 환자가 중립적인 관점에서 상황을 바라보게 도와줄 수 있기 때문이다. 또한 바운더리를 분명하게 유지하는 게 좋다. 내가 미라와 제이를 동시에 상담한다고 가정해보자. 내가 어떻게 중간에 개입하지 않고 객관적일 수 있겠는가? 그럼에도 세상이 좁다 보니 이런 일은 종종 일어난다. 사실 제이는 더 이상 나의 환자가 아니므로 엄밀히 말하면 문제가 없다. 그럼에도 내가 그를 상담했었다는 사실이 마음에 걸렸다. 야즈를 비롯해서 그의 연애사를 모두 알고 있지 않은가. 지도 선생님과 의논한 끝에 우선은 아무 행동도 취하지 않는 게 좋겠다는 결론에 도달했다. 나는 미라가 제이에 관해 이야기할 때 객관성을 유지하면서 상황을 두고 보기로 했다.

미라는 전혀 기대하지 않았지만, 제이는 문자 메시지로 두 번째 데이트를 제안했다. 하지만 미라는 일 때문에 바빴고 제이는 페스티벌을 순회하며 공연 중이어서 주말에는 거의 집에 머물지 않았다. 3주 후에 두 사람이 다시 만났을 때, 제이는 미라가 기억하는 대로 여전히 매력적이었다. 그리고 여전히 미라는 그의 마음을 알 수 없었다. 제이는 미라에게 집중하고 있는 것 같다가도 어느 순간 더 나은 뭔가를 찾는 듯 실내를 둘러보았다. 미라는 그의 웃음을 끌어내고 그의 주의를 자신에게 집중시키기 위해 필사적으로 노력했다. 그를 만날 때 입으려고 눈에 띄는 과감한 스타일의 티셔츠도 샀다.

두 사람은 다시 만나기로 약속했지만, 실제로 다시 보기까지는 3주를 더 기다려야 했다. 그러는 동안 제이는 몇 번이나 약속을 취소하고 다시 잡기를 반복했으며 미라는 이성을 잃을 지경이 되었다. 나는 마치 심리치료사 시험을 다시 치르는 기분으로 제이가 아닌 미라에게 집중했다. 그리고 내가 제이를 알고 있다는 사실을 내색하지 않으면서 미라가 자신에게 집중할 수 있도록 도와주었다. 하지만 제이가 지금의 관계에 성실하게 임하기를 바라는 미라의 간절한 소망은 왠지 이루어질 것 같지 않았다.

미라는 제이야말로 자기가 찾던 사람이라고 굳게 믿으면서 일편단심 제이에게 매달렸다. 만나는 모든 사람에게 제이 이야기를 하고, 그의 소셜미디어를 주시하고, 몇 시간을 들여가며 다음 데이트 장소를 물색했다. 그리고 마침내 그를 다시 만난 날, 미라는 너무 흥분한 나머지 레스토랑 밖에서 제이를 안고 또 한 번 폭발적인 키스를 했다. 식사하는 동안 제이는 또다시 뒷걸음질을 치듯 미라에게 관심을 보이다가 실내를 두리번거리기를 반복했다. 미라는 제이에게서 느껴지는 복잡한 신호를 파악할 수 없어 불안해지기 시작했다. 그런데 뜻밖에도 제이는 미라를 자기 집으로 초대했고 미라는 또다시 흥분했다. 제이와 처음 키스를 나눈 후 미라는 줄곧 그와의 잠자리를 꿈꿔왔었기 때문이다. 그것은 실제로 그녀가 상상했던 것만큼 강렬하고 열정적이었다. 하지만 제이는 다음 날 일찍 출근해야 한다면서 미라에게 그만 가달라고 부탁했다. 다음 날 아침 침대에서 느긋하게 시간을 보내다 가려는 생각에 부풀어 있던 미라는 실망이 컸지만, 애써 초연하게 받아들이고 제이의 집에서 나왔다. 미라는 혼란스러운 가운데 전보다 더 그에게 매달리고 있음을 느꼈다.

두 사람의 만남은 한동안 이런 식으로 이어졌다. 제이는 수시로 데이트 약속을 취소하고 문자에 제때 답을 하지 않았지만, 일단 만나면 격렬하고 열정적인 사랑을 나눴다. 그건 고통이자 축복이었다. 한편으로 생각하면 미라는 그 누구와도 이렇게 잘 통했던 적이 없었다. 하지만 제이는 자기 마음을 명확하게 보여주지 않았다. 미라는 몇 시간씩 제이의 문자를 기다리기도 하고, 괴로운 마음을 친구들에게 하소연했다. 회사에서 제이 생각을 하느라 업무를 제대로 하지 못한 적도 있었다. 이대로 관계를 지속하는 건 자신에게 유익하지 않다는 결론에 이를 즈음이면 제이로부터 거부할 수 없는 매력적인 문자가 오고, 그러면 또다시 소용돌이가 시작됐다. 미라는 속수무책으로 사랑에 빠져들었다. 그러는 동안 나는 필연적으로 초래될 결과를 무거운 마음으로 기다릴 수밖에 없었다.

정서적 끌림, 아니면 거절에 대한 두려움

끌림이나 애착은 사랑과 다르다. 우리는 종종 어린 시절의 트라우마를 자극하는 사람에게 강렬하게 이끌리기도 한다. 그들이 떠오르게 하는 '익숙한 기억'이 에로틱한 설렘으로 느껴질 수 있기 때문이다. 물론 우리가 원하는 것은 성적 및 정서적 끌림이지만 밝게 타오르다가 어느 순간 꺼져버리는 식으로 감정이 롤러코스터를 탄다면 처음의 강렬한 끌림은 실제로는 두려움에서 촉발됐을 가능성이 크다.

이런 현상은 특히 거절당한 느낌을 주는 사람에게서 자주 경험한다. 상대가 문자에 답을 하지 않거나 데이트 계획을 먼저 세우지 않고 며칠 동안 연락도 하지 않으며 관계에 성실함을 보여주지 않을 때, 이러한 불확실성은 어린 시절에 버림받았던 상처를 들춰내서 두려움을 자극한다. 그에 따라 아드레날린과 도파민이 과다 분비되면 흥분되고 활력이 넘친다. 이러한 감정 상태에 익숙해지면 그것을 유발하는 상대에 집착하게 되는 것이다. 상대에 관해 끝없이 얘기하거나 생각하고, 비정상적으로 보일 만큼 상대의 마음에 들기 위해 노력한다. 그런 감정은 강렬하고 진정성 있게 보이지만 사실은 거절에 대한 두려움으로, 어린 시절 거절당한 상처에서 기인하는 것일 가능성이 크다.

미라는 자기가 잘 모르는 사람에 대해서 그런 형태의 강렬한 열정을 느끼는 것으로 보였다. 아마도 상대가 어린 시절 거절의 상처를 자극하기 때문인 듯했다. 미라의 부모님은 미라가 어렸을 때 이혼을 했고, 아버지는 곧 재혼하여 새 아내와의 사이에 두 자녀를 두었다. 아버지는 어린 미라와 잘 놀아주었으며 무척 자상한 사람이었기 때문에 미라는 아버지와 보내는 시간이 즐거웠다. 하지만 정해진 시간이 지나면 미라는 다시 엄마에게로 돌아갔고, 아버지는 새 가족에게로 돌아갔다. 세월이 흐르면서 미라가 아버지와 보내는 시간은 점차 뜸해졌다. 아버지가 새 가족과 더 많은 시간을 보내야 했기 때문이다. 미라는 항상 자기는 아버지에게 차선의 선택지인 것 같은 느낌이 들었다. 성인이 된 지금, 미라는 사람들이 일정 시간 동안에만 자기에게 관심을 주고 호응하는 것 같다는 느낌을 받았다. 그리고 뜨겁고 차가운 온도 차이가 분명한 사람에게 끌렸다. 그녀의 아버지가 예전에 그랬듯이, 함께 있으면 자신이 특별하고 사랑받는 존재라는 생각이 들지만 헤어지고 나면 일주일씩 연락 한 번 않는 남자 말이다.

이처럼 거절에 대한 두려움은 인간이라면 누구나 가질 수 있는 자연스러운 감정이지만, 어린 시절에 거절의 아픔을 경험한 적이 있다면 유난히 더 민감하게 반응할 수 있다. 우리 마음이 과거의 상처를 다시 받지 않도록 자신을 보호하는 방향으로 작동하기 때문이다. 거절에 대한 두려움을 치유하지 못한 채 성인이 되면 내게 다가오는 사람을 밀어내면서 부정적인 자기 예언을 스스로 이루듯이 무의식적으로 자기가 두려워하는 바로 그 결과를 향해 다가간다. 그것이 곧 자기가 마땅히 겪어야 할 일이라고 생각하면서 말이다.

거절의 상처가 항상 비난이나 질책 같은 직접적인 거절을 통해서만 생기느냐 하면 그렇지 않다. 어린아이는 부모가 많은 시간 곁에 있어주지 못해서 혼자 방치되었을 때도 거절당한 느낌을 받는다. 뿐만 아니라 부모가 휴대전화에 몰두하거나 감정적으로 무관심했다면 아주 짧은 시간에도 버림받았다고 느낄 수 있다. 부모 입장에서는 자녀를 위해서였다고 해도 너무 많은 시간을 일에 매달려 자녀를 방치하면 자녀는 거절당했다고 느끼고 상처받게 되는 것이다.

마음 들여다보기

거절이 당신에게 있어서 어떤 의미인지 생각해보자. 어디서 처음 거절을 경험했는가? 거절이나 방치의 경험이 부모가 오랜 시간 밖에서 일을 해야 했다거나 하는 어쩔 수 없는 사정 때문이었다고 해도 아이에게는 버려지는 느낌을 줄 수 있음을 기억하자. 혹은 가족이 곁에 있었더라도 정서적으로 거부했을 수 있다. 당신이 화를 내거나 슬퍼하는 등 어떤 특정 방식으로 행동했을 때 거부당할 수 있다고 생각하게 된 계기가 있는가? 어떤 식으로든 당신에게 문제가 있다고 느낀 적이 있는가?

거절당했다는 생각이 들 때 어떤 기분이 드는가? 신체의 어느 부분에서 그 기분이 느껴지는가?

어린 시절의 고통스러운 감정을 다시 느끼고 나면, 그때 위로받고 싶었던 방식으로 자신을 달래주어야 한다. 어린 시절의 자기에게 물어보자. 거절당한 마음을 달래려면 무엇이 필요했을까? 성인이 된 지금, 다른 사람에게 손 내밀지 않고 자기 스스로 선택받고 사랑받는다고 느끼기 위해 할 수 있는 일은 무엇일까?

두려움을 섹시하다고
느끼는 까닭

두려움은 성적 흥분을 유발하여 감정을 요동치게 할 수 있다. 특히 상대가 어린 시절 내게 상처를 주었던 사람과 비슷하다면 그럴 가능성이 더 높다. 그리고 그때 일어나는 화학반응과 설렘은 또다시 같은 방식으로 상처받을 수 있다는 두려움과 공포에 가깝다.

예를 들어 때로는 자상했다가 어느 순간 돌변하여 쌀쌀맞아지곤 했던 일관성 없는 부모님을 떠올리게 하는 사람이 있다고 해보자. 아이가 원하는 것을 채워주기보다 자기 일이 더 중요했던 부모님 밑에서 자라면서 지속적으로 거절당한 느낌을 받았다면, 아이는 어떻게 해서든 그런 익숙한 경험을 다시 겪지 않으려고 노력할 것이고 그러다 보면 끊임없이 계획하고 집착하게 된다. 우리 내면의 아이는 또다시 거절당하지 않기 위해 필사적으로 노력하는데, 그 절실함이 마치 강렬한 끌림처럼 느껴진다. 단기적으로 볼 때 아드레날린은 고통을 없애준다. 따라서 상대가 나를 선택하면 그 순간 거절의 아픔이 진정되고 짜릿함과 안도감을 느끼는 것이다.

하지만 극적인 연애는 재미있고 짜릿하긴 해도 깊고 안전하지 않다. 만약 당신이 극적인 상황에 끌리는 성향이 있다면 어린 시절의 관계에서 살펴봐야 할 부분이 있는지도 모른다.

한 가지 분명히 짚고 넘어가야 할 점은, 성적인 끌림이 반드시 위험 신호는 아니라는 것이다. 끌림은 관계를 위한 건강한 욕구다. 지금 느끼는 강렬한 끌림이 건강한지 그렇지 않은지를 파악하려면 내면을 들여다보면 된다. 당신이 느끼는 끌림이 너무 절박해서 모든 에너지를 소모시키고 일관적이지 못한 행동을 하게 만드는데, 정작 상대의 감정에는 확신을 가질 수 없다면 그건 현재의 관계에서 비롯되었다기보다는 과거의 상처로부터 촉발된 감정일 수 있다.

건강하지 못한 끌림에 대처하는 연습

1. 속도를 늦춘다. 끌림이 있다고 해서 유대감이 형성됐다고 생각하지 마라. 서두르거나 스스로를 잃지 말고 찬찬히 상대를 알아가도록 노력하자.

2. 현재의 상대가 과거에 당신이 대우받았던 방식과 비슷하게 당신을 대하는지 살펴본다. 당신에게 반복적으로 일어나는 패턴인가?

3. 현재의 관계가 어린 시절의 관계와 어떻게 연결되는지 생각해본다. 일반적으로 우리는 어린 시절의 관계를 떠올리게 하는 사람에게 더 강렬한 끌림을 느낀다. 어린 시절의 관계에서 어느 부분이 특히 들춰지는지 호기심을 가지고 살펴보자.

4. 천천히 시간을 갖고 상대를 알아간다. 깊은 사랑은 시간이 지남에 따라 서로를 더 잘 알게 되면서 형성된다. 첫 데이트에서 느꼈던 끌림에 근거하여 상대를 선택하지 말고, 관계 맺는 방식이 자기와 다른 사람도 만나보면서 자연스럽게 감정이 발전할 수 있는 시간을 갖도록 하자.

집착

왜 나를 원하지 않는 사람에게 매달리는가

최악의 상황이 벌어졌다. 미라는 제이의 인스타그램에서 그가 다른 여자와 데이트하는 사진을 보고 말았다. 미라는 곧장 그 여자의 소셜미디어로 들어갔다. 몇 달 전에 올린 사진 중에 그녀가 제이와 웃으며 찍은 사진이 있었다. 미라가 처음 제이를 만나던 즈음이었다. '내 남자와 데이트'라는 짤막한 설명이 달려 있었다.

미라가 슬픔의 나락으로 떨어지는 모습을 지켜보는 일이 힘들었지만 한편으론 조금 후련하기도 했다. 미라는 어깨를 축 늘어뜨리고 눈은 퀭하게 들어간 채 처참한 모습으로 상담실에 들어왔다. 그녀는 울면서 제이가 얼마나 멋진 남자였는지 얘기했다. 그러면서 자기 몸에 대한 불안감을 드러내기 시작했다.

가슴에 통증이 느껴지는데 종양이 생겼거나 심장에 문제가 있는 것 같다고 말이다. 나는 그녀가 실연의 아픔을 겪고 있다고 생각했다.

미라는 두 사람 사이에 있었던 일을 반복해서 이야기했다. 그녀는 머릿속으로는 끊임없이 제이와 대화를 나눴지만 실제로는 그리 많은 대화를 나누지 않았다. 제이는 미라의 환상 속에서만 살고 있었다. 자기가 꿈꾸는 제이와의 관계를 상상 속에서 그리고 있었던 것이다. 그곳에서는 제이가 돌아와서 그가 없는 동안 아팠던 미라의 마음을 달래주었다.

미라의 말을 듣다 보면 그녀가 얼마나 절박하고 혼란스럽고 그러면서도 깊이 빠져 있는지 알 수 있었다. 그리고 나는 그 강렬한 감정이 오직 제이 때문만은 아닐 거라는 생각이 들었다. 실연이 아프지 않다는 뜻이 아니다. 실연은 물론 힘들고 아프다. 하지만 미라가 지금 느끼는 아픔은 제이를 만나기 오래전부터 그녀 안에 내재해온 상처에서 전해진 게 아닌가 하는 의구심이 들었다. 나는 미라에게 지금까지 그녀가 맺었던 관계들의 원형이 되는 관계를 떠올려보라고 했다. 이건 지금 내가 당신에게 물으려는 것이기도 하다. 어린 시절 당신의 부모님은 인간관계에 대해서 어떤 가르침이나 본보기를 보여주었는가? 자녀와의 관계에서, 서로에 대해서, 그리고 그들 자신에 대해서 어떤 기대를 했었는가?

부모님의 부부 관계에 대해 생각해보자. 두 사람은 함께 살았나 아니면 떨어져 살았나? 두 사람은 어떻게 사랑했고 어떻게 멀어졌는가? 당신에게는 어떤 식으로 사랑을 표현했으며 서로에게는 어떻게 사랑을 표현했나? 감정적으로나 정신적으로 유대를 나누며 서로에게 주의를 기울였는가? 두 사람이 애정을 표현하는 모습을 본 적이 있는가? 대화하는 방식은 어떠했는가? 서로를 경멸하는 모습을 본 적이 있는? 서로에 대해 존중하는 마음을 표현하는 그들만의 방식이 있었는가? 그 모습을 보며 당신은 인간관계에 대해 무엇을 배웠는가? 당신이 사랑을 주고받는 능력에 그들은 어떤 영향을 미쳤는가?

그때를 돌아보면서 조부모님과 고모, 삼촌들의 관계를 비롯해 세대에 걸쳐 전해 내려오는 가족의 관계 양상에 대해 떠올려보자. 그 모든 관계가 하나의 청사진으로서 당신이 관계를 이해하는 근간이 된다. 가족뿐 아니라 문화도 관계에 대한 당신의 관점을 형성하는 데 큰 영향을 미친다. 우리는 우리가 속한 인종과 계층, 성별, 종교, 성 정체성에 따라 '관계란 어떠해야 한다'에 대해 다른 가치관과 기준을 전수받는다. 당신이 속한 문화는 관계에 대해 어떤 기대를 하는가? 성별에 따르는 규칙이나 판단 기준이 있는가? 당신이 수행

해야 하는 특성한 성 역할이 있는가? 기준에 벗어나는 행동을 하는 건 부끄러운 일인가? 당신이 의식적으로는 동의하지 않지만 관계의 청사진에 스며들어 있는 문화적 기대치 무엇인가? 이는 매우 중요한 문제다. 우리는 모두 제각각 '관계의 청사진'을 가지고 타인과의 관계를 시작하기 때문이다. 이 청사진에 대한 인식이 높을수록 관계에서 겪는 어려움의 원인을 더 정확하게 파악할 수 있다.

거절당할수록 더 원하게 되는 이유

수개월에 걸쳐 나는 미라의 이성을 제이로부터 벗어나게 하려고 노력했다. 하지만 그녀의 관심사, 소망, 정체성 등 제이가 아닌 것으로 화제를 돌리려고 할 때마다 미라는 어떤 식으로든 다시 제이의 이야기로 돌아갔다. 내가 부드럽게(때로는 다소 퉁명스럽게) 그녀의 부모에 관해 물어도 내 말을 무시하고 화제를 제이로 돌렸다. 매번 반복되는 똑같은 이야기와 그녀의 정신을 장악하고 있는 제이의 존재에 대해 깊은 한숨이 내쉬어졌다.

그러다 문득 제이를 향한 미라의 강박적인 집착은 어떤 힘든 감정을 피하기 위한 전략일지 모른다는 생각이 들었다. 제이에 관한 생각으로 머리를 채우고 있는 동안은 다른 감정이

들어설 틈이 없으니까. 물론 뭔가에 집착한다는 건 괴로운 일이다. 그것만으로도 모든 에너지가 소진될 수 있다. 온통 그 대상으로 마음을 채운다. 그에 대해 말하고, 생각하고, 문자 메시지를 쓰고, 인스타그램 프로필을 확인하고, 가상의 상황을 구상하고, 만나는 상상과 함께 그 속에서 긴 대화를 나눈다. 그러는 동안 다른 감정은 끼어들 틈이 없다. 이는 현실의 아픔을 피하는 한 방법이다. 어떤 식으로든 상대가 내 안에 함께 있으므로 아직은 그를 잃지 않았다고 생각하는 것이다.

헤어진 사람에게 대한 이 같은 집착은 상실을 부정하는 행위다. 보내고 싶지 않고 슬퍼하고 싶지 않다. 실제로 상대가 당신 사람이었던 적이 없다고 해도, 환상 속에서 당신이 소망했던 관계를 잃는 것이므로 상실감을 느낄 수 있다.

인류학자인 헬렌 피셔Helen Fisher는 최근에 거부당한 경험이 있는 15명에게 그들을 거부한 사람의 사진을 보여주면서 그들의 뇌를 스캔하는 뇌 영상 연구를 진행했다(그렇다. 때로 과학 연구자들은 이런 잔인한 실험을 하기도 한다).[14] 자기를 거절한 파트너의 사진을 본 피험자들의 뇌에서는 동기부여와 보상, 도파민 시스템을 관장하는 영역이 활성화되었다. 연구진은 이러한 현상을 우리 뇌가 연애 거절romantic rejection을 특정 감정이 아닌 '목표 지향적인 동기'로 받아들인다는 의미라고 해석했다. 나아가 '연애 거절이 특정 형태의 중독이라는 가설과 일치한다'

라고 결론 내렸다. 쉽게 말해 거절당하면 더 원하는 마음이 생기며 이러한 집착은 중독적인 양상을 띨 수 있다는 얘기다. 비슷한 맥락에서 '얻기 힘든 사람인 척'하는 것은 상대를 더 적극적으로 노력하게 만드는 효과가 있다. 그렇다고 해서 이를 얻기 힘든 사람인 척을 하라는 말로 그대로 받아들여선 안 된다. 끊임없이 밀고 당기는 연애는 건강한 관계의 토대가 될 수 없다.

한 가지 긍정적인 소식은 거절을 경험하고 나서 일정 시간이 지나면 해당 영역의 활동이 줄어든다는 것이다. '모든 것은 시간이 해결해준다'라는 말의 신경과학적 증거다. 마치 중독을 끊으려고 할 때 처음에는 금단증상을 겪는 것과 비슷하다. 하지만 시간이 지날수록 금단증상은 줄어들고 상대에 대한 집착도 덜해진다.

그렇다면 왜 어떤 사람은 자기를 거절한 사람에게 오래 집착하는 반면, 어떤 사람은 빨리 털어버리고 자기를 선택해줄 다른 상대를 찾아 나서는 것일까? 거기에는 여러 무의식적인 이유가 있지만 그중 가장 보편적인 세 가지를 들어보자면 다음과 같다.

1. 반복되는 패턴의 익숙함

제이가 미라를 대하는 방식은 그녀의 아버지가 미라의 어머니와 이혼 후 새 가족을 우선시하고 미라를 늘 차선이라고 느끼게 했던 모습을 그대로 반영하고 있다. 미라는 아버지의 사랑을 갈망하면서 간간이 찾아오는 아버지의 짧은 방문과 선물에 마음을 의지했다. 제이에게 선택받고 사랑받는 일에 집착하는 것 역시 아버지의 사랑과 선택을 갈망하던 어린 시절의 소망이 반복되는 것이라 볼 수 있다.

당신은 어쩌면 '왜 부모와 닮은 사람을 선택하지?'라고 의아해할지도 모르겠다. 단순하다. 인간은 익숙한 것에 끌리도록 만들어졌기 때문이다! 익숙함은 곧 안전함을 뜻한다. 그 익숙한 대상이 우리를 학대했던 부모, 통제하려 했던 어머니, 무심했던 아버지일지라도, 그러한 관계에 있을 때 행복하지 못했다 해도, 우리 뇌는 익숙하다면 종종 그 방향을 선택한다.

온라인 커뮤니티 '라이징 우먼Rising Woman'의 설립자 셸리나 아이야나Sheleana Aiyana는 이렇게 말했다. "갈망은 상처에서 비롯되고, 선택은 자존감에서 비롯된다."

미라는 아픔을 경험함으로써 갈망을 품게 되었다. 때때로 자기 존재가 하찮다고 생각했기 때문에 그녀는 자신이 사랑스러운 존재임을 증명하고자 끊임없이 노력했다. 뭔가를 갈망하는 건 상처받은 내면 아이가 주도하는 행동이다. 어떤 식으로든 거절당한 기분이 들게 하는 부모나 형제, 공동체 안에서 자랐다면 성인이 된 후에도 그와 유사한 기분이 들게 하는 사람에게 끌릴 가능성이 높다. 그러한 관계가 고통을 주리라는 사실을 이미 알고 있어도, 우리의 무의식은 어린 시절에 만들어진 청사진에 부합하면 그것이 정상이고 익숙하다고 판단한다. 그래서 무의식중에 계속 거절당하는 느낌이 드는 상황에 머물려고 하는 것이다.

2. 이번에는 다른 결말을 맺으려는 시도

또 다른 이유는 우리를 아프게 했던 원래의 경험을 다른 결말로 바꿔보려는 마음 때문이다. 내면의 상처받은 아이는 과거 자신에게 상처를 주었던 상황과 유사한 상황을 선택하지만 이번에는 다른 결말이 맺어지기를 희망한다. 그녀 곁에서 함께해주지 못했던 아버지와 닮은 사람을 선택하면서 이번에는 그의 사랑을 쟁취할 수 있기를 소망한 미라처럼 말이다.

우리는 왜 이런 행동을 할까? 프로이트는 과거에 미흡했던 점을 보완하여 '완성된 결과'를 얻고자 함이라고 보았던 반면, 다른 학자들은 당시의 어린아이가 과거의 상처와 결핍을 만회하려는 것으로 보았다.[15] 어린 미라는 자기가 뭔가를 잘못했기 때문에 아버지가 멀어졌다고 생각했다. 자신이 부족하거나 과하거나 혹은 사랑스럽지 못했기 때문이었다고 생각한 것이다. 그래서 아버지를 닮은 사람에게 끌렸고, 이번에는 상대가 자기를 선택하게 함으로써 자기가 사랑받을 가치가 있는 사람임을 증명하고 싶었다.

우리는 다음에는 결과가 달라지기를 기대하며 같은 패턴을 반복한다. 하지만 안타깝게도 그렇게 될 가능성은 거의 없으며, 과거의 상처를 되살아나게 할 뿐이다. 강박적인 집착을 통제하기 힘든 이유, 거절당한 후의 고통이 그렇게 강렬하고 깊은 이유가 바로 여기에 있다. 지금 좋아하는 사람으로부터 받은 고통뿐 아니라 과거에 겪었던 모든 거절의 아픔까지 함께 더해지기 때문이다. 그리고 그 고통으로 아파하는 존재는 과거 원했던 방식으로 곁에 있지 않았던 부모로 인해 두렵고 상처받았던 우리 안에 있는 어린아이다.

3. 통제권을 되찾기 위한 방편

누군가 우리를 거부할 때 우리는 완전히 통제권을 잃어버린다. 말 그대로 속수무책이다. 그럴 때 상대가 나를 원하지 않는다는 사실을 받아들이면 그 아픈 감정들을 정면으로 마주해야만 한다. 그런 고통스런 상황을 마주하고 싶지 않은 우리의 무의식은 결국 상황을 받아들이기보다 통제권을 되찾으려는 시도를 하곤 한다. 그렇게 계획하고 생각하는 동안은 상황을 통제하고 있다고 느끼며, 완벽하게 들어맞는 말이나 행동을 생각해낼 수만 있으면 상대를 되찾을 수 있으리라고 믿는다.

앞서 불안은 통제할 수 없는 상황을 통제할 수 있다고 느끼기 위한 방편이라고 말했던 것을 기억하는가? 미라가 제이를 되찾기 위해 할 수 있는 일은 없었다. 그럼에도 그녀는 제이에게 집착하고 이런저런 계획을 세움으로써 그에게 거절당하는 상황을 막을 수 있으리라 착각했다.

마음 들여다보기

당신이 관계를 맺는 패턴에 대해 생각해보자. 좋아하는 유형의 사람을 생각했을 때 가장 먼저 떠오르는 특징은 무엇인가? 여기서의 질문은 '어떤 외모를 가진 사람을 좋아하는가?'가 아니다. 그보다는 당신이 끌리는 상대의 자질과 소통 방식, 어떤 상황에서 주로 설레는지를 생각해보라는 거다. 어떤 패턴이 존재하는가? 어린 시절 당신을 둘러싼 관계와 유사한 점이 있는가? 당신이 끌리는 특성(건전하든 건전하지 못하든)을 주의 깊게 살펴보고 그것이 어떤 식으로 당신에게 익숙하다는 느낌을 주는지 생각해보자.

현실을 받아들이고
맘껏 슬퍼하라

강박적인 집착에서 조금씩 벗어나면서 미라는 부모님의 이혼 후 자신이 얼마나 힘든 시간을 보냈는지 조금씩 털어놓기 시작했다. 어느 날은 학교에서 돌아와 보니 어머니가 바닥에 주저앉아 깨진 달걀 한 상자를 들고 울고 있었다고 했다.

"아버지에게 다른 여자가 생겼어! 더 예쁘고 젊은 여자란다. 이렇게 나이 든 내가 어떻게 그 여자의 경쟁 상대가 되겠니? 아버지가 떠난 건 당연해."

미라는 깨진 달걀을 주워 담아 다시 저녁 식사를 준비하면서 자기 때문에 부모님이 이혼했을지도 모른다는 생각이 들었다. 엄마가 불행해진 것도 자기 때문인 것 같았다. 자기만 아니었으면 아버지가 떠나지 않았을지도 모른다는 생각이 들었다. 그리고 현재, 제이가 거리를 두고 진심을 보여주지 않자 어린 시절에 느꼈던 감정이 되살아나면서 미라는 사람들이 떠나는 이유가 모두 다 자기 때문이라고 생각했다.

나는 미라의 이야기를 들으면서 깊은 슬픔을 느꼈는데, 정작 미라는 별 감정을 느끼지 않는 듯 보였다.

"과거 이야기가 어떻게 도움이 된다는 건지 잘 모르겠어요."

미라가 어깨를 으쓱해 보이며 말했다. 어떤 면에서는 미라의 말이 맞을지도 모른다. 부모의 이혼과 그로 인해 경험해야 했던 모든 감정이 이제는 제이에게 투사되고 있으니까. 미라가 오로지 제이에 관한 이야기만 하고 싶어 한다면 그녀가 원하는 지점에서 시작해야 한다. 나는 방법을 바꿔서 제이가 냉랭한 태도를 보일 때 그녀가 어떤 감정을 느끼는지에 초점을 맞추기로 했다. 미라는 토할 것 같다고 했다. '이런 일이 일어날 줄 알았다' 같은 필연적인 느낌이 든다고 했다. 내가 제이가 떠났다는 사실을 받아들일 수 있느냐고 묻자, 그녀는 마음이 너무 아프다면서 그럴 수 없다고 했다.

"울음이 터져서 멈추지 않으면 어떡해요?"

많은 사람이 이와 비슷한 두려움을 느끼지만 다들 알고 있다. 언젠간 눈물을 그칠 수 있으리라는 것을 말이다. 사람들이 두려워하는 이유는 슬퍼하는 과정에서 자신이 무너질까 봐, 마음이 찢겨서 그 후의 삶을 온전히 살아가지 못할까 봐서다. 물론 일시적으로는 그럴지 모른다. 슬픔에 못 이겨 침대에 파묻혀 울고 분개하면서 먹지도 자지도 못하며 직장 일까지 놓아버릴 수도 있다.

마음 놓고 슬퍼하기 위해서는 현재의 상황이 안전하다고 느낄 수 있어야 한다. 그럴 수 있는 시간과 공간이 있어야 하고 정신적으로 지지해주는 사람이 필요하다. 심적으로 압도되는 느낌을 받을 수도 있지만 대부분의 경우 끝이 있는 과정이다. 상실감을 충분히 느끼고 나면 고통은 서서히 가라앉는다.

미라가 눈물이 글썽한 눈으로 나를 보며 말했다.

"그를 잃었다는 걸 받아들여야 하겠지요?"

여기서 그는 제이만을 뜻하는 게 아님을 우리는 이제 알고 있다. 나는 단호하지만 안도하는 마음으로 고개를 끄덕였다.

미라가 드디어 현실을 받아들이게 된 것이다. 미라는 펑펑 울면서 온몸으로 제이를 잃은 슬픔을 느꼈다. 그리고 부모의 이혼과 어머니의 나약함, 아버지의 새 가족을 생각하며 마음껏 슬퍼했다.

현실을 받아들이고 슬퍼하는 과정이 집착을 치유하는 핵심이다. 현실을 받아들인다는 말은 '그런 일이 있었고, 아팠어. 하지만 내가 할 수 있는 일은 없어. 그러니 이제 새로운 삶을 살아야 해'라고 자신에게 이야기해주는 것이다. 제이를 떠나보내고, 아버지에게 느꼈던 슬픈 감정을 완전히 털어버리기 위해서 미라는 그로 인한 아픔과 상실감을 제대로 경험할 필요가 있었다.

강박적인 집착을 내려놓는 연습

미라의 이야기를 통해 소개한 치유 전략은 시간이 매우 오래 걸린다. 당장 효과를 볼 수 있는 방법으로는 다음과 같은 일들을 시도해보면 좋다.

1. 집착을 부추기는 요인을 피하자. 집착의 대상을 대화 중에 자꾸 언급하거나 그와 있었던 일들을 되풀이해서 이야기하지 말라. 그건 활활 타고 있는 장작불에 계속 부채질을 하는 꼴이다. 그에 대해 자꾸 이야기할수록 불길은 점점 더 타오른다. 가능하면 거리를 유지하고 연락도 하지 말라. 대상을 가까이 두면 집착을 키울 뿐이다. 장작불이 저절로 꺼지게 그냥 가만히 놔두어라.

2. 혼자서도 온전한 존재임을 깨닫는다. 에너지를 자신에게 집중하고 좋아하는 일에 몰두하라. 자신을 즐겁게 하는 일을 우선으로 하다 보면 행복하기 위해 다른 사람에게 의존해야 한다는 생각이 줄어들 수 있다.

3. 슬퍼할 시간을 갖는다. 이제 끝났다. 그들은 이제 내 곁에 없으며 당신이 할 수 있는 일은 아무것도 없다. 상실의 아픔이 당신을 지나가도록 내버려두자.

두려움

왜 나쁜 줄 알면서도 불행을 선택하는가

미라는 6개월 정도 애도의 시간을 보낸 후 다시 연애할 준비가 되었다고 느꼈다. 연달아 데이트를 하고 와서 매주 상담 시간에 내게 감상을 들려주곤 했다. 그러다 보니 상담 시간마다 미라의 데이트 상대를 놓고 수박 겉핥기식의 품평회를 여는 셈이 되었다. 한 번은 그녀가 상대 남자들의 사진을 보여주기도 했다. 모두 괜찮아 보였는데 미라의 마음에는 차지 않는 것 같았다. 착한데 너무 고지식하거나, 매력적인데 관심이 가지 않거나, 너무 날카롭거나, 너무 착하기만 하거나 등등. 안타깝게도 결론은 모두 '제이 같지 않다'는 거였다.

너무 착한 게 왜 문제가 될까? 지루하고 안정적인 사람에게는 왜 관심이 가지 않을까? 성실하고 잘해주는 사람에게는 끝리지 않는 이유 몇 가지를 살펴보면 다음과 같다.

첫째, 막장 드라마만큼 재밌는 건 없기 때문이다. 만약 혼란스러운 가정환경에서 자랐다면 평온하고 느긋한 상황이 오히려 편안하지 않을 수도 있다. 그렇게 긴장을 주는 상황을 선택하고 너무 잘해주는 사람을 거절하면서 자신에게 익숙한, 다시 말해 안전하게 느껴지는 혼란스러운 환경을 재현하려고 한다.

둘째는 스스로 좋은 대우를 받을 자격이 없다고 느껴서다. 우리의 무의식적 자아는 스스로 받아 마땅하다고 생각하는 대로 자신을 대우하는 사람에게 끌린다. 사랑과 존중을 받고 자랐다면, 자신을 사랑하고 존중해주는 사람을 선택할 것이다. 자신이 그런 대우를 받을 가치가 있는 사람이라고 생각하기 때문이다. 그러나 건강한 방식으로 사랑받지 못했다면, 성인이 된 후에도 그런 대우를 받아 마땅한 사람이라는 생각으로 유사한 방식의 관계를 추구하려 한다. 연애든 우정이든 직장 관계든 어떤 유형의 관계를 선택하는가의 문제는 당신의 사회적 지위와 계층, 교육, 인종 등에 따라 달라질 수 있지만 스스로 생각하는 자신의 가치도 중요한 부분을 차지한다.

셋째, 가까워지기를 두려워하기 때문이다. 자신을 잘 대해주지 않거나 성실하지 못해서 감정적으로 가까워지기 어려운 사람을 갈망함으로써 너무 깊이 사랑하게 되거나 취약해지는 것으로부터 자신을 보호하려 든다. 나쁜 남자를 선택하면 그에게

의존하거나 마음 깊이 받아들이는 데 따르는 두려움을 직면할
필요가 없다.

가까워질 수 없는 사람을
선택하는 심리

'관계를 맺을 수 없는 것'과 '감정적으로 가까워질 수 없는
것'은 각기 다른 개념이다. 이미 결혼했거나 당신에게 성실할
수 없는 사람을 좋아한다면, 당신은 관계를 맺을 수 없는 사람
을 좇는 것이다. 한편 감정적으로 가까워질 수 없는 사람은 구
분하기가 조금 더 어렵다. 그들은 관계를 맺고는 싶어 하지만
가까워지기를 두려워하기 때문이다.

만약 감정적으로 가까워지기 어려운 사람을 선택하는 경향
이 있다면 어쩌면 당신도 친밀해지기를 두려워한다는 의미일
수 있다. 우리는 어려서부터 너무 감정적이거나 예민한 건 좋
지 않다는 말을 들으며 자랐다. 마음을 너무 열었다가 창피를
당하거나 거부당한 경험이 있는지 생각해보자. 사람을 멀리하
거나 마음을 열지 않는 사람을 선택함으로써 자신을 보호하려
는 성향은 어린 시절에 안전감을 확보하기 위해 습득한 대처
기술이다. 문제는 성인이 된 다음에는 그 기술이 유익하게 작

동하지 않는다는 데 있다. 만약 지금 사귀고 있는 사람이 마음을 열지 않는데 당신은 상황이 달라지기를 원하는가? 그렇다면 스스로 취약해지는 위험을 감수하면서 먼저 나서서 노력하는 것이 최선이다. 상대방을 변화시키려 들거나 그들의 마음을 열기 위해 애쓰는 대신 당신의 내면으로 주의를 돌려보자.

예를 들어 제이는 사랑에 빠지기를 간절히 원하지만 감정적으로 가까워지기 힘든 사람이었다고 봐도 무리가 없다. 상대방에게서 결함이 보이는 즉시 관계를 방해하는 요인을 끌어들이기 때문이다. 제이는 상처받을 걸 각오하고 실질적인 관계를 발전시키기보다는 환상 속의 관계에서 살다가 그것이 현실로 다가오면 달아나는 방식이 더 쉽다는 걸 깨달았다.

미라도 관계의 환상 속에서 살았다. 그녀의 환상은 과거에 고착되어 있었으며 떠나간 애인이 다시 돌아오는 각본으로 구성되어 있었다. 이미 떠난 사람에게 집착하는 행동 역시 감정적 친밀감을 피하는 대처 방식 중 하나다. 떠난 애인을 떠올리며 공상하는 동안에는 또다시 상처받을 위험으로부터 자신을 보호할 수 있기 때문이다.

건강한 사랑은
기쁨과 두려움을 함께 받아들인다

시추에이션십situationship이라고도 하는 애매한 관계는 말 그대로 연인인지 친구인지를 굳이 규정짓지 않으며 서로에게 얽매이지 않는 관계다. 상대방이 왜 관계를 진전시키려고 하지 않는지 궁금해하면서 몇 달, 심지어는 몇 년을 보내는 사람도 있다. 그런데 사실은 그걸 궁금해하기보다는 '나는 왜 이렇게 애매한 관계를 이어가고 있는가?'에 초점을 맞춰야 한다.

하지만 너무 걱정하지 마라. 나도 여러 번 그런 고민에 빠져보았으니까. 상대가 우리 관계를 분명하게 규정하지 않으려 하거나 성실하게 임하지 않을 때마다, 나는 도대체 뭐가 문제인지 이해하려고 안간힘을 썼다. 그 남자가 회피 애착형이거나 어린 시절에 트라우마가 있나? 관계에 얽매이는 걸 왜 그렇게 두려워하는 걸까? 어떻게 하면 그가 확신을 가질 수 있게 도와줄 수 있을까? 내가 차분하고 이성적이며 너무 많은 것을 요구하지 않았다면, 충분히 재미있는 사람임을 보여주고 그들이 원하는 것을 충족시켜주었다면, 나와 좀 더 많은 시간을 보내고 싶어 했을지도 모른다고 생각했다.

이후 심리학을 공부하고 심리치료를 받으면서 애초에 내 질문이 잘못되었다는 사실을 깨달았다. 내가 생각해야 하는 건

'나는 왜 이 관계를 기꺼이 받아들이고 있는가?'였다. 나는 왜 이런 상황을 끝내지 못하는가?

그리고 또 하나 깨달은 점은 늘 사람을 사귀고 싶다고 말하며 상대를 찾았지만 마음속 깊은 곳에는 두려움이 있었다는 사실이다. 내가 선택하는 사람만 관계에 성실하게 임하지 못하는 게 아니었다. 그런 관계에 계속 머무르면서 나 역시 관계에 매이길 두려워하고 있었다. 처음에는 조금 혼란스러웠다. 누구보다 진지한 관계로 발전시키고 싶어 한 사람이 바로 나였고, 그러기 위해 어떤 노력도 할 의지가 있었기 때문이다. 하지만 정작 현실에서 나는 위험부담이나 친밀감이 없는 관계만을 추구했고, 애매한 사이를 유지하는 한 나는 관계에 얽매일 필요가 없었다. 그러한 관계는 누군가를 마음에 들이고 의지하는 데서 오는 두려움으로부터 나를 보호해주었던 것이다.

마음 들여다보기

왜 마음을 열지 않는 사람을 선택할까? 어린 시절 곁에 있는 어른이 자기감정을 드러내지 않는 사람이었나? 혹 익숙한 환경을 재현하고 있는 것은 아닌가?

감정적으로 가까워지기 어려운 사람을 선택하는 것이 친밀감이 주는 위험으로부터 자신을 보호하는 방편이라는 데 동의한다면, 왜 근본적으로 취약해지기를 두려워하는지 생각해볼 필요가 있다. 과거에 어떤 경험이 있었나? 취약함을 드러냈다가 거절당한 경험이 있는가? 누군가와 너무 가까워지지 않도록 자신을 보호해야 한다고 생각하는 이유는 무엇인가?

누군가를 의지하고 사랑하는 일은 사람이 할 수 있는 가장 용감한 행동 중 하나다. 이는 비단 연애 관계뿐만 아니라 모든 형태의 사랑에 해당된다. 우리는 항상 상대가 언제든 떠날 수 있다는 위험을 감수하며 살아간다. 많은 이들에게 사랑이 아프고 두려운 이유가 바로 이것이기도 하다. 누군가를 마음에 들인다는 건 자신에 대한 위협일 수도 있다. 우리가 통제할 수 없는 영역의 일이기 때문이다. 바로 그런 점에서 우리는 마음을 닫거나 아니면 더 절실하게 매달린다.

그러나 담대하고 건강한 사랑은 누군가를 온전히 받아들이는 동시에 그들이 언제고 떠날 수 있다는 사실을 인정하면서, 그에 따르는 모든 두려움과 고통(그리고 모든 즐거움과 기쁨)을 받아들이는 것이다.

내 안의 거절에 대한
두려움과 불안을 인정하기

다른 사람이 감정적으로 좀 더 쉽게 다가올 수 있게 하려면 먼저 당신에게도 친밀감을 회피하는 성향이 있다는 사실을 인지해야 한다. 설사 당신이 훨씬 더 적극적으로 매달리는 상황이라고 해도(애착 유형에 관해서는 뒤에서 더 자세히 살펴볼 것이다), 사실은 취약해지고 가까워지는 걸 두려워하고 있을 수도 있다. 왜 그러는지 스스로 관심 있게 살펴보자. 문제가 무엇인지 정확히 알아보지 않고는 문제를 해결할 수 없다.

당신의 관계 패턴에 대해 의식적으로 한번 생각해보자. 어떨 때 두려움이 촉발되는가? 언제 멀어지고 싶거나 마음을 닫고 싶어지는가? 관계를 맺을 수 없는 상대를 계속 선택한다면 그 이유는 무엇인가? 가까워지는 게 왜 두려운가? 그러한 두려움은 어디에서 비롯되었을까? 어린 시절 누군가와 친밀해지는 건 위험하다는 생각을 하게 만든 경험이 있었는가? 스스로 보호해야 한다고 생각하게 된 계기가 있었는지 생각해보자.

두려움에 대해 생각해봤다면 다음 단계로 그 느낌을 그대로 받아들여보자. 친밀해지고 가까워지는 것은 당신에게 얼마나 두려운 일인가? 누군가와 친밀해지고 싶은 갈망이 강했다가 거부당하는 바람에 실망했던 경험이 떠오를 수도 있다. 당신은 상대에게 더 집착하면서 모든 책임이 그에게 있다고 생각할 수도 있다. 만약 그렇다면, 그에게 쏠려 있는 감정과 생각을 당신 자신에게로 돌려보자. 가까워지고 친해지고 싶은 당신을 밀어낸 상대에게 화가 나는가? 관계를 맺을 수 없는 사람을 원하는 것이 사실은 친밀감을 부정하는 행위임을 생각해보자.

문제가 무엇인지 정확히 파악하고, 친밀감에 대한 두려움을 이해하고, 그것에 공감했다면 그다음은 '행동하기'다. 두려움에 따라 행동하지 않으려면 관계에 임하는 태도가 달라져야 한다. 가장 좋은 방법은 그 두려움을 파악하고 상대방과 그것에 관해 대화를 나누는 것이다. 당신의 취약한 면을 내보이고 상대에게 의존해보자. 만약 당신이 불안해하면서 관계에 매달리는 상태라면, 당신이 상대에게 품고 있는 거절에 대한 두려움과 불안을 솔직하게 표현하는 것도 하나의 방법이다. 만약 당신이 회피적 애착 유형이라면(266쪽 참조) 거리를 두려고 하는 당신의 행동이 사실은 상대에게 버려지거나 상처받을지도 모른다는 깊은 두려움에서 기인한다는 사실을 솔직하게 이야기하자.

당연히 하루아침에 모든 것이 나아지지는 않을 것이다. 이 모든 변화를 위해서는 꾸준한 노력이 필요하다. 변화는 소소한 찰나에 조금씩 일어난다. 어려운 대화를 하다가, 또는 바운더리를 설정하다가, 서로 맞지 않는다는 사실을 깨달았을 때, 자신에게 맞지 않는 상황으로부터 돌아서기로 마음먹는 순간, 또는 자신의 두려움 때문에 관계를 망치고 있음을 스스로 인정하는 순간, 조금씩 달라지는 자신을 발견할 수 있을 것이다. 변화에 대해 생각했을 때 압도당하는 느낌이 들거나 두려움이 밀려온다면 일단 작은 걸음부터 한번 떼어보자. 그렇게 한 걸음 내딛고 나면 어느새 변화의 과정에 들어선 자신을 발견하게 될 것이다.

치유를 도와줄 수 있는 상대를 선택하라

이제 당신 자신에게 초점이 맞추어졌다면, 그동안 선택했던 상대가 당신이 마음을 열고 가까워지는 데 방해가 됐는지 혹은 도움이 됐는지 생각해볼 수 있다.

누군가와 깊은 관계로 발전하는 데 있어 가장 중요한 첫걸음은 감정적으로 가까워질 수 있는(또는 그러려고 노력하는) 사람을 선택하는 것이다. 가까워질 의사가 없는 사람을 계속 선택한다면 당신도 나아지기가 어렵다. 그러므로 지금 연애 중이거나 새로운 상대를 만날 생각이라면 감정적으로 열려 있고 다가갈 수 있는 사람, 아니면 최소한 그렇게 되려고 노력하는 사람을 선택하라.

어떤 상대를 선택하는지를 살펴보면 당신의 상처를 알 수 있다. 우리는 대부분 어린 시절 자신의 양육자에게서 봤던 장단점을 가지고 있는 사람에게 매료된다. 예를 들어 어린 시절에 바운더리가 분명하지 않은 상태로 자랐다면, 성인이 된 후에도 그런 사람에게 끌릴 수 있다. 혹은 정반대로 바운더리가 지나치게 분명한 사람에게 끌릴 수도 있는데, 이는 그와의 관계는 안전할 거라 착각하기 때문이다.

이러한 반복강박repetition compulsion은 '이전 상태로 돌아가고 싶은 욕구'인데 프로이트가 제시한 여러 이론 가운데 오늘날에도 여전히 유효한 이론이다. 어린 시절에 나를 힘들게 했던 관계의 문제점이 해결되지 않은 채 남아 있을 때, 우리는 과거의 관계 양상과 유사성을 가진 연애 상대나 친구를 선택한다. 다시 한번 시도해서 이번에는 잘해보고 싶은 욕구가 솟아오르기 때문이다.

이러한 욕구는 성인이 된 후 여러 양상으로 나타난다. 부모가 좀 더 개방적이고 자신을 존중해주기를 바라며 자랐다면 회피적이고 무심한 상대를 선택해서 그를 변화시키려고 노력할 수도 있다. 아니면 돌봐줘야 할 것 같은 사람을 선택해서 어린 동생이나 병약한 부모를 돌봐야 한다고 느꼈던 어린 시절의 감정을 재현하고자 할 수도 있다. 의식적으로 전혀 다른 사람을 선택해서 전적으로 부모를 거스르려는 경우도 간혹 있긴 하지만 일반적으로 우리의 무의식은 자기도 모르게 익숙한 상황을 재현하고자 한다. 부모가 당신을 한없이 예뻐하다가 어느 순간 한없이 냉랭해졌었다면, 성인이 된 후 뜨거울 때와 차가울 때의 온도 차이가 크고 기분 변화가 심한 사람에게 끌리거나 반대로 감정의 진폭이 거의 없는 사람을 선택할 수 있다. 과거의 경험을 그대로 비춰주는 사람을 선택하든, 정반대의 사람을 선택하든 결국 상대를 선택하는 근거는 어린 시절의 상처에서 비롯된다.

치유를 시작하고 나에게 도움이 되는 상대를 선택하려면 제일 먼저 내가 끌리는 상대의 유형에 주의를 기울일 필요가 있다. 바로 거기서 치유가 필요한 부분을 발견할 수 있기 때문이다.

잘못된 내면 아이의 시각에서 벗어나는 법

부모의 사랑과 존중을 받으며 자랐다면, 우리는 스스로 그런 대우를 받을 만한 사람이라고 생각하게 된다. 하지만 그렇지 못했다면 다른 사람을 통해 어린 시절의 그 결핍을 채우려고 한다. 정서적 공허를 채우려는 이러한 욕구와 갈망이 우리를 파괴적인 관계에 쉽게 빠져들게 만든다.

미라의 부모님이 이혼했을 때, 미라의 어머니는 심한 불안감에 빠졌으며 미라 곁에 많이 있어주지 못했다. 이런 경험은 심각한 트라우마를 남기지는 않지만 어린 미라로서는 자기의 존재가 거부당했으며 무가치하다고 느꼈을 것이다. 때로는 과거에 경험한 작은 트라우마들이 지속적으로 영향을 미치기도 한다.

미라가 다른 남자들은 '제이 같지 않아서' 싫다고 했을 때, 내게는 그 말이 '아버지 같지 않아서' 또는 '엄마 같지 않아서'라는 말로 들렸다. 미라가 알고 있는 사람들은 대부분 일관성이 없었기 때문에 그녀는 착하고 예측 가능한 사람에게는 관심이 가지 않았던 것이다. 약속 시간을 잘 지키고 관계에 헌신적이며 미라를 좋아하는 사람은 미라의 내면에 있는 아이의 관심을 끌지 못했다. 그 아이에게는 이번에야말로 아버지가 자기를 선택하도록 만드는 게 무엇보다 중요했기 때문이다.

이러한 행동 양식에서 벗어나기 위해서는 자신의 성장 과정을 깊이 이해하고 감정의 '뿌리'를 찾는 것이 중요하다. 자라온 과정을 자신의 일부로 인정하고 과거의 감정에 온전히 공감하며 그것들을 내면화하여 진실이라고 믿고 있었던 사실들을 재정리해야 한다.

'나에게 맞는' 사람을
어떻게 선택할 수 있을까?

미라가 데이트를 계속할수록 내 인내심은 점점 바닥을 드러냈다. 미라는 계속 다정하고 착한 남자를 거부하고 제이를 닮았거나 불성실한 상대를 선택했다. 롤러코스터 같은 짧은 연애가 끝나면 실의에 빠진 채 나를 찾아와 깨진 인연의 조각을 꿰맞췄다. 그러는 동안 나도 가시적인 변화 없이 한도 끝도 없는 대화를 반복하는 데 지쳐가고 있었다.

하루는 최근에 만난 남자와 그녀 아버지의 유사성을 함께 살펴보고 난 뒤, 그녀가 말했다.

"내가 아버지 같은 남자를 찾고 있다는 건 알겠어요. 그런데 대체 어떻게 해야 멈출 수 있는 거죠?"

미라는 이제 자신이 부모와 같은 사람을 선택한다는 사실을 인지하고 있었다(내가 그동안 상담 때마다 충분히 강조했으니까). 하지만 그것만으로는 변화를 가져오기가 힘들었다. 치료가 한계에 다다른 것 같은 절망감을 느끼며 나는 새로운 방법을 시도해보기로 했다. 이성적인 접근은 답이 아니었다. 이미 머리로는 충분히 이해하고 있었기 때문이다. 대신 그녀의 취약한 부분에 집중하기로 했다. 나는 이렇게 말했다.

"당신이 지금 힘든 건 제이나 다른 남자들 때문만이 아니에요. 당신의 아버지 때문에 슬프고, 어머니가 그 시절에 당신에게 해주지 못한 것들 때문에 힘들어하고 있어요. 부모님은 당신이 갈망하는 사랑과 관심을 결코 줄 수 없다는 사실을 이제 받아들여야 해요."

정적이 흘렀다. 방 안에 슬픔이 짙게 깔리는 듯했다. 미라는 눈물을 삼키느라 안간힘을 쓰고 있었고, 나는 우리가 갇혀 있는 이해의 쳇바퀴에서 벗어나기 위해 그녀를 더 압박해보기로 했다.

"힘들어 보여요. 긴장을 풀고 차오르는 감정을 그대로 다 느껴보면 어때요?"

"그건 감당할 수 없을 것 같아요. 너무 힘들어요."

그녀가 떨리는 음성으로 대답했다.

그렇지만 목이 메는 걸로 봐서 이미 감정이 느껴지기 시작한 듯했다. 미라는 지금까지 상담실에서 여러 번 울었지만 이번에는 달랐다. 더 깊고 솔직한 울음이었다. 이제야 비로소 진정한 슬픔의 근원에 닿은 듯했다.

다음 상담 시간에 미라를 만났을 때, 그녀는 지난주 상담실에서 울음을 터트린 후 집에 가서도 한참을 흐느껴 울었다고 내게 고백했다. 어린 시절 아버지가 오기만을 기다리며 대문을 뚫어져라 바라봤던 자신이 떠올랐다고 했다. 어린 미라는 늘 자기가 어떻게 하면 모든 걸 예전으로 되돌릴 수 있을지 생각했다. 이혼 후에 엄마는 많은 시간 동안 무기력해했다. 곁에 있지만 영혼은 다른 곳에 가 있는 듯했던 어머니는 바로 제이의 모습이었다. 엄마의 주의를 끌기 위해 일부러 말썽을 부리던 일도 기억났다. 엄마의 관심을 돌리고자 물건을 깨뜨리거나 떼를 쓰면서 말이다.

미라는 그 후로 데이트를 할 때면 이 기억을 계속 염두에 두었다. 상대가 며칠 동안 문자에 답을 하지 않거나 약속을 지키지 않아서 불안과 긴장감이 몰려올 때면, 자기 내면의 어린 미라를 떠올렸다.

"어린 미라는 그런 대우를 받을 이유가 없었어요. 지금의 저도 이런 대우를 받을 이유가 없고요."

미라는 처음으로 자기를 얽매이게 하는 상대와의 관계를 단호하게 끝내고 나서 당당하게 말했다. 그렇다고 해서 미라가 일관성 없는 남자들에게 더 이상 끌리지 않았다는 말은 아니다. 하지만 이제 미라는 그런 관계가 자신을 행복하게 하지 못한다는 사실을 알고 다른 선택을 하고자 노력한다. 그녀는 한결같고 그녀의 문자에 성실하게 답하며 만나면 그녀만큼이나 반가워하는 사람과 좀 더 많은 시간을 보냈다. 그렇게 리암을 만났다. 그는 다정하고 재미있고 자상한 사람이었다. 제이에게 그랬듯이 뜨겁게 끌리지는 않았지만 리암은 대화 시간을 즐겁게 만드는 법을 아는 사람이었다. 리암의 온화한 성품은 미라에게 편안하고 안전한 느낌을 주었다. 그렇게 미라는 조금씩 평범한 일상의 재미를 깨달아가기 시작했다.

가끔 상대에게 설레고 갈망할 때의 긴장감이 그리울 때도 있지만 안전하게 사랑받는 느낌이 얼마나 중요한지 그녀는 이제 이해한다. 마지막 상담을 위해 만났을 때, 미라는 이러한 관계가 조금은 지루하다고 했다. 그리고 활짝 웃으며 덧붙였다. 사랑이라는 게 원래 그런 거 아니겠냐고.

미라는 마침내 아버지를 잃은 슬픔과 어머니의 정서적 지지를 받지 못했던 허전함을 애도하면서, 두 분은 바뀌지 않았을 것이고 모든 건 자신의 잘못이 아니었다는 사실을 받아들였다. 그렇게 인정하고 나서야 아주 오랜 시간 고착되어 있던 불안한 관계의 패턴에서 벗어날 수 있었다. 마침내 과거의 관계 패턴을 인지하고 스스로를 아끼며 자신의 가치를 존중하는 관계로 나아간 것이다.

정서적으로 건강한 상대를 찾는 연습

- 함께 있으면 마음이 안정된다. 상대가 당신의 신경 체계를 자극해서 불안하게 만들지 않는다. 안전하고 평온하다. 심지어 졸리거나 피곤한 느낌이 들 수도 있다.
- 일관성이 있고 말과 행동이 일치한다.
- 당신의 감정을 이해하고 공감한다. 당신의 감정을 외면하지 않고 때로 힘들고 감정적인 대화에도 참을성 있게 응할 줄 안다.
- 자기 과거에 대한 이해도가 높고 그것이 자신에게 어떤 영향을 미쳤는지 인지하고 있다.
- 가볍고 장난스러운 면이 있지만 필요할 때는 진지할 줄도 안다.

어린 시절에 관계의 어려움을 겪고 큰 실망을 경험했다면, 성인이 된 후 감정적으로 건강한 사람과의 관계에서 곧바로 안전감을 느끼고 위로받기가 힘들 수 있다. 이 사실을 먼저 이해하고 인정해야 한다. 시간을 가지고 반복적으로 안전감을 확인하는 경험을 쌓다 보면 점차 상대에 대한 신뢰가 쌓일 것이다. 신뢰를 쌓아가기 위해선 시간이 필요하다. 처음에는 불안하고 두려운 느낌이 들지만 시간이 흐르면 그 안에서 안전감이 생긴다.

3

관계를 유지할 때
생각해야 할 것들

애착

어린 시절의 내가 지금의 관계를 결정한다

코너는 애비를 보자마자 자기가 원하는 바로 그 사람이라는 걸 알았다. 파란색 새틴 원피스를 입는 그녀는 머리카락을 휘날리며 친구들과 춤을 추고 있었는데, 음악과 전혀 맞지 않았는데도 우스꽝스럽지 않고 멋져 보였다. 코너는 그녀의 에너지를 가까이 느껴보고 싶어서 슬그머니 다가갔다. 그녀도 그를 보고 활짝 웃었고, 두 사람은 밤새도록 서로의 곁을 떠나지 않았다.

처음 몇 달은 열정과 낭만이 넘치는 행복한 시간이었다. 우리 대부분이 그렇듯 처음에는 그랬다. 문제는 관계가 발전하면서 시작됐다.

코너는 최근 승진을 하면서 야근이 잦아졌고 애비와 함께하는 시간은 자연스레 줄어들었다. 반면 프리랜서 작가인 애비는 일거리가 없어서 고민 중이었고, 또 코너와 더 많은 시간을 함께 보내고 싶어 했다. 애비는 모든 일에 성급했고, 코너는 조금 진중한 편이었다. 만난 지 6개월쯤 되었을 때 애비는 코너에게 함께 살자고 제안했다. 애비로서는 적당한 시기라고 생각했지만 코너는 너무 이르다는 생각이었다. 애비는 친구에게든 가족에게든 기회만 있으면 코너를 소개했다.

"나랑 같이 있고 싶기는 한 거야?"

코너가 현재의 룸메이트와 재계약을 할 거라는 말을 했을 때 애비가 물었다. 코너는 물론 함께 있고 싶다고 말했지만 애비는 그걸로 만족할 수 없었다. 애비는 문자를 자주 주고받지 않으면 그의 마음을 의심할 것 같다고 코너에게 이야기했다. 하지만 코너는 그럴수록 문자를 보내고 싶은 마음이 없어졌다.

스트레스를 받은 코너는 점점 더 많은 시간을 친구들과 어울려 보냈다. 애비를 진심으로 사랑하지만 바쁜 일상을 보내고 난 후 휴일이 되면 그저 별생각 없이 쉬고 싶을 뿐이었다. 애비와 함께 있으면 지치는 느낌이 들었기 때문이다. 애비의 모든 감정을 받아주고 그녀를 돌봐줘야만 할 것만 같았다. 코너는 친구들에게 애비가 너무 매달리고 요구하는 게 많으며 매사를 통제하려 든다고 불평했다. 한편 애비는 친구들에게 코너가 너무 차갑고 무심하며 감정적으로 다가가기 어려운 사람이라고 불평했다.

시간이 지날수록 애비도 코너가 자기를 귀찮아하고 함께 있는 시간을 줄이고 싶어 한다는 걸 느꼈고, 이는 그녀를 더욱 불안하게 만들었다. 애비는 코너에게 일주일에 적어도 네 번은 만나야 한다고 요구하며 이렇게 말했다.

"난 너의 여자친구야. 그러니 나를 항상 보고 싶어 하는 게 당연하잖아."

코너는 또다시 익숙한 긴장감이 몰려오면서 피하고 싶어졌다. '내게서 좀 떨어져. 숨을 쉴 수가 없잖아!'라고 소리치고 싶었다. 잠시 혼자 있고 싶어진 코너는 다른 방으로 갔다. 주방에 혼자 남은 애비는 거절당한 기분이 들어 씁쓸했다. 불안감이 차올랐다. 코너는 왜 나를 사랑하지 않는 걸까? 사랑하지 않는 게 분명했다. 다급해진 애비는 코너가 있는 방으로 가서 대화를 하자며 애원하다시피 그를 다그쳤다.

애비와 코너의 욕구는 상충하고 있다. 애비는 좀 더 가까워져야 마음이 놓이는데, 코너는 적당한 거리를 원하는 상황이다. 이는 아주 일반적인 관계의 양상으로, 당신도 두 사람 중 어느 한쪽에 공감할지 모른다. 그리고 만약 그렇다면, 이는 당신의 애착 욕구가 대인 관계에 생각보다 큰 영향을 미치고 있다는 의미다.

생존을 위한 최선의 전략,
애착 경보기

애착 이론은 1969년에 심리학자 존 볼비John Bowlby가 소개한 이론으로, 어린 시절 양육자와의 관계가 다른 모든 관계에 대한 기대치를 형성한다는 내용이다.[16] 아기는 생존을 위해 친밀감의 욕구를 가지고 태어난다. 그리고 부모의 반응 방식에 적응하면서 유대를 형성해 생존 가능성을 높인다. 이때 부모가 아이에게 반응하는 방식과 아이가 부모의 반응에 적응하는 방식은 아이의 자아 및 관계에 대한 감각을 형성하는 토대가 된다.

부모가 곁에 없었다거나 폭력적이거나 무심하거나 예측할 수 없거나 지나치게 통제적이었거나 불안감이 높은 사람이었다면 이는 아이의 삶 전반에 위협 요인으로 작용한다. 그런 까닭에 성장 발달 초기에 겪은 이 같은 관계 트라우마는 나머지 인생 전체에 영향을 미치기도 한다. 그래서 다양한 애착 관계를 파악하면 그것이 성인의 관계 맺기에서 어떤 양상으로 나타나는지, 실제로 우리의 관계에 어떤 영향을 미치는지 생각해볼 수 있다.

우리 내면에는 일종의 '애착 경보기' 같은 것이 장착되어 있다. 유아기 때는 부모의 돌봄 없이는 생존할 수 없기에 부모와의 거리가 멀어지면 애착 경보가 작동된다. 이는 물리적인 분리만이 아니라 정서직 분리에도 해당한다. 부모가 불안한 상태이거나 냉담하거나 다른 데 주의를 쏟고 있으면 아이는 그걸 감지하고 애착 경보를 작동시킨다. 울거나 부모의 주의를 끌 수 있는 다른 어떤 행동을 하는 것이다. 이때 부모가 반응을 보이고 아이의 마음을 다독여주면 아이는 부모가 곁에 있음을 느끼고 안전감을 되찾는다. 아이가 신뢰할 수 있고 늘 곁에 있어주는 양육자는 그렇게 아이의 '안전 기지'가 된다. 부모가 언제든 와서 자기를 보호하고 안정시켜줄 수 있다는 걸 알면 아이는 안심하고 세상을 탐색하며 놀이에 열중할 수 있다(안정형 애착).

하지만 부모가 반응을 보이지 않거나 일관성 없는 반응을 보이면 아이는 불안 또는 회피 중 하나로 대처한다(불안형 애착 및 회피형 애착). 부모에게 매달리며 주의를 끌려고 하거나 아예 마음의 문을 닫고 움츠러들며 멀어지는 것이다. 그리고 이 두 가지 양상이 혼합된 형태가 나타나기도 한다(비조직화/두려움형 애착).

- ◆ **안정형 애착**: 아이가 자기 존재에 대한 자신감이 있고 달래주면 마음이 진정된다. 부모와 분리되면 불안해하지만 부모가 돌아와 위로해주면 편안해진다. 부모가 곁에 있으면 안심하고 세상을 탐색할 수 있다고 느낀다.

◆ **불안형 애착**: 아기가 불안해하며 큰 소리로 울고 소리치며 부모의 주의를 끌려고 한다. 이것이 효과를 보이면 아이는 관심을 끌려면 매달리고 울어야 한다는 것을 배운다.

◆ **회피형 애착**: 부모의 관심을 끌기 위한 전략이 통하지 않으면 아기는 울기를 멈추고 움츠러드는 쪽을 택한다. 아무도 오지 않는데 우는 것보다는 울지 않는 게 덜 고통스럽다는 사실을 배우기 때문이다. 스스로 고립되는 게 더 안전하다고 느끼고 나면, 성인이 되었을 때 마음을 열고 다른 사람을 만나는 데 어려움을 겪는다. 아이는 부모가 원하는 방향으로 발달하려는 성향을 타고나며 부모가 무의식중에 보내는 메시지를 읽고 배운다. 그러므로 울지 않고 말썽부리지 않았다는 칭찬을 받으면 아이는 자립심 있는 아이로 자라길 원하는 부모의 메시지를 그대로 읽고 받아들인다.

◆ **비조직화/두려움형 애착**: 비조직화(또는 두려움형) 애착은 불안과 회피가 복합적으로 형성된 애착 유형이다. 때로는 거절당할 것이 두려워 매달리지만 혼자 떨어져 있는 시간이 필요해 물러서기도 한다. 어린 시절 자신을 돌봐주던 양육자나 부모가 폭력적이었거나 학대를 해서 두려웠던 경험이 있을 때 이 같은 애착 유형이 형성될 수 있다. 부모의 사랑과 돌봄이 필요하지만 동시에 두렵기도 할 때 불안과 회피 성향을 동시에 지니게 되어 매달렸다가 밀어내는 양가적 행동을 보인다. 이 애착 유형

에 속하면 관계 안에서 안전지대가 없기 때문에 가장 피해가 크다. 그래서 믿을 만한 양육자 대신 다른 무언가에 중독될 가능성이 높다.

자신의 애착 유형을 진단해보기 전에 어린 시절에 부모가 당신에게 어떻게 반응했는지 한번 생각해보자.

◆ 부모가 당신의 필요에 대부분 응해주었는가? 그럴 때도 있고 아닐 때도 있었는가? 물리적인 필요뿐 아니라 정서적인 필요도 포함해서 생각해보자.

◆ 부모가 항상 곁에 있어줄 것이라는 사실을 믿을 수 있었는가?

◆ 당신의 마음을 위로하고 진정시켜주었는가?

◆ 마음을 솔직하게 털어놓는 게 자연스러웠는가? 당신의 필요를 말하고 취약성을 드러내도 괜찮다고 격려해주었는가?

◆ 부모가 두려울 때도 있었는가?

◆ 두렵거나 화가 나거나 슬플 때 누구에게 의지했는가? 부모가 아니라면 그 이유는 무엇이었나? 아버지와 어머니 둘 중 한 사람에게만 의지했다면, 의지했던 대상과 의지하지 않았던 대상과의 관계를 각각 비교해보자.

애착 유형에 따라
달라지는 관계의 양상

볼비는 우리의 애착 유형이 '요람에서 무덤까지' 영향을 미친다고 여겼는데, 광범위한 연구가 이러한 가설을 뒷받침하고 있다. 어린 시절에 형성된 애착 유형은 성인이 된 후 갈등에 대처하는 방식이나 사랑에 대한 기대, 성관계 등을 비롯하여 자존감, 전반적인 정신 건강, 회복탄력성, 스트레스 대처 능력, 학업, 직업 성과 등의 영역에까지 다방면으로 영향을 미친다.

성인이 된 후에도 우리는 어린 시절에 가졌던 애착 경보기를 여전히 가지고 있으며 특히 연인 관계에서 이는 매우 예민하게 작동한다. 안전하고 흔들림이 없다고 느껴질 때는 조용하다가 불안감이 자극되면 경보기가 작동하는데, 주로 어느 한쪽이 멀어져 불안 애착이 촉발되거나 너무 다가와서 회피 애착이 촉발될 때 그렇다. 비조직화 애착 유형의 경우에는 상대가 너무 다가오거나 일관적이지 않을 때, 또는 안정적인 거리를 유지할 때도 경보가 작동할 수 있다. 어린 시절의 관계 경험이 두려움으로 점철되어 있으면 당신 곁에 의지할 사람이 존재한다는 사실 자체도 굉장한 두려움을 유발할 수 있기 때문이다.

어린 시절 형성된 애착 유형이 성인기의 인간관계에 어떤 식으로 영향을 미치는지 좀 더 구체적으로 살펴보자. 먼저 안정적 애착 유형을 가신 사람은 사랑을 주고받을 줄 안다. 마음을 열고 관계에 성실하게 임하며 친밀감을 나누는 데 주저함이 없다. 이들은 관계가 안전하다는 믿음이 확고해서 친밀감을 나눌 때도, 필요에 따라 거리를 두어야 할 때도 불안해하지 않는다. 또한 대부분 자신이 사랑과 보살핌을 받을 가치가 있는 사람이라는 자기 정체성을 가지고 있다. 물론 이것이 가장 이상적인 형태이긴 하지만 이 세상에 항상 완벽하게 안정적인 사람은 없는 법이다. 어떤 부분에서는 괜찮아도 다른 부분에서는 불안정할 수 있기에 안정적인 애착 유형을 가진 사람이라 하더라도 불안정한 애착 유형의 사람을 만나면 애착 경보가 작동할 수 있다.

불안 애착 유형의 사람은 사랑과 친밀감을 느낄 때 오히려 불안함을 느낀다. 거절당하는 것에 매우 민감하여 지속적으로 상대가 안심시켜주기를 원한다. 상대가 거리를 유지하거나 멀어지는 걸 힘들어하며 자기감정을 스스로 달래지 못하기 때문에 다른 사람의 도움을 지속적으로 필요로 한다. 그래서 이들은 상대에게 매달리거나 상대를 통제하려 하거나 많은 요구를 하곤 한다.

반면 회피 애착 유형의 사람은 친밀감을 견디지 못한다. 스스로 지극히 독립적인 사람이라고 느끼며 그래서 관계에 매이거나 친밀해질 것 같으면 멀어진다. 타인을 신뢰하지 않기 때문에 거리를 둠으로써 자신을 안전하게 보호하고자 한다. 이러한 유형의 사람은 곤란하거나 고통스러운 감정을 피하려 하며, 유대감을 느끼고 싶어 하는 자신의 감정을 부정하면서 그 모든 욕구를 다른 사람에게 투사한다.

　마지막으로 비조직화 혹은 두려움 애착 유형의 사람은 연인 관계를 원하면서도 동시에 두려워한다. 따라서 계속 상대를 찾지만 막상 누군가를 만나 신뢰하고 의지하는 데 어려움을 겪는다. 감정 조절을 힘들어하며 상처받을 것이 두려워 사람에게 의지하지 않으려 한다. 또는 반대로 지나치게 의지하다가 자신이 두려워하는 바로 그 상황, 즉 버려지거나 거절당하는 처지로 자신을 밀어 넣기도 한다.

　　　　　　　　　　　(마음 들여다보기)

관계에서 당신은 어떤 역할을 맡는 편인가? 독립적이며 다른 사람을 돕는 편인가, 혼자 있으면 외로움을 많이 느끼고 행복하기 위해 다른 사람의 도움을 필요로 하는 편인가? 평화롭고 온화한 관계를 유지하는 사람인가, 갈등을 유발하는 사람인가? 관계 속에서 주로 맡은 역할을 살펴보면 자신에 대해 좀 더 잘 이해할 수 있다.

그런데 어떤 상대를 만나느냐에 따라 당신에게서 나타나는 애착 유형이 달라질 수 있다. 나는 회피적인 사람을 만날 때 좀 더 불안 성향으로 기울었던 것 같다. 반면에 상대가 불안이 높을 때는 내가 회피적으로 대응했다. 대부분의 사람이 하나의 두드러지는 애착 유형을 가지고 있기는 하지만 상대가 누군지에 따라 관계의 양상이 조금씩 달라지기도 한다. 그러니 내가 어느 하나의 유형에 정확히 들어맞지 않는다고 혼란스러워할 필요 없다. 그보다는 자신의 애착 유형을 대략적으로 인지하고 관계에 임하되, 상대방의 행동에 따라 당신의 반응도 달라진다는 점을 그때그때 알아차리는 편이 바람직하다.

이러한 애착이 비단 연인 관계에서만 형성되느냐 하면 그렇지 않다. 친구, 동료, 가족 간에도 형성되며 애착 유형에 따르는 패턴 또한 모든 관계에서 동일하게 작동한다. 다만 연인 관계가 부모-자녀 관계만큼이나 친밀하기 때문에 애착 유형이 더 두드러지게 나타나는 것일 뿐이다.

나에게 화난 것인가, 상대에게 화난 것인가

이 장 처음에 등장했던 코너는 회피 애착 성향을, 애비는 불안 애착 성향을 보이는 사람이다. 연인들 중에 이러한 애착 유형의 조합이 상당히 많은데, 이는 한 사람의 회피 애착이 다른 한 사람의 불안 애착과 균형을 이루어 서로가 서로를 끌어당기기 때문이라고 볼 수 있다.

하지만 두 사람이 어느 정도 자기인식이 잘 되어 있는 상태가 아니라면 이러한 관계는 좋은 결말로 이어지지 못한다. 코너와 애비의 관계에서 볼 수 있듯 회피적인 사람이 상대의 불안 애착을 계속 자극하고, 불안해진 쪽은 상대가 움츠러들거나 물러서는 행위를 거절의 증표로 받아들인다. 이때 불안해진 쪽은 상대가 마음을 열고 다가오도록 압박하고, 회피적인 상대는 친밀감으로부터 자신을 보호하기 위해 더 멀리 물러섬으로써 상대의 불안을 더욱 악화시킨다.

그렇다면 어떻게 해야 이런 상충하는 욕구의 악순환에서 벗어날 수 있을까? 애착 유형을 바꾸는 일은 불가능하지는 않지만 매우 힘들다. 사람은 위협을 맞닥뜨리면 본래 자신이 가지고 있던 애착 유형으로 쉽게 되돌아가버리기 때문이다. 하지만 다행인 점은 스스로의 애착 유형을 완전히 바꾸지 않고도 자신과 파트너가 가지고 있는 불안정한 애착 유형을 '이해'함으로써 관계를 변화시킬 수 있다는 것이다.

우선은 상대의 반응이 자신 때문이 아니라는 점을 이해해야 한다. 코너는 친밀감이 두려워서 스스로를 보호하기 위해 피하는 것이며(이건 그 자신도 미처 인지하지 못한 상태일 수 있다), 애비는 거리감이 느껴지면 불안하고 두려워서 매달린다. 이때 모든 것을 상대방 잘못이라고 생각하면 관계 개선이 어려워진다.

회피-불안 유형은 일방적인 관계가 아니다. 서로 다른 애착 유형이 상호작용을 통해 상대를 자극하면서 반응을 악화시킨다. 애비는 코너가 마음을 열기만 했다면 행복했을 것이며, 코너는 애비가 그를 통제하려고 들지만 않았다면 행복했을 것이다. 이때 한 사람이 자신의 행위나 감정을 다른 한 사람에게 투사하는 현상도 종종 일어난다.

투사는 무의식적인 감정이나 부정하고 싶은 자신의 어떤 모습에서 벗어나기 위한 행위로, 그 모습이나 감정을 다른 사람에게 전가하는 것이다. 이유 없이 다른 사람의 행동에 화가 난 적이 있는가? 그럴 때 당신의 일부를 그 사람에게 투사하고 있을 가능성이 높다. 우리가 '관계는 자신을 비추는 거울'이라고 말하는 이유도 바로 그런 의미에서다. 다시 말해 우리는 다른 사람을 볼 때, 그들 자체의 모습을 보지 않고 우리 자신의 모습을 반영해서 본다. 다른 사람을 판단하거나 비난할 때, 사실은 자신의 일부를 판단하고 비난하는 것이다. 다음 투사의 예시처럼 말이다.

* **'너는 분명히 그 사람을 좋아하고 있어'**: 자기가 다른 사람에게 끌

리거나 현재 관계에 확신을 갖지 못하면서 상대방이 바람을 피울 거라고 확신한다.

◆ **'역겨워'**: 뭔가를 역겹다고 느끼는 감정의 대부분은 숨겨진 수치심의 반영이다. 주로 성적인 부분에 그런 반응을 보이는 사람이 많은데, 자신의 수치심이나 불안감을 다른 사람에게 투사하는 것이다.

◆ **'그 사람은 너무 매달려'**: 다른 사람이 지나치게 관심받고 싶어 하며 매달린다는 불평을 일삼는 사람은 자신의 그런 욕구를 부정하는 것일 가능성이 크다.

◆ **'그는 너무 짜증 나/못생겼어/구질구질해/뚱뚱해'**: 우리는 종종 타인을 비난함으로써 자신의 불안감을 타인에게 투사한다. 사실은 자기 자신을 비난하는 것인데 말이다.

◆ **'그는 나를 좋아하지 않는 게 분명해'**: 자기가 상대를 또는 자기 자신을 좋아하지 않으면서 그 감정을 다른 사람에게 투사함으로써 자신을 방어한다.

◆ **'여기 있는 모든 사람이 나를 불편하게 해'**: 자기가 스스로 불편해하고 있으면서 다른 사람 때문에 문제가 생기는 것이라고 확신한다.

다른 사람의 특성 중에 당신을 짜증 나게 하는 부분이 있는가? 다른 사람을 판단하는 나만의 패턴이 존재하는지 살펴보자. 참을 수 없이 싫은 특성에는 어떤 것들이 있는가? 혹시 당신에게 그와 비슷한 면이 있는가? 그렇다면 어떤 설명으로 자신을 납득시키는가? 자기 이야기를 너무 많이 하거나 상대에게 요구 사항이 많은 건 나쁘다고 생각하는가? 관심받고 싶어 하거나 다른 사람에게 의존하려는 욕구는 어떻다고 생각하는가?

신기하게도 우리는 부정하고 싶은 자신의 특성을 가진 상대를 선택하는 경향이 있다. 많은 관계가 이러한 원리로 맺어진다. 불안-회피 애착 유형의 역학 관계가 전형적인 예다. 회피 애착 유형인 사람은 상대를 필요로 하는 자기 마음을 부정하며 혼자 남겨지거나 거절당할까 봐 두려워한다. 자기는 완벽하게 독립적인 사람이기 때문에 아무도 필요하지 않다고 생각하면서 의존적이고 두려움이 많으며 취약한 상대를 선택한다. 그렇게 되면 상대를 원하는 자신의 욕구까지 불안한 상대가 짊어지므로 자신을 사람에 대한 갈구나 결핍이 없는 사람처럼 느낄 수 있다.

반대의 경우도 마찬가지다. 불안 애착 유형인 사람은 자신의 정서적 단절감이나 친밀감에 대한 두려움을 회피형인 상대에게 투사한다. 두 사람 모두 친밀감을 두려워한다는 사실을 기억하자. 이들은 상대가 조금만 덜 요구하고, 덜 폐쇄적이라면 둘의 관계는 아무 문제가 없을 거라며 상대방을 비난한다.

코너는 자신의 결핍과 취약성을 애비에게 투사하여 자기는 독립적인 사람이어서 타인의 관심을 원하지 않는데, 애비가 나약해서 애정을 갈구한다고 믿었다. 애비도 친밀감에 대한 자신의 두려움을 코너에게 투사했을 가능성이 크다. 그녀는 두 사람이 가까워질 수 없는 이유는 코너 때문이라며 모든 잘못을 그에게로 돌리면서도 친밀해지기를 거부하는 코너와의 관계를 끊지 못한다(당신이 만약 감정적으로 다가가기 어려운 사람과 연인 관계를 이어가고 있다면 당신도 감정적으로 친밀해지기를 꺼리는 유형일 수 있다는 점을 기억하자).

모든 문제가 상대방 탓이라는 생각이 아무리 그럴듯하게 여겨지더라도 거기에 빠져들지 말고 그러한 악순환을 지속시키는 데 각자가 어떠한 역할을 맡고 있는지 살펴봐야 한다.

어른에게도 따뜻하게 안아줄
누군가가 필요하다

코너와 애비는 헤어지고 싶지 않았다. 애비가 코너에게 심리상담을 권하면서 나는 상담실 안에서 그를 만나게 되었다. 처음에 코너는 상담 시간 내내 애비에 대한 불만을 털어놓았다. 그는 애비가 문제라고 확신하고 있었다. 나도 처음에는 애비가 애정을 갈구하는 편이며 집착이 심하다는 데 동의했다. 애비가 강도를 조금 낮추면 코너도 그렇게까지 회피적으로 대응하지는 않을 것이라고 했다.

그랬지만 나중에는 코너가 좀 더 마음을 열기를 바라는 마음이 생겼다. 그가 관계를 회피하고 있다는 사실이 너무나 명백했기 때문이다. 그는 내가 아무리 진지한 말을 해도 농담으로 받았다. 유대감을 나누면서 그의 취약성에 접근하려고 하면, 코너는 그 즉시 경직되고 눈에 띌 정도로 긴장해서는 화제를 바꾸었다. 상담을 취소하거나 심리치료를 계속할 수 없을 것 같다고 하는 등 항상 한 발은 밖으로 빼놓고 있었다. 나는 늘 그가 다시 오지 않을 수도 있다고 생각했기에 항상 이번이 마지막이라는 기분으로 치료에 임해야 했다.

"이제 내가 매달리는 처지가 됐어요."

나는 상담 지도 선생님에게 농담 반으로 이렇게 말했다.

아마 애비도 이런 느낌을 받았으리라. 코너는 온전히 관계에 몰입하지 않고 언제든 떠날 수 있다는 느낌을 주는 사람이었다. 코너가 모든 갈등의 원인은 아니었지만 상대에게 안정감을 주지 못하는 사람임은 확실했다. 나는 애비 이야기는 그만하고 코너의 회피 성향을 들여다볼 필요가 있다고 판단했다.

"애비가 자기감정을 털어놓을 땐 어떤 기분인가요?"

"몸이 움츠러드는 느낌이에요. 마음이 닫힌다고 할까."

"감정을 이야기하는데 왜 움츠러들지요?"

"모르겠어요. 그냥 짜증이 나요."

나는 이 부분에 뭔가 이유가 있으며, 그것이 우리가 앞으로 탐색해야 할 빙산의 나머지 부분이 되리라는 생각이 들었다.

코너의 가족은 감정에 대해 이야기하는 사람들이 아니었다고 한다. '묵묵히 견디고 살자'라는 주의였는데, 코너의 아버지는 코너가 조금이라도 예민한 모습을 보이면 무척 못마땅해했으며 그가 울보에 마음이 너무 여리다며 종종 창피를 주곤 했다. 코너가 다섯 살이 되자 아버지는 이제 안아주기에는 너무 컸다며 그를 안아주지 않았다. 코너는 그렇게 친밀감을 느끼고 싶은 마음을 억누르는 법을 배웠고, 따뜻한 사랑에 대한 깊은 갈망을 아버지에게 들키지 않기 위해 마음속 깊이 묻어두었다. 그렇게 사는 데 너무 익숙해진 나머지 성인이 된 후에는 더 이상 그러한 욕구를 생각하지 않게 되었다.

이제 코너는 감정을 드러내거나 욕구를 표현하는 일 자체에 수치심을 느낀다. 자신의 취약성에 대한 두려움을 다른 사람에게 투사하여 그들이 자기감정을 솔직하게 표현하는 것은 나약하기 때문이라고 여긴다. 나는 코너를 상담하면서 그가 느끼는 거절에 대한 불안이 아버지를 대할 때 느낀 감정이라는 사실을 알 수 있었다. 코너가 그런 부분에서 자기감정에 떳떳할 수 있도록 도와주고, 그리하여 더 이상 자기가 원하는 바를 밀어내지 않을 수 있도록 하는 것이 나의 역할이었다.

"애비가 어쩌면 당신이 생각하는 것만큼 애정과 관심을 갈구하는 사람이 아닐지도 모른다는 생각을 해본 적 있나요? 당신도 내면에 잠자고 있는 욕구가 있을 거라는 생각은 해봤어요? 당신도 애비만큼 사랑받고 싶어 한다는 생각은요?"

내가 이렇게 묻자, 코너가 코웃음을 치며 대답했다.

"아니요. 나는 독립적인 사람이라서요. 애비처럼 누군가를 꼭 필요로 하지 않아요."

"우리에게는 욕구라는 게 있잖아요. 아버지가 안아주기를 바라던 작은 소년은 어떨까요?"

코너가 잠시 벽을 바라보다가 말했다.

"맞아요. 그게 내가 아버지에게 바랐던 전부였죠."

그는 잠시 목을 가다듬더니 다시 말을 이었다.

"그렇지만 이제 나는 어린아이가 아니잖아요."

"네. 아니죠. 그렇지만 어른도 포옹이 필요하긴 해요."

코너는 늘 그러듯이 어깨를 으쓱하고는 엉뚱한 농담으로 주의를 돌렸다. 그날의 대화는 그렇게 넘어갔지만 그 순간 뭔가 그의 신경을 건드리는 게 있었던 듯했다. 그다음 상담 시간이 되자 코너는 이제 심리치료를 그만하겠다고 통보했다.

"지난번 상담 때 다른 때보다 조금 더 취약해지셨던 것 같았어요. 심리치료를 그만두려는 마음이 그것과 관계있는지 궁금하네요."

"그러니까 내가 도망치는 거라는 말씀인가요?"

나는 그렇지 않느냐는 의문을 전하듯 눈썹을 들어 올렸다.

"사실은 충분히 그럴 소지가 있다고 생각해요."

상담은 다행스럽게도 끝나지 않았고, 그 후로 서서히 코너는 좀 더 진지하게 지난날을 돌아보는 시도들을 했다. 오랫동안 무의식에 묻어두었던 취약함과 친밀감에 대한 욕구가 수면 위로 떠오르는 것 같았다. 그렇게 심리치료가 좀 더 진행되면서 코너는 자신의 두려움을 조금씩 인정하기 시작했다. 감정을 드러내는 것에 대한 두려움, 누군가에게 다가갔다가 모욕감을 느끼는 데 대한 두려움, 심지어 상대가 떠나는 것에 대한 두려움까지 말이다.

그리고 엄청난 노력 끝에 그는 그 모든 두려움을 애비 앞에서 인정할 수 있게 되었다. 우선은 마음을 닫고 싶은 충동을 이기고 감정을 솔직하게 이야기하는 것부터 시도했다. 감정을 표현하는 일이 자신에게 얼마나 두려운 일인지, 마음을 열면 그녀가 떠날지 모른다는 두려움이 얼마나 깊은지도 털어놓았다.

"그래서 어느 정도 거리가 필요했던 거야. 당신 때문이 아니라, 나는 감정을 드러내는 건 부끄러운 일이라고 생각했거든. 그렇지만 이제는 나아지고 싶어."

"그러니까 우리 둘 다 상대방이 떠날까 봐 두려워하고 있었던 거네?"

애비의 말에 코너가 고개를 끄덕였다. 코너는 애비에게 그런 모습을 보일 수 있게 된 것이 너무나 홀가분하고 기쁘면서도 동시에 두려웠다. 코너가 마음을 열자 애비는 자신의 폭발적인 불안과 통제하려는 버릇이 어쩌면 코너의 관심을 얻으려는 하나의 방편이었을지도 모른다는 점을 인정했다. 코너와의 소통이 단절된 느낌이 들면 그가 자기를 잊어버렸거나 사랑하지 않는다고 생각해 불안해진다는 것이었다. 보채고 불안해하는 건 그녀가 코너의 사랑과 보살핌을 구하는 방법이었다. 하지만 그 방법은 오히려 코너를 더 멀어지게 할 뿐이었다.

코너와 애비는 머리를 맞대고 각자가 어떤 점을 개선하면 좋을지 생각했다. 코너는 자신의 감정을 애비와 공유하고 원하는 바를 솔직하게 표현하기 위해 노력할 것을, 애비는 거리가 필요하다는 코너의 바람을 존중하고 두 사람의 독립성이 확보

된 상태에서 코너의 관심과 보살핌을 받고 싶은 자신의 욕구를 정직하게 표현할 것을 약속했다.

그동안의 밀고 당기기와는 다르게 서로 뭔가를 공유했다는 사실에 안도하며 두 사람은 포옹했다. 이것으로 힘든 시간이 끝난 건 아니다. 애비는 또다시 불안을 쏟아낼 것이고 코너는 멀어질 것이다. 하지만 이제 두 사람은 예전과는 다르게 대처할 방법을 안다. 코너가 놀라울 정도로 친밀감을 나눌 수 있게 되었으므로 이제는 애비가 오히려 조금 멀어져서 마음을 가라앉히는 게 안전하다고 느낄 수도 있고, 마치 처음 만난 사람처럼 한밤중까지 이야기를 나누면서 전에 없이 많은 공통점을 찾아낼 수도 있다. 어떤 의미에서 보면 이제 두 사람은 만남을 처음 시작한 것이나 다름없기도 하니까 말이다.

위험을 감수하고
기꺼이 취약해지기를 선택하라

코너와 애비가 불안-회피의 역학 관계를 개선할 수 있었던 이유 중 하나는 두 사람 다 자신을 변화시키기 위해 노력할 준비가 되어 있었기 때문이다. 이러한 변화는 어느 한쪽만 노력해서는 성공하기가 어렵다. 변화의 노력을 시작하는 쪽은 주로 불안 애착 유형의 사람인 경우가 많은데(회피 애착 유형은 심리치료를 시작하기가 쉽지 않다), 한쪽에서 아무리 변화하고자 노력한다고 해도 상대방이 동참하지 않는 한 관계의 변화를 기대하기는 어렵다. 물론 한쪽의 변화가 다른 한쪽에게 어느 정도 긍정적인 영향을 줄 수는 있지만 말이다.

상대가 원하지 않거나 하겠다고 말만 하면서 실천하지 않는다면 스스로 이렇게 물어보자. '이게 나를 위해 좋은 관계인가?' 자신에게 솔직해져야 한다. 그러한 역학 관계를 통해 재현하려는 어린 시절의 어떤 경험이나 기억이 있는가? 상대가 어떤 사람인가 하는 현실보다는 그가 변할 거라는 환상 속에 살고 있지는 않은가?

두 사람이 함께 이러한 문제를 돌아보고 변화를 위해 노력하고자 한다면 이미 절반은 변화를 이룬 셈이다. 심리치료사로서 두 사람이 마음을 모아 관계 개선을 약속하고 각자 자신을 이해하려고 노력하는 모습을 보는 것보다 기쁜 일은 없다. 장기적인 관계로 발전하든 그러지 못하든, 두 사람이 함께 취약해지는 위험을 감수하는 과정에서 많은 깨달음을 얻게 된다.

애착 유형을 바꾸는 것은 당신이 맺고 있는 관계에 안전감과 평온함을 선사하는 일이다. 그리고 이는 완벽하게 흑과 백으로 구분 지을 수 있는 과정이 아니라 점진적이고 부분적인 과정이다(예를 들어, 당신이 어느 날은 불안형 애착을 보이다가 또 어느 날은 안정형 애착을 보일 수 있다). 때로는 애착 유형을 바꾸는 일보다 두 사람이 함께 안정된 관계를 만드는 일이 더 중요한데, 이를 위해서는 당신과 상대의 애착 유형을 그대로 이해하고 받아들이며 살아가야 한다. 그래야 각자가 특유의 애착 유형을 가진 채로 안정적인 애착 관계를 형성할 수 있다.

이렇게 하기 위해서는 당신을 자극하는 요인과 반응 패턴을 파악한 다음, 자극을 받았을 때 반응하는 방식을 바꾸도록 노력해야 한다. 애착 경보가 울린다는 말은 매달리거나, 안심할 수 있는 근거를 확보하거나, 멀어지거나, 아니면 두 가지를 다 하라는 신호다. 그리고 애착 유형을 치유한다는 말은 그 경보에 반응하는 방식을 바꾼다는 뜻이다. 다시 말해 자신의 불안정한 부분(내면의 아이)을 이해하고 연민하며 자기 안에서 안전감을 만들어내는 과정이다.

애착 경보가 작동할 때 이에 대처하는 연습

1. 우선 경보가 작동했다는 걸 인지한다. 매달리거나 회피하거나 그 두 가지 행동을 다 하고 싶은 욕구가 느껴진다면 그러한 사실을 인지하되, 곧바로 행동으로 옮기기보다는 시간과 거리를 두고 생각해본다.

2. 어린 시절을 되돌아본다. 비슷한 감정을 느꼈던 시기를 떠올려본다. 그리고 나서 당신의 애착 경보가 최대 강도로 울리는 이유가 현재 상황보다는 과거의 경험에서 비롯됐다는 점을 인식한다. 이러한 이해를 바탕으로 내면의 아이를 달래줄 수 있다.

3. 자신을 달래서 평온함과 안전감을 되찾도록 노력한다. 마음을 안정시키기 위해 누군가를 필요로 하는 편이라면 이번에는 스스로를 달래도록 노력해보자. 마음을 닫고자 하는 성향이 있다면 힘이 들어도 마음을 열고 다른 누군가에게 기대어보자. 그렇게 스스로에게 안전하다는 것을 확인해주어라. 당신은 성인이고 그 순간 살아남기 위해 다른 사람이 필요하지 않다.

4. 파트너와 소통한다. 당신을 자극한 상대를 탓하지 말고 당신의 반응을 스스로 책임지도록 노력한다. 감정을 표현함으로써 상대가 당신의 필요를 인지하고 대처할 수 있게 해준다. 가능한한 취약함을 드러내고 마음을 열고자 노력하라.

5. 자신의 두려움을 충분히 느끼고 그것과 소통한다. 모든 애착 유형의 저변에는 남에게 의존하는 것에 대한 두려움이 깔려 있다. 안정적인 애착 관계를 형성한 사람도 남에게 의존하는 일은 두려울 수 있다. 그 감정을 들여다보자.

공의존

다른 사람에게 맞추느라 나를 잃어버리게 될 때

앞서 불안과 바운더리 문제로 힘들어하던 미술학도 켈리를 기억하는가? 상담치료를 시작하고 얼마 지나지 않았을 때 그녀는 사랑에 빠졌다. 한 번은 상담 전날 문자를 보내왔다.

"전해드리고 싶은 소식이 있어요."

그리고 다음 날, 예정된 시간보다 일찍 도착한 그녀는 상담실로 뛰어 들어오다시피 하더니 미처 자리에 앉기도 전에 자랑스러운 얼굴로 누군가를 만났다고 말했다. 켈리가 자신의 새로운 연애를 내게 세세히 전해주었던 터라 나는 마치 로맨틱 코미디 영화를 보듯 그녀의 이야기를 따라갈 수 있었다. 트리시는 지금까지 켈리가 보았던 사람 중 가장 멋있는 사람이라고 했다. 켈리는 하루의 대부분을 유쾌하고 재미있는 성격의 트리시와 보내기 시작했다. 갑자기 모든 이야기에 트리시가 등장했고, 트리시 없이는 켈리의 삶도 없는 것 같았다.

그런데 켈리를 통해 그에 관한 모든 이야기를 들었음에도 나에게는 선명하게 잡히지 않는 부분이 있었다. 마치 트리시가 가상의 인물처럼 느껴졌기 때문이다. 켈리가 트리시를 너무 이상화시켜 말해서 그런지 두 사람의 관계가 비현실적으로 느껴지기도 했다. 트리시의 불완전함과 결점, 문제는 어디에 있는 걸까? 아니 그것보다도, 켈리는 왜 그것들을 보지 못하는가? 나는 두 사람이 아직은 연애 초기라 좋은 면만 보고 있으리라 생각하고, 냉소적인 판단은 잠시 접어두기로 했다.

문제가 나타나기까지는 그리 오랜 시간이 걸리지 않았다. 균열은 여름쯤부터 나타나기 시작했다. 어느 날 밤, 친구들과의 술자리에서 만취한 트리시가 켈리의 친구를 모욕했기 때문이다. 다음 날 트리시는 죄책감에 사로잡혀 켈리에게서 화나지 않았다는 확답을 듣고 싶어 했다. 켈리는 내게도 화나지 않았다고 말했다. 하지만 두 손을 맞잡고 손가락을 뒤틀고 있는 모습으로 보아 속마음은 다르다는 걸 느낄 수 있었다. 그러면서 트리시가 어쩌다 한 번 실수를 한 걸 거라고 했다. 나는 그 말이 마치 그녀 자신에게 하는 말로 들렸다.

하지만 현실은 어쩌다 한 번으로 끝나지 않았다. 트리시는 자주 술에 취했고, 켈리는 그런 트리시를 돌봐주었다. 다음날이면 그는 우울감에 빠져 미안해하고, 켈리는 또다시 자기감정을 미뤄놓고 트리시를 달래줘야 했다.

둘의 관계가 지속되면서 켈리의 세계는 좁아지기 시작했다. 점차 친구를 만나는 일도 뜸해졌고 미술관에도 자주 가지 못했다. 트리시와 만나야 했기 때문이다. 그림 그리는 걸 좋아하지만 예전만큼 그리지 못했다. 트리시가 저녁이면 함께 밖에 나가 술을 마시고 싶어 했기 때문이다. 상담치료도 트리시를 위한 시간으로 대치되었다. 켈리는 트리시를 도와줄 방법을 찾고 싶어 했다. 여기까지는 아주 건강한 관계처럼 들릴 수 있지만, 문제는 켈리가 그 일에 지나치게 매달린다는 거였다. 그녀는 트리시에게 과도하게 맞추는 듯 보였는데도, 받을 때보다 줄 때 마음이 편안하다며 이를 문제로 인식하지 못했다. 나는 이 부분에서 뭔가 살펴봐야 할 점이 있다는 생각이 들었다. 켈리의 욕구는 어떻게 되는 거지? 켈리도 충족이 필요하지 않을까? 하지만 켈리는 트리시를 충족시키느라 자신은 늘 뒷전으로 밀쳐두는 것 같았다.

상담 중에 나는 켈리에게 요즘 그녀 자신에 대한 이야기는 거의 한 적이 없다는 점을 지적했다. 켈리가 웃으며 대답했다.

"트리시 얘기를 하는 게 제 얘기를 하는 거예요."

하지만 나는 그녀와 함께 웃을 수 없었다. 이건 웃어넘길 얘기가 아니었기 때문이다. 켈리는 트리시에게 완전히 빠져 있었고 그야말로 일심동체라고 믿고 있었다. 트리시는 서서히 켈리를 잠식해 들어가기 시작했다. 이러한 상황은 켈리가 그녀의 어머니와의 사이에 건강한 바운더리를 가지지 못하고, 두 사람이 한 몸인 듯 살았던 일을 떠올리게 했다. 켈리와 트리시는 '공의존 관계'를 형성하게 된 것이다.

'일심동체'라는 말의 이면

건강한 관계는 대부분 균형이 잡혀 있고 동등하다. '네가 도움이 필요할 때 내가 도와줄게, 내가 도움이 필요할 때는 네가 도와줘'라는 식의 호혜적인 성격을 띠며 이것이 정상이다. 이와 다르게 공의존co-dependency 관계는 일방적이다. 한 사람이 베풀고 희생하는 일을 전담하며 다른 한 사람은 받기만 한다. 공의존 관계를 이야기할 때 흔히 오해하는 부분이 있는데, 지나치게 의존적인 사람, 즉 '받는 사람'과 자기를 희생하면서 상대를 보살피는 사람의 관계라고만 생각하는 것이다. 많은 사람이 공의존 관계라고 하면 두 사람이 서로에게 지나치게 의지하거나 너무 많은 시간을 보내는 것으로 생각한다. 하지만 공의존 관계의 핵심은 '불균형'에 있다.

공의존 관계에서는 두 사람 모두가 무의식적으로 상대를 이용해 자기 상처를 어루만지려고 한다. 한 사람은 자기를 돌보지 않으며 상대를 위해 자신의 필요를 희생하고, 다른 한 사람은 자기 욕구를 충족시키기 위해 상대를 이용하고 착취한다. 이렇게 밀착된 관계에서는 각자의 독립성이라는 것이 존재하지 않는다. 심리학에서 밀착enmeshment은 각자의 바운더리가 통합된 관계로, 어디까지가 상대의 영역이고 어디서부터가 자기 영역인지 모호해진 상태를 뜻한다. 거의 일심동체인 듯 상대의 생각과 믿음을 그대로 흡수하고 따라간다. 이런 관계는 경계가 모호한 데다 상대와 나의 영역이 불분명하기에 유대는 더욱 강력해진다. 그래서 상대 없이는 자기도 존재할 수 없다는 생각에 관계를 끝내기가 어렵다.

당신이 상대방의 감정에 책임을 느끼고 그의 필요를 충족시켜주기 위해 자신의 필요를 희생하는 사람은 아닌지 한번 돌아보자. 이러한 성향은 피플 플리징people pleasing(타인의 필요를 자신의 것보다 우선시하는 성향—옮긴이)과도 일맥상통한다. 이들은 다른 사람에 대한 책임감 때문에 자기를 소홀히 여기고, 바운더리를 설정하거나 상대의 요구를 거절하거나 갈등에 대처하는 데 어려움을 겪을 수 있다.

아니면 반대로 당신이 요구하고 통제하며 타협하기 어려운 사람일 수도 있다. 자신의 감정을 상대의 탓으로 돌리고 상대방이 당신을 행복하게 해줘야 한다고 생각하는 것이다. 이것이 지나치면 자신이 원하는 걸 얻기 위해(종종 무의식적으로) 상대를 이용하는 자기애적 학대나 강압적인 통제로 관계가 굳어지기도 한다. 공의존 관계에서 보이는 특징들을 정리하면 다음과 같다.

- 자신의 필요와 욕구를 돌보지 않는다.
- 상대의 감정에 책임감을 느낀다.
- 평화를 유지하기 위해 원망받기를 감수하거나 사과한다.
- 항상 상대의 승인이나 확인이 필요하다.
- 통제해야 한다고 느낀다.
- 종종 상대를 보살피는 역할을 맡는다.
- 갈등을 회피한다.
- 상대를 기쁘게 하려고 원하지 않는 일을 한다.
- 자기감정을 소통하고 드러내기가 어렵다.
- 상대를 이상화한다.
- 자존감이 낮고 거절에 대한 두려움이 크다.

희생과 착취의 악순환에
빠지는 이유

공의존 관계에서 주로 한 사람은 '도움이 필요한 사람'이고 다른 한 사람은 '해결사'의 역할을 한다. 취약성과 책임감을 분담하는 것이다. 취약성은 모두 도움이 필요한 사람에게 투사되고, 해결사는 상대를 위해 자신의 모든 걸 내려놓아야 한다는 사실에 분개하지만 사실은 그럼으로써 자신의 취약성을 부정하는 셈이다. 그러는 동안 도움이 필요한 쪽은 스스로를 돌봐야 할 책임감과 주체성은 접어두고 상대의 보살핌에 의존해야 한다고 생각한다.

켈리는 트리시에 대해 불평하면서도, 자신이 그를 아기처럼 보살피면서 더욱 의존적으로 만들고 있다는 사실을 인지하지 못했다. 트리시를 도와줘야 한다는 책임감이 너무 지나친 나머지 트리시의 권한을 침해한 것이다. 켈리의 말에 따르면 트리시는 스스로 아무것도 할 수 없는 사람이었는데, 실제로 그런지는 아무도 모를 일이었다. 어쩌면 켈리가 부모 역할을 맡는 바람에 트리시는 아이 역할을 맡을 수밖에 없는 상황일 수도 있으니 말이다.

공의존 관계를 맺을 때는 어린 시절의 관계를 모델로 삼는 경우가 많다. 부모가 특히 통제적이거나 자기애적이었다면 자아감이나 자기 욕구에 대한 감각이 건강하게 발달하지 못했을 수 있다. 혹은 어렸을 때 부모나 형제 등 다른 사람을 돌보면서 스스로 가치 있는 사람이라고 느끼는 경험을 했을 수도 있고 말이다. 아니면 심한 꾸지람과 경멸 또는 학대를 받으며 자라서 갈등을 두려워하게 되었고, 상대를 기쁘게 하려고 비위 맞추는 방법을 배웠을 수도 있다. 가족 구성원과 너무 밀착된 가정에서 자라서 바운더리를 설정하지 못했거나 가족과는 다를 수 없다고 느꼈을 수도 있다.

우리는 모두 부모님과 가깝게 지내고 싶어 하기에 '밀착'이라는 말이 긍정적으로 들릴 수도 있다. 하지만 건강한 친밀감과 밀착을 혼동해서는 안 된다. 너무 가까워지다 보면 건강하지 못한 의존 관계가 형성되어 자신의 정서적 필요를 위해 가족 중 누군가를 이용할 수 있기 때문이다. 이때 이용당하는 쪽은 건강한 자아를 가질 수 없다. 켈리는 어머니와 매우 가까웠지만 바운더리나 건강한 개별성이 부족했다. 그러다 보니 관계를 맺으면 자기 정체성을 잃어버리고 지나치게 의존하는 성향을 보이게 되었다. 이렇듯 밀착 관계에서 자란 사람은 다른 사람의 감정에 지나치게 책임감을 느끼고 자기의 욕구보다 다른 사람의 욕구를 우선시하며 부모처럼 모두의 문제를 해결해주려고 한다. 또한 바운더리 설정에 힘들어하며 자신과 부모, 친구 사이에 서로 다름을 견디지 못한다.

이런 까닭에 밀착 관계는 개인의 발달을 억세하여 독립된 성인으로 성장할 수 없게 만든다. 더불어 관계를 꿈꾸지만 실제로 관계를 맺지 못하는 것, 관계를 맺지만 바운더리가 건강하지 못하여 또다시 밀착된 관계에 갇히고 마는 것, 이렇게 두 가지 형태로 관계에 영향을 미친다.

건강한 관계는 너와 나의 다름을 받아들이는 것

부모에게서 정서적으로 분리되는 일은 심리치료에서 모두가 가장 힘들어하는 과정이다. 사람마다 차이가 있기는 하지만 가족의 편안함으로부터 심리적으로 벗어나기란 참으로 어렵다. 그러나 정서적 분리야말로 독립된 개인으로서 자유로움을 느낄 수 있는 유일한 방법이다.

부모와의 정서적 분리는 매우 건강하고 정상적인 현상이다. 10대의 자녀들이 친구를 우선시하고 부모를 싫어하는 이유는 바로 이 때문이다. 당신의 10대 자녀가 이런 변화를 보인다면 또는 당신이 10대 시절에 그렇게 했다면 자기만의 생각과 정체성을 지닌 독립된 인격체로 성장하고 있다는 신호다. 그렇다고 부모와 더 이상 친밀하고 애정 어린 관계를 유지하지 못하는 건 아니지만, 우선은 독립된 인격체로 사는 법을 배워야 부모와 합일된 상태가 아니라 온전한 개인으로서 일대일 관계를 맺을 수 있다.

여기서 짚고 넘어가야 할 부분은 분리된다는 개념이 단지 물리적인 거리를 뜻하지는 않는다는 점이다. 지구 반대편에 살지만 정서적으로는 부모와 얽혀 있는 사람도 있다. 부모와 분리되는 데 두려움을 느끼고, 부모와 너무 다른 사람이 되면 부모가 섭섭해하고 더 이상 자신을 사랑하지 않을까 봐 걱정하기도 한다. 하지만 성인이 되면 온전한 인격체로서의 독립성과 자아감을 향해 움직여야 한다.

자기 포기와
원한 감정

어렸을 때 부모가 원하는 대로 하면 좋은 아이고 원하는 대로 하지 않으면 나쁜 아이라는 생각이 강했는가? 그래서 성인이 된 후에 다른 사람에게 사랑받고 받아들여지려면 내가 원하지 않아도 그들이 원하는 걸 해야 한다고 믿게 되었는가? 그런 성장 환경에서는 다른 사람에 대한 책임감을 강하게 느끼고 자신의 욕구와 감정보다 다른 사람을 더 배려하면서 자라게 된다. 어린 시절에 다른 사람의 필요를 우선시하도록 배우면 자신의 감정이나 필요, 욕구, 바운더리를 잘 알아차리지 못한다. 다른 사람의 필요와 욕구를 맞추는 데 너무 치중한 나머지 자신과의 소통이 끊어지게 되는 것인데, 이를 '자기 포기self-abandonment'라고 한다.

처음에는 켈리가 자의적으로 자신의 필요를 포기하는 것처럼 보였다. 켈리는 트리시를 돕기 위해 모든 걸 내려놓고, 트리시와 시간을 보내기 위해 전시회까지 취소했는데 그걸 문제라고 생각하는 사람은 나뿐인 것 같았다. 하지만 켈리는 트리시를 돌본 이야기를 하거나 자기가 뭔가 포기해야 했던 이야기를 할 때마다 두 손을 맞잡고 손가락을 뒤틀었다.

"약간 짜증이 나는 것처럼 보여요."

내가 그녀의 손가락을 보며 말했다. 그러자 켈리가 한숨을 쉬더니 말했다.

"좋아요, 말할게요. 맞아요, 좀 짜증이 나기도 해요. 트리시가 너무 여리다 보니 제가 원하는 걸 전혀 할 수 없거든요. 나를 위한 삶이라는 게 없죠."

자기 포기나 피플 플리징을 하는 사람들이 종종 그렇듯이 트리시에 대한 원한의 감정이 쌓여 있는 것 같았다.

피플 플리징과 공의존 관계에는 거의 항상 원한의 감정이 따른다. 바운더리가 침해당했다고 생각되면 누구나 구체적이고 분명한 불쾌감을 느끼기 때문이다. 당신이 만약 피플 플리저라면 하고 싶지 않은 일을 했을 때의 씁쓸함을 잘 알고 있을 것이다. 자기가 거절하지 못한 것인데도(거절이 자신을 위태롭게 하거나 거절이 익숙하지 않아 못한 거지만), 왠지 강요받았다는 느낌이 든다. 상대의 기분을 건드릴까 봐 미소를 짓고 있으면서도 속으로는 화가 부글거린다.

마지못해 뭔가를 해주는 데 대해 분노가 느껴진다면, 그건 당신의 바운더리가 침해되었다는 분명한 신호다. 그 분노의 감정을 근거로 자기 포기가 일어나고 있지는 않은지 살펴보자.

상대방에게 느끼는 원한 감정은 어린 시절의 경험에서 비롯됐을 가능성이 크다. 그 감정은 어렸을 때 누군가를 책임지고 보살펴야 했거나 자신의 바운더리가 침해되었을 때 느꼈던 원한 감정과 유사하다. 하지만 자신의 필요를 내려놓을 때 느끼는 원한 감정이 아무리 크더라도 결국엔 거절하지 못해서 그 감정을 안으로 삼키고 표현하지 못한다(혹은 수동 공격적인 형태로 표출한다).

왜 내가 아닌
타인을 우선순위로 두는가

자기 포기는 자신보다 '관계'를 더 우선순위로 선택한다는 뜻이다. 켈리는 트리시와 함께 있고 싶은 욕구와 버림받는 것에 대한 두려움이 너무 큰 나머지 자신의 욕구와 바람을 내려놓았다. 생존을 최우선으로 하는 우리의 뇌는 원하는 것을 포기하는 한이 있더라도 버려지는 것을 막기 위해서 최선을 다한다. 결국 상대방에게 버려지지 않기 위해 자신을 포기하는 것이다. 일종의 애착 전략이다. 양육자가 원하는 걸 제공하는 아기는 버려지지 않으며, 무리에 속해 있는 한 사자에게 먹히지 않을 테니 말이다.

켈리는 어머니와 너무 가까운 어린 시절을 보냈다. 그녀의 어머니는 어렸을 때부터 자신에 관한 여러 이야기까지 켈리에게 세세하게 털어놓았고, 켈리가 거리를 가지려고 하면 싫어했다고 한다. 켈리는 어머니의 감정에 책임감을 느꼈고(마치 자기가 엄마인 것처럼), 어머니는 거절당하는 데 극도로 민감해서 켈리가 화를 내거나 어머니의 요청을 거절하는 걸 참을 수 없어했다. 밀착된 모녀 관계의 전형적인 모습이었다. 그리고 현재는 트리시와 그런 관계 형성하고 있었다.

우리가 바운더리 정하기를 어려워하는 이유는 대부분 다른

사람의 반응이 두려워서다. 버려질 것에 대한, 홀로 남겨지는
데 대한 두려움 말이다. 바운더리 개념이 없는 환경에서 자라
면 다른 사람과 한마음 한뜻이 되는 방식으로 친밀감을 경험한
다. 그리고 그런 상황에서 바운더리를 세우거나 거리를 둔다는
건 곧 고립 또는 외로움과 같은 의미로 받아들여진다.

나는 이러한 이치를 켈리에게 적용해보았다. 그녀는 자기가
트리시의 요구를 거절하면 트리시가 화를 낼 거라고 했다.

"거절이 좋지 않은 결과를 가져온다는 걸 언제 처음 깨달았
나요?"

내가 이렇게 묻자, 켈리는 잠시 지난 시절을 돌아보는 듯했
다. 그리고 어머니가 떠오르는지 눈물을 글썽였다. 일곱 살이
었던 켈리는 어머니를 안아주고 싶지 않았다.

"이제 엄마를 사랑하지 않는 거야?"

어머니가 속상해하며 물었다. 켈리는 너무나 당황스러웠다.
그리고 익숙한 불안이 밀려왔다. 엄마에게 상처를 주고 싶지
않았다. 그래서 이를 악문 채 두 팔로 어머니를 감싸 안았다. 켈
리는 원하지 않았지만 상황을 좋아지게 하려면 그렇게 할 수밖
에 없다는 사실을 깨달았다.

이는 어린 시절에 겪었던 많은 일 중 일부에 불과했지만 그
녀는 이러한 경험을 통해 독립성을 가지기보다 다른 사람을 위
해 자신의 바운더리를 포기해야 한다는 사실을 배웠다.

바운더리를 지키고
마음의 소리에 귀를 기울여라

공의존 관계는 분명 개선될 수 있다. 다만 두 사람이 모두 자신을 치유하는 데 집중해야 한다. 상대방을 치유하려 들지 말고 말이다.

각자의 상처를 돌아보고 바운더리를 강화하며 자신의 필요를 충족시키기 위해 노력해야 한다. 당연히 고통스러운 일이다. 나도 해봤고 지금도 계속하고 있어서 잘 안다. 어린 시절의 기억으로 깊숙이 들어가 그 시절의 자신을 만나고, 자신의 필요를 무시하고 다른 사람의 필요를 우선시해야 했을 때나 양육자가 어린 자신의 감정을 받아주지 않을 때 어떤 기분이었는지 생생하게 느껴야 하기 때문이다. 다시 취약해져서 상처받는 것이 때로는 세상에서 가장 고통스럽게 느껴질 때도 있다. 하지만 그럴만한 가치가 있다. 고통을 마주하고 처리하는 과정이 상처를 치유하는 데 도움이 되기 때문이다. 그리고 이렇게 해야 현재의 관계에서 그 상처를 재현하지 않을 수 있다.

건강하지 못한 관계는 끝내는 것이 가장 바람직하지만, 근본적인 상처를 치유하지 못하면 결국은 같은 유형의 사람을 만나서 똑같은 관계를 되풀이하게 된다. 우리가 변화를 두려워하는 가장 큰 이유는 지금의 관계를 잃어버리게 될까 봐서다. 물론 그런 일이 일어날 수도 있지만 반드시 그렇지는 않다. 그리고 어느 시점에서는 스스로 이렇게 물어야 한다. '나를 희생하더라도 이 관계를 계속 유지하고 싶은가?'

공의존성을 치유하는 데 도움이 되는 방법으로 다음의 다섯 가지 행동을 시도해볼 수 있다.

1. **근본적인 상처를 처리한다:** 어린 시절의 상처로 역기능적인 패턴이 형성됐을 수 있다. 상대방을 탓하기보다 당신이 반복하는 패턴이 무엇인지 파악하자. 어린 시절에 통제된다고 느꼈는가? 거절이 허용되지 않는다고 느꼈는가? 아니면 반대로 당신은 통제 불능의 아이였으며 스스로 안전하다고 느끼기 위해 다른 사람을 통제해야 했는가? 그때 어떤 기분이었나? 떠오르는 기억이나 감정이 있는가? 그때의 상처를 되풀이하고 있는 내면의 상처받은 아이에게 천천히 다가가자.

2. **자신의 직관과 욕구에 주의를 기울인다:** 자기 포기의 충동이 일 때 신체적으로 나타나는 반응을 알아차리자. 누군가 당신에게 뭔가를 해달라고 요청할 때 어떤 신체적 반응을 느끼는가? 짜증과 분노? 차분한 수용? 솔직하게 당신의 마음에 귀 기울이자. 이는 자신에 대한 신뢰를 다시 쌓는 일이며 오랫동안 버려졌다고 느꼈던 당신 내면의 아이에게 이제는 곁에 있어줄 거라는 확신을 주는 일이다.

3. **관계에서 건강한 거리를 확보하기 위해 적극적으로 노력한다:** 어린 시절의 관계를 돌아보고 처리하는 일과 더불어 성인으로서 맺는 관계에도 변화를 도모해야 한다. 서로의 다름을 인정하고 이를 보호하는 것은 온전한 인격체로서의 존재감을 느끼는 데 매우 중요하다. 건강한 상호의존 관계(서로 의지하면서도 자신의 필요는 스스로 충족시키고 돌보는 관계)를 유지하려면 두 사람이 어느 정도 분리되어 있어야 한다. 서로 다른 감정과 욕구, 생각, 가치, 기호를 가지고 있는 별개의 인격체임을 인정해야 한다는 얘기다. 연인은 모든 걸 함께 하고 같은 친구와 어울리고 같은 장소를 좋아하며 모든 일에 의견이 일치해야 한다고 주장한다면 누구도 견디기 힘들 것이다. 상대는 당신의 감정에 책임감을 느낄 필요가 없으며, 당신 역시 상대의 감정에 책임감을 느끼지 않아도 괜찮다. 서로의 다름을 누리자. 처음에 서로에게 끌린 이유가 바로 그 다름 때문 아니었는가.

4. **소통한다:** 밀착된 관계에서 분리되고자 할 때 가장 중요한 부분은 소통이다. 상대방에게 당신의 감정을 제대로 이야기하기만 해도 분리의 개념이 생긴다. 당신의 마음이 상대와 다르며 상대는 당신의 마음을 모를 수 있다는 걸 알리는 과정이 필요하다. 미움의 감정이 느껴진다면 상대방에게 신중하고 건설적인 방식으로 분노를 표현하라. 분노를 더 이상 참을 수 없어서 터트리는 방식이 아닌 적절하게 통제된 형태로 표현해서 상대의 공

감을 받고 나면 분리를 이루는 데 도움이 된다. 당신이 수용할 수 없는 점들을 분명하게 말하는 방식은 자신을 존중하는 행위이며, 자존감은 공의존을 막아주는 보호막이다. 자신을 옹호하고 스스로 욕구를 충족할 수 있으면 다른 사람을 이용하거나 충족을 포기할 필요가 없기 때문이다.

5. **바운더리를 정한다**: 바운더리는 피플 플리징과 공의존성으로부터 자신을 구하는 해독제다. 바운더리를 설정함으로써 나와 상대 사이에 선을 긋고, 나의 필요와 감정을 상대의 필요와 감정과 구분할 수 있다. 그리하여 스스로 온전하고 건강한 인격체임을 확인하는 것이다. 다시 말해 바운더리는 '그 일은 하고 싶지 않아. 나의 마음은 너와 별개야. 너를 사랑하고 늘 네 곁에 있을 테지만 너와 다른 나의 방식대로 하고 싶은 것들도 있어'라는 선언이자 나와 상대가 다름을 알리는 명확한 표현이다.

바운더리를 설정하는 방법

그렇다면 이토록 중요한 바운더리 설정은 어떻게 할 수 있을까? 바운더리를 설정할 때는 보통 다음의 세 단계를 거쳐야 한다. 첫째, 경계를 파악한다. 즉 바운더리를 설정하기 전에 스스로 수용할 수 있는 것과 수용할 수 없는 것을 확인해야 한다. 둘째, 소통한다. 상대방을 탓하거나 공격하는 대신 당신의 바운더리가 어디까지이며 그것이 지켜지지 않았을 때는 어떻게 행동할지를 분명하게 말해야 한다. 마지막 셋째, 그 바운더리를 지킨다. 다시 말해 바운더리가 침해되었을 때 어떤 행동을 할 것인지 정해야 한다. 단호하게 행동하지 않으면 그 바운더리는 공허한 말에 지나지 않기 때문이다. 바운더리가 존중되지 않았을 때는 상대의 마음을 상하게 하는 한이 있더라도 실질적인 조치를 취해야 한다.

작은 일부터 시작하자. 거절이 당신의 생각처럼 무섭지 않다는 사실을 경험하기 위해서는 감당할 수 있는 일부터 시작하는 게 좋다. 보고 싶지 않은 영화를 안 보겠다고 하거나 내키지 않는 행사에 참석하지 않겠다고 말해보자. 처음에는 두려울 수 있지만 막상 해보면 그리 어렵지 않다. 일단 바운더리가 안전하다는 사실을 확인하고 나면 좀 더 크고 위험부담이 있는 일들로 옮겨가면 된다.

바운더리는 말이 아니라 행동이다. 많은 사람이 바운더리를 설정해놓고 나서 실행하지 않곤 한다. 그러면 다른 사람들에게 당신의 말은 아무런 의미가 없으며, 그들이 선을 넘는 행동을 해도 대가를 치르지 않을 것이라는 생각을 심어주게 될 뿐이다. 예를 들어 누군가의 말이 당신을 불쾌하게 만든다고 해보자. 당신은 그에게 다른 식으로 이야기하라고 요구할 수 있다. 만약 그가 요청을 받아들이지 않으면 당신은 정해놓은 바운더리에 따라 대화를 종료하면 된다. 이렇게 바운더리를 정하고 선을 넘었을 때 합당한 대응을 함으로써 자신의 바운더리를 주체적으로 통제할 수 있다. 상대가 계속 바운더리를 침해한다면 좀 더 강력한 조치를 취해야 하고 그래도 변화가 없다면 안타깝지만 관계를 끝내야 할 수도 있다.

물론 나의 욕구를 표현할 때는 상대의 욕구도 존중하면서 타협할 수 있는 방법을 찾아야 한다. 두 사람의 욕구가 완벽히 일치하기란 불가능하므로 감당할 수 있는 적절한 중간 지점을 찾는 것이다. 그리고 그 과정에서 차분하게 당신이 변화를 원하는 이유를 설명해야 한다. 이는 매우 중요한 삶의 기술이기도 하다.

바운더리를 정하는 일은 생각보다 매우 어렵다. 다른 사람을 불쾌하게 만들 수 있고 상대방이 당신을 비난하거나 화를 낼 수도 있다. 이는 피플 플리저인 사람에게 특히나 더 힘든 일이다. 다른 사람이 당신을 좋아하지 않는다는 사실을 견뎌야 하니까 말이다. 게다가 모든 사람이 당신의 바운더리에 긍정적인 반응을 보이는 것도 아니다. 특히 당신을 지금과 같은 성향으로 자라게 한 가족을 포함해서 그동안 당신의 취약한 바운더리로 덕을 보아온 사람들은 더욱 부정적인 반응을 보일 것이다.

모든 사람이 항상 당신을 좋아할 필요는 없다는 사실을 기억하자. 다른 사람이 상처받거나 불쾌하거나 화가 나도 괜찮다. 당신은 견딜 수 있다(생존 본능은 그렇지 않다고 말할지 모르지만). 남들이 어떻게 반응하는가는 당신 책임이 아니다. 자기 자신에게 정직하게 살면서 다른 사람이 그걸 항상 좋아하지 않는다는 사실을 받아들이는 편이 훨씬 덜 고통스럽다.

상대방이 자꾸만 선을 넘을 때

당신이 심리치료 혹은 다른 요인으로 달라지고 있다면 아마도 상대는 그걸 좋아하지 않을 것이다.

"이해할 수 없어요. 트리시가 심리치료를 더 이상 받지 말라는 거예요."

늘 그렇듯이 침대에 누워 숙취로 힘들어하는 트리시를 보살피고 있는데 그가 켈리에게 그렇게 말했다고 했다. 그 말을 들으면서 자기가 또 손가락을 비틀고 있음을 알아챈 켈리는 상담 시간에 우리가 했던 '다른 사람의 감정에 책임감을 느끼지 않아도 된다'는 말을 떠올렸다.

"기분이 안 좋다니 나도 속상해, 트리시. 그런데 오늘 나는 다나와 함께 전시회에 가야 할 것 같아."

그러자 트리시가 언짢은 표정으로 말했다.

"굳이 가야 해? 나는 그럼?"

307

그 말을 들으며 켈리는 손마디가 하얗게 질리도록 손가락을 뒤틀었다.

"미안해. 네가 힘든 건 알지만 이건 네가 해결해야 해. 내가 너의 보호자가 될 수는 없어."

켈리가 떨리는 음성으로 말했다.

"너의 심리치료사가 그렇게 말하라고 했어?"

트리시가 쏘아붙이듯 물었다.

"맞아, 그렇다고 할 수 있지. 심리치료를 받으면서 내가 너의 기분을 책임질 수 없다는 걸 깨달았어."

"심리치료가 별로 도움이 되는 것 같지 않군. 결국은 우리 사이를 멀어지게 하잖아."

켈리는 잠시 숨을 죽이고 생각을 정리했다. 과거의 자기 모습과 트리시의 부탁을 거절하고 자기 필요를 우선하는 새로운 자기 모습 사이에 갇혀버린 느낌이었다. 켈리는 긴 숨을 내쉬고 혼자만의 시간을 조금 가져야겠으며 몇 시간 후에 돌아오겠다고 말했다.

한 사람이 바뀌면 관계 역동에 변화가 생긴다. 그러다 보면 상대방이 그 사람의 변화된 모습을 싫어하고 심할 경우 위협으로 느끼기도 한다. 만약 당신의 연인이 '예전의 당신'만을 좋아한다면, 그 사람과의 관계가 당신이 치유되고 발전하는 데 도움이 되는지 스스로 물어야 한다. 치유를 위해 무조건 관계를 끝내야 한다는 뜻은 아니다. 다만 관계를 유지하기 위해서는 상대방도 어느 정도 노력할 필요가 있다. 그렇게 해야 두 사람이 상호의존적인 관계로 발전할 수 있다.

스스로 돌보며
서로를 지지하는 관계로 나아가라

궁극적인 목표는 공의존 관계에서 상호의존 관계로 나아가는 것이다. 상호의존 관계는 균형 잡힌 대등한 관계이며, 독립적인 두 사람이 서로를 선택하여 이루어진 관계다. 이는 상대방 없이는 살아갈 수 없는 반쪽짜리 관계와 다르다.

다른 사람에게 의지하는 건 잘못된 행동이 아니다. 그러나 상호의존 관계에서의 핵심은 상대에게 의지하면서도 자아감을 잃지 않는 데 있다. 서로에게 충실하고 친밀하면서도 자유롭다. 도움이 필요할 때 상대에게 의지하면서도 안전감을 느낀다. 자신의 참모습으로 지내며 건강한 거리를 유지한다. 서로의 필요가 상충할 때는 타협과 조정도 하지만 전반적으로는 균형을 유지한다.

켈리는 점점 커지는 죄책감으로 힘들었지만 포기하지 않고 거절하는 연습을 하면서 자신의 필요를 충족시키고 트리시와의 관계 밖에서 온전해지고자 노력했다. 켈리에게 변화가 생기면서 일어난 기적 같은 일은 트리시 역시 서서히 변화했다는 점이다.

그녀가 트리시의 변화를 처음 알아챈 순간은 술자리에서였다. 다른 때 같으면 트리시가 얼마나 마시는지 주의 깊게 지켜보다가 적당한 때에 그만 마시게 하고 집으로 가자고 달랬을 것이다. 하지만 그날은 절대로 끼어들지 않으리라 다짐하고 있었다. 트리시가 석 잔째 마셨을 때, 다른 때 같으면 속도를 조절하라고 했겠지만 켈리는 아무 말도 하지 않았다. 쉬운 일은 아니었다. 트리시가 네 번째 잔을 주문할 때, 켈리는 말리려는 자신을 제어하기 위해 아랫입술을 깨물며 짜증을 참아야 했다. 그러고 있는데 누군가 한 잔씩 더 주문하자고 하자 트리시가 갑자기 말했다.

"오늘은 너무 많이 취하고 싶지 않아. 켈리, 이제 집에 갈까?"

켈리는 깜짝 놀랐다. 지금까지 한 번도 이런 적이 없었기 때문이다. 그제야 켈리는 자기가 트리시를 아이처럼 취급하면 할수록 그가 더 아이처럼 군다는 사실을 깨달았다. 켈리가 부모처럼 보살피기를 그만두자 트리시 스스로가 자신을 제어하고 어른 노릇을 한 것이다.

두 사람 관계에서 한 사람이 변하면 종종 그 여파가 나머지 한 사람에게도 미친다. 그것이 항상 최선의 결과를 가져온다고 볼 수는 없지만(변화를 꺼리는 쪽에서 상대의 발전을 방해하기 위해 온갖 시도를 할 수도 있다), 관계의 역동을 흔들어서 더 좋은 방향으로 나아가게 할 수도 있다. 켈리가 부모 노릇을 그만두자 트리시도 아이 역할에서 벗어나게 된 것처럼 말이다. 이러한 성인 대 성인의 관계는 상호의존 관계에 더 가까우며 두 사람이 각자 자신의 필요를 충족시키면서 동시에 서로를 지지한다.

몇 주 후, 나는 상담실을 찾은 켈리와 마주했다. 이제 그녀는 손가락을 뒤트는 대신 두 손을 차분하게 무릎 위에 올려놓고 있었다. 불안감도 훨씬 줄어든 것 같았다. 그리고 홀가분해 보였다.

"트리시와 깊은 대화를 나누었어요."

켈리가 안도의 숨을 내쉬며 말했다. 트리시도 심리치료를 받기 시작했다고 하면서 말이다. 처음에만 해도 트리시는 감정을 주체하지 못하고 흥분하면서 켈리에게 전시회 약속을 취소하고 자기 곁에 있어달라고 계속 졸랐다고 한다. 계속된 행동에 켈리는 더 이상 참을 수 없는 지경에 이르렀고 그녀는 울면서 이렇게 말했다.

"네가 이러는 게 나를 얼마나 힘들게 하는지 너는 모르는 거 같아. 나는 더 이상 너를 돌봐줄 수 없어. 나를 너무 지치게 만들어. 네가 마치 내가 책임져야 하는 어린아이 같단 말이야. 널 실망시키고 싶지 않다는 생각에 나의 진짜 모습으로 살 수가 없어. 너를 사랑하지만 내가 너의 구원자가 될 수는 없어. 그러다가는 나 자신을 잃어버릴 거야."

"음, 그 말을 트리시에게 한 거예요, 아니면 어머니에게 한 거예요?"

내가 물었다.

"두 사람 모두에게 한 게 아닐까요?"

켈리가 미소를 지으며 대답했다.

어려운 대화였지만 켈리가 취약함을 드러내자 두 사람 사이의 기류가 바뀌었다. 늘 켈리가 해결사 역할을 하고 트리시가 도움이 필요한 사람이었는데, 이번에는 켈리가 힘들다는 하소연을 하고 있었던 것이다. 상황이 바뀌자 그 덕분에 트리시가 켈리를 달래줄 수 있었다.

"지금까지 네가 얼마나 힘들었는지 미처 깨닫지 못했어."

트리시가 두 팔로 켈리를 감싸며 말했다.

"너무 미안해. 너에게 그런 부담을 지우는 건 공평하지 않아."

그날 밤, 트리시가 켈리 옆에 앉더니 말했다.

"나도 달라지고 싶어. 더 이상 내 문제로 너를 힘들게 하고 싶지 않아. 네가 변화하는 모습을 보면서 나도 바뀌고 싶다는 생각이 들었어."

물론, 두 사람이 관계의 균형을 회복하는 데는 꽤 오랜 시간이 걸렸고 그동안 몇 번이나 예전의 패턴으로 되돌아가곤 했다. 하지만 달라진 점은 두 사람 모두 자신을 돌아보고 하나씩 배워가면서 새로운 방식으로 대응하기 위해 노력했다는 것이다. 트리시가 정서적으로 안정되고 건강해지면서, 켈리는 안심하고 조금씩 자신의 취약함을 드러내 보일 수 있게 되었다. 트리시의 보살핌을 고맙게 받아들이고 때때로 어머니와의 문제를 털어놓기도 했다. 켈리는 트리시가 그렇게 기꺼이 자기를 도와주려 하고, 실제로 든든한 지원자 노릇을 할 수 있는 사람이었다는 사실에 놀랐다. 관계가 균형을 되찾으면서 두 사람은 이제 각자 스스로를 돌보면서 동시에 서로를 지지하는 관계로 발전하는 중이다.

켈리와 트리시와 같은 관계에 있던 사람들이 모두 이들처럼 해피엔딩을 맞이하지는 않는다. 관계에 균열이 생기고, 생채기가 나고, 때론 주변에서 관계를 빨리 끝내라고 종용하기도 한다. 또 실제로 관계를 끝내는 게 최선인 경우도 있다. 하지만 결과가 어쨌든 시도해볼 가치는 있다. 변화란 두 사람이 노력할 의지만 있다면 언제든 가능한 것이니 말이다.

소통

건강한 관계를 위한 싸움과 화해의 기술

조르자와 덱스터는 20년 동안 같은 싸움을 반복하고 있다. 싸움은 늘 청소 때문에 일어나지만 사실 청소와는 별 상관이 없다. 주로 싸움을 걸어오는 쪽은 덱스터다.

덱스터가 직장에서 긴 하루를 마치고 집으로 돌아오면 정신 없이 어질러진 주방이 기다리고 있다. 조르자가 뒷정리를 잘 하지 않기 때문이다. 화가 나서 목덜미가 후끈 달아오른 덱스터는 씩씩대며 주방 정리를 시작한다. 그러면서 조르자가 자기를 배려하지 않는다는 둥, 늘 이런 식이라는 둥 투덜거린다. 주방이 깨끗이 정리되고 나면 덱스터는 빵 반죽을 하면서 수동 공격적 분풀이를 하고, 자기가 집안을 보살피고 있음을 과시한다. 그쯤 되면 상대적으로 게으른 조르자는 죄책감을 느낄 수

밖에 없다.

두 사람이 대학에서 처음 만났을 때, 조르자는 한 학기 동안 그 학교를 방문한 유학생이었다. 그때는 털털함이 그녀의 매력이었다. 길고 숱 많은 머리를 느슨하게 말아 올린 그녀는 짝이 다른 양말을 신은 채 강의실에 들어오고, 책가방에서는 늘 낱장의 종이들이 쏟아졌다. 덱스터는 그런 그녀에게 자꾸만 눈길이 가면서, 어떻게 하면 그녀의 관심을 얻을 수 있을지 고민했다. 덱스터는 정반대의 성격이었다. 그는 말끔하게 다림질된 셔츠와 반짝반짝 광이 나는 구두를 신어야 마음이 놓이는 사람이었다.

"분필과 치즈처럼 우린 달라."

두 사람은 서로가 다르다는 사실을 신기해하며 웃었다. 하지만 두 명의 자녀가 태어나고 네 번의 이사를 하는 동안 수도 없이 싸우고 나니 그녀의 털털함은 더 이상 매력이 되지 않았다.

조르자가 퇴근해서 집에 오면 온 집안이 어수선해진다. 직장에서 있었던 일을 숨도 쉬지 않고 빠른 속도로 쏟아내면서 거실 한쪽에 가방을 던져놓고 스타킹은 아무렇게나 벗어던진다. 그런 다음 차 한 잔을 만들고, 스푼과 우유, 티백은 주방 조리대 위에 흩어놓은 채 거실로 와서 소파에 쓰러지듯 앉는다. 그러면서도 덱스터가 주방을 깨끗이 청소해놓은 것이나 오븐에서 나는 빵 굽는 냄새에 대해서는 단 한마디 언급이 없다.

폭발 일보 직전의 덱스터가 조르자에게 너무 배려심이 없다고 말한다. 다른 사람이 자기 뒤치다꺼리하는 걸 당연하게 생각하는 게으른 공주라고 비난한다. 열이 오르는지 그의 목이 한층 더 빨개진다. 조르자는 자기밖에 모른다. 이기적인 사람, 그게 바로 조르자다.

한편 조르자는 너무 피곤하다. 하루 종일 상사가 어찌나 다그치는지, 수시로 시계를 보며 퇴근만 생각했다. 어서 집에 가서 구두를 벗고 차 한 잔 마시며 소파에서 편안하게 쉬고 싶었다. 덱스터는 여전히 고함치고 있다. 그녀는 더 이상 편안히 쉬기는 틀렸다는 생각에 찻잔을 거칠게 내려놓고 같이 고함치기 시작했다. 제발 잠시만 편안히 있도록 놔두면 안 될까? 덱스터는 왜 그렇게까지 꼼꼼하게 매사를 통제해야 하는 걸까? 조르자가 하루 종일 스트레스에 시달렸다는 걸 모르나? 꼭 집에서까지 스트레스를 받게 해야 하나? 이기적인 사람은 바로 덱스터다.

덱스터의 목덜미가 한층 더 새빨개졌다. 이제 그는 지난번에 함께 극장에 가기로 했을 때의 이야기로 넘어간다. 티켓을 사놓고 기다렸는데 조르자가 늦게 오는 바람에 영화의 절반 정도를 혼자 봐야 했던 이야기다. 조르자는 얼마 전 자기가 빵을 자를 때 덱스터가 빵 자르는 방법이 틀렸다며 산소리를 퍼부었던 이야기를 꺼내놓는다. 두 사람은 무엇 때문에 싸움을 시작했는지도 잊어버린 채 싸움을 이어간다.

"앗, 이런. 빵!"

덱스터가 눈을 동그랗게 뜨고 외쳤다.

"타는 거야?"

조르자가 물었다.

덱스터가 심혈을 기울여 반죽한 빵은 이제 검은 숯덩이로 변해버렸다. 빵을 꺼내는데 오븐에서 연기가 피어올랐다. 덱스터는 화산처럼 열을 뿜어내고 있었다. 목덜미는 이제 거의 보라색으로 변했다. 이 모든 게 조르자 때문이라고 고래고래 소리를 지른다. 마치 어린아이를 데리고 사는 것 같다고 말이다. 하지만 조르자는 더 이상 그의 말에 끄떡도 하지 않았다. 그러면서 덱스터를 통제광에다 나르시시스트라고 비난했다.

"넌 너희 엄마랑 똑같아."

조르자가 소리쳤다.

덱스터는 빵을 쓰레기통에 던져버리고 방으로 뛰어 들어갔다. 차는 이미 차갑게 식었고 조르자는 왜 이렇게 똑같은 싸움을 계속해야 하는 건지 답답한 마음으로 소파에 앉았다. 두 사람은 왜 이렇게 다툼을 멈추지 못하는 걸까?

싸움의 진짜 이유가 싸움을 일으킨 그 일이 아닐 때가 종종 있다. 싸움 자체는 빙산의 일각에 불과하다는 뜻이다. 사실 이런 상황은 그 밑에 애착 관계를 위협하는 요인이 숨겨져 있는 경우가 대부분이다. 그렇다면 덱스터와 조르자가 정말로 다투게 된 이유는 무엇 때문일까?

덱스터는 조르자가 집안을 아무렇게나 어지르는 습관을 '자기에 대한 배려 없음'으로 받아들였다. 덱스터가 혼자 청소하는 걸 당연히 여기는 듯했기 때문이다. 퇴근 후 집에 와서도 덱스터가 해놓은 집안일에 전혀 관심을 두지 않고 또다시 집안을 어지르기 시작하면 덱스터는 더 무시당하는 기분이 들었다. 이러한 감정은 그가 과거에 경험했던 어떤 기억을 자극했다.

덱스터의 어머니는 비판적인 사람이었는데 잔소리가 많아서 늘 그가 뭔가를 잘못하고 있다고 느끼게 했다. 덱스터는 일찍 숙제를 끝내고 침대를 정리했지만 어머니는 덱스터의 그러한 노력을 알아주지 않았다. 집에 오면 덱스터가 열심히 해놓은 일들은 보지도 않고 가방을 치우지 않았다는 등 다른 것을 찾아 꾸짖었다. 조르자가 자신이 한 일을 알아주지 않으면 덱스터의 내면에서는 과거 어머니가 자신의 노력은 인정해주지 않고 비난만 할 때 느꼈던 감정이 되살아났다. 정작 덱스터는 그 사실을 모르고 있었지만 말이다. 그러니까 그의 반응은 아무리 노력해도 인정받지 못했던 어린 소년의 감정이었던 것이다. 물론 알아차린 독자도 있겠지만, 조르자가 말했듯이 덱스터가 통제하고 비난하는 모습은 그의 어머니와 똑같다. 짐작하건대 덱스터의 어머니도 그녀의 부모나 조모 중에 무심하고 비판적인 사람이 있었을 것이고, 그렇게 악순환이 이어져왔을 수 있다.

우리는 부모를 닮지 않기를 간절히 바라면서도 결국은 부모를 내면화하여 우리가 그토록 싫어했던 부모의 행동을 똑같이 되풀이하며 산다. 물론 어떤 사람은 반항하기 위해서 굳이 정반대의 모습으로 살기도 하지만 대부분은 어쩔 수 없이 부모의 특성을 닮는다. 그 이유 중 하나는 다르게 소통하는 법 자체를 배우지 못했기 때문이다. 덱스터의 어머니는 덱스터에게 감정을 올바로 나누는 방법을 가르쳐준 적이 없었고, 그는 다른 사람을 비난하면서 자신의 다친 마음을 보상하는 방식밖에는 배우지 못했다.

> **마음 들여다보기**
>
> 사람들과 싸울 때 당신은 어떤 유형인지 생각해보자. 자신의 감정을 솔직하게 이야기하는 편인가? 덱스터와 조르자처럼 전혀 상관없어 보이는 일로 싸우는가? 갈등을 회피하거나 분노를 간접적으로 표출하는 수동 공격형인가?
> 이제 이러한 특성이 당신의 가족이 싸우는 방식과 어떻게 연결되는지 생각해보자. 그중 어렸을 때 당신에게 본보기가 되었던 방식

은 무엇이었나? 가족이 싸우는 모습을 직접 목격했거나 기억나는 장면이 있는가? 기억나는 것이 전혀 없다면 그 역시 살펴봐야 할 부분이다.

당신의 가족은 어떤 방식으로 소통했는가? 부모나 형제가 싸운 적이 있다면 어떻게 싸웠는가? 얼마나 자주 싸웠는가? 싸우는 일이 많았는가? 다툼에 관해 가족들이 대화를 나누지 않는 편이었는가? 아니면 무엇 때문에 화가 났는지 솔직하게 이야기하도록 배웠는가? 그러한 경험은 현재 당신이 싸우는 방식과 어떤 관련이 있다고 생각하는가?

당신의 분노를
한 발짝 떨어져 바라보라

소통 방식을 바꾸기 위해서는 자신의 약한 부분을 내보일 수 있어야 한다. 상대에게 되갚아주려는 마음보다는 자신의 마음을 들여다보고 어떤 감정이 촉발되었는지 솔직하게 이야기하는 것이 바람직하다. 마음이 상했다는 사실을 상대에게 잘 전달할 수 있으면 좀 더 치유적인 대화를 시작할 수 있다.

첫 번째 단계는 의식하는 일이다. 넥스터가 대응 방식을 바꾸려면 먼저 자기 마음이 상했다는 사실을 인지해야 한다. 누군가에게 짜증이 나서 그를 비난하거나, 큰 소리로 화를 내거나, 공격적인 말을 하거나, 그 외 어떠한 방식으로든 아프게 해주고 싶다는 생각이 든다면 당신 안에 어떤 감정이 촉발되었다는 뜻이다. 그러므로 반응하기 전에 잠시 멈추는 시간을 가져야 한다. 무엇 때문에 마음이 상했는지 들여다봐야 하는 것이다.

덱스터는 자기 마음 깊은 곳에서 어떤 일이 일어나고 있는지 돌아봄으로써 자신의 분노가 단순히 어지르는 것 때문이 아닐 수도 있다는 생각을 하게 되었다.

두 사람이 어떻게 다르게 대응할 수 있었는지 생각해보기 위해 상황극을 연출해보자. 조르자가 또다시 집을 어질러놓고 나간 후, 덱스터는 못마땅한 심정으로 그걸 정리하다가 목덜미가 뜨거워지는 걸 느낀다. 오후 내내 그녀 때문에 씩씩거리면서 퇴근해서 집에 오기만 하면 소리를 질러주리라 벼르고 있다. 그러다가 잠시 멈춘다. 몸 안에 불만이 가득 쌓여 있는 것을 느끼고, 방 침대에 누워 열 번 정도 심호흡을 한다. 그러자 기분이 좀 나아졌다.

이러한 의식의 순간이 문제 해결의 열쇠가 된다. 덱스터는 그러한 시간을 가짐으로써 감정적으로 대응하기를 멈출 수 있었다. 그는 '호기심을 갖자'라는 말을 되새기며 잠시 시간을 갖고 자신이 지금 어떤 감정을 느끼고 있는지 돌아봤다. '나는 지금 거부당했다는 느낌이 드는 거야.' 내면의 음성이 말한다. '엄마가 예전에 그랬듯이 내가 힘들게 해놓은 일들이 모두 무시당하는 느낌이야.' 덱스터는 자기 안에 있는 사랑받지 못해서 슬픈 아이를 떠올렸다. 다시 분노가 차오르는 듯 했지만 똑같은 싸움을 반복하는 것에 지친 덱스터는 자기 분노를 조르자에게 쏟아내고 싶지 않다고 생각한다.

덱스터는 상처에 기인한 감정이 촉발되었다는 사실을 이해하고 공감함으로써 마음속에 일어나는 분노 반응을 약간의 거리를 두고 바라볼 수 있었다. 덱스터는 조르자가 퇴근해서 돌아와 신발을 벗고 차를 마실 때까지 기다렸다. 목덜미는 여전히 벌겋게 달아올랐지만 조르자가 힘들었던 하루의 이야기를 마칠 때까지 다 들어주고 나서 이번에는 조금 다르게 다가갔다.

"당신이 집 청소와 정리를 나한테만 떠넘기는 것 같아서 화가 나. 너무 어지르는 것도 참기 힘들어. 그건 당신도 알 거야. 당신이 어질러놓은 것을 스스로 치우지 않으면 나는 당신이 나에 대한 배려는커녕 관심도 없다고 느껴져. 게다가 열심히 청소해놓았는데 그걸 알아차리지 못하면 또다시 무시당하는 느낌이 들어. 바보 같은 말인 줄은 나도 알아. 그렇지만 나는 그런 게 정말 싫고 화가 나거든. 예전에 엄마와의 기억이 떠올라서 그런 것 같아. 그래서 정말 화가 나지만 그렇다고 엄마 같은 사람이 되고 싶지는 않아."

덱스터가 무척 힘든 말을 하고 있다는 사실을 알아차린 조르자가 놀라서 말했다.

"미안해, 여보. 그런 줄 몰랐어. 내가 많이 어지르는 편이지. 정말 싫을 거라는 거 알아. 그런데 나는 그냥 잔소리 듣기가 싫어서 그랬어. 내 부모님이 그랬듯이 말이야. 나는 내가 당신을 배려하지 않는다고 생각하는 줄은 몰랐어."

조르자가 그의 이마에 키스하며 말을 이었다.

"당신을 많이 사랑해. 이제부터 당신이 느낄 수 있도록 좀 더 표현할게."

덱스터가 오븐에서 빵을 꺼내고, 두 사람은 소파에 앉아 버터 향이 가득한 두툼한 토스트를 먹는다.

덱스터가 조르자를 비난하지 않고 자기감정을 먼저 얘기했기 때문에 조르자도 방어하느라 흥분할 필요가 없었다. 공격받는다는 느낌이 없으니 덱스터의 감정에 공감하면서 자기 행동을 돌아볼 수 있었기 때문이다. 덱스터는 자신의 취약성을 인정하고 용감하게 드러냄으로써, 화풀이하고 상처를 주는 대신 자신의 상처를 공유하는 새로운 소통 방식을 찾을 수 있었다. 서로를 공격하지 않고 자기감정에 집중함으로써 전쟁터가 아닌 사랑의 장에서 서로를 만날 수 있게 된 것이다.

심리치료에서 우리가 주로 많이 하는 이야기는 감정을 터트리고 바로잡는 일에 대한 것이다. 어떤 관계에서든 일어날 수 있는 일로, 이를 어떻게 바로잡느냐에 따라 관계는 물론 우리의 정서적 건강까지 영향을 받을 수 있다. 감정을 터트리는 양상은 어린 시절 경험이나 부모님이 보여주었던 다툼, 또는 긴장과 유사해 보일 수 있다. 치유는 이러한 상황을 어린 시절의 경험과는 다른 방식으로 대응해서 새롭고 더 건강한 방식으로 갈등을 해결할 수 있게 하는 것이다. 이러한 과정을 통해 우리는 더 건강해지고 유대가 굳건해지며 서로를 깊이 이해하게 된다.

여기서 유의할 점은 이러한 내용이 학대적인 관계에서는 절대 해당하지 않는다는 사실이다. 상대가 안전한 사람이고, 당신의 상처나 취약함을 드러냈을 때 그에 합당한 보살핌과 배려를 줄 수 있다는 판단이 섰을 때에만 시도해야 한다. 물론 누구도 완벽할 수는 없으므로, 때때로 사랑하는 사람에게 보살핌과 배려를 제공해주지 못하는 경우가 있지만 기본적으로 따뜻함과 배려심을 가진 사람이어야 한다.

인정과 이해, 존중이 있는 대화의 기술

다음은 내가 중요하게 생각하는 몇 가지 소통의 원칙이다. 완전히 습득하려면 시간이 좀 걸리지만 시행착오를 겪더라도 꼭 시도해보길 권한다.

첫째, 나의 감정에 초점을 맞춘다. 상대를 탓하는 말로 시작하지 말고 자신의 감정을 먼저 이야기하라. 상대를 비난하고 잘못한 점들을 늘어놓기보다는 '내 감정은 온전히 나의 문제'임을 전제로 하고 그것을 나눈다는 느낌으로 이야기해야 한다. 흥분을 가라앉히고 상대의 행동에 대해 어떤 느낌을 받는지 이야기한다. 예를 들면 "당신이 그렇게 해서 날 기분 나쁘게 했잖아"보다는 "당신이 그럴 때면 난 기분이 나빠져"가 훨씬 덜 공격적이다.

둘째, 자기 문제를 상대에게 투사하고 있지는 않은지 생각해본다. 상대가 너무 비판적인가, 아니면 자신의 비판적인 성격을 상대에게 투사하고 있는 것인가? 조르자가 집안을 어지르는 게 잘못인가, 덱스터가 자신의 불안감을 조르자에게 투사하고 있는 것인가? 상대를 비난하기 전에 자신의 문제가 어디까지인지, 스스로 책임져야 할 부분은 어디까지인지 생각해보자.

셋째, 상대의 감정을 인정한다. 연구에 의하면 상대의 감정과 관점을 이해하는 부부는 갈등이 적다고 한다. 상대의 의견에 동의하지 않아도 상대의 느낌을 인정하고 그의 관점에 관심을 보이는 것만으로도 큰 도움이 된다.

넷째, 호감을 얻지 못하거나 누군가를 화나게 할 수 있다는 생각에 따른 두려움이나 불안을 견디는 연습을 해본다. 갈등을 싫어하는 사람이라면 어렵고 긴장된 대화가 두려울 수 있다. 그러나 자신의 진심을 말하고 솔직하게 소통하려면 상대의 감정을 지나치게 의식하지 말아야 한다. 다른 사람을 기쁘게 하는 것은 의무가 아니다. 또한 상대가 불쾌해할까 봐 필요한 대화를 피하는 것 역시 일종의 자기 포기임을 기억하자.

다섯째, 감정이 가라앉은 후에 소통한다. 한 사람, 또는 두 사람이 모두 흥분한 상태에서 하는 대화는 대부분의 경우 도움이 되지 않는다. 감정적으로 반격하느라 바빠서 상대의 말은 듣지도 않은 채 상황을 악화시킬 수 있기 때문이다. 두 사람 중에 회피 성향이 좀 더 강한 사람이 먼저 물러설 수도 있지만, 그것도 나름 좋은 방법이다. 싸움이 중단되었다고 불안해할 필요는 없다. 잠시 멈추고 두 사람이 다시 평온해지면 좀 더 절제되고 덜 방어적인 자세로 대화를 시작한다. 물론 우리는 모두 인간이기 때문에 항상 마음을 가라앉히고 대화에 임할 수는 없다. 특히 한 사람이 상처 주는 말을 했다면 먼저 사과해야 할 수도 있고, 한쪽이 '솔선해서' 상대를 달래줘야 할 수도 있다. 중요한 사실은 사과한 후에 두 사람의 마음이 가라앉으면 비로소 진정한 소통과 상호 이해가 가능해진다는 것이다.

여섯째, 호기심을 갖고 잘 듣는다. 우리는 문제를 제기할 때 상대의 말은 듣지 않고 내가 하고 싶은 말을 하는 데만 집중하는 경향이 있다. 그러므로 두 사람 모두 성급하게 결론짓고 상대를 공격하지 말고 상대의 말을 듣고 공감하는 시간을 가져야 한다. 어려운 대화를 해야 하는 경우라도 내가 상대를 존중하고 상대도 나를 존중한다는 확신이 있으면 얼마든지 서로 지지하며 대화를 이어갈 수 있다.

나의 심리치료사가 자주 하는 말이 있다. "처음 만난 사람 앞에서는 변화된 모습을 보이기가 쉽다." 반대로 말하면 우리의 성향이나 특정 행동 양식에 익숙해진 사람 앞에서는 다르게 행동하기가 무척 어렵다는 뜻이다. 만난 지 얼마 되지 않은 사람과는 바운더리를 정하고 소통하기가 훨씬 쉽다. 그 사람은 과거의 나를 모르기 때문이다. 오래된 친구 관계도 마찬가지다. 고등학교 시절부터 알고 지낸 친구보다는 새로운 친구 관계 속에서 나를 변화시키기가 쉽다. 그 새로운 사람은 이미 변화 중인 현재의 당신을 만나고 있기 때문이다. 그런 의미에서 효과적인 치유를 위해서는 새로운 관계 속에서 이러한 변화를 연습한 뒤 오랫동안 관계를 맺어온 사람들에게 그것을 적용하는 방식이 바람직하다고 하겠다.

4

관계가 끝날 때
생각해야 할 것들

배신

우리가 사랑할 때 이야기하지 않는 것들

매브를 처음 만났을 때 그녀에게서 열정이나 의욕이라고는 하나도 찾아볼 수 없었다. 첫 상담에서 대부분의 사람이 그러하듯 그녀는 몹시 긴장한 모습으로 짧은 코트를 벗지도 않은 채 무릎 위에 올려놓은 핸드백을 잔뜩 움켜쥐고 있었다.

"상담 내용을 녹음하실 건가요?"

그녀의 질문은 아직 나를 신뢰할 수 없다는 말로 들렸다. 어떻게 신뢰할 수 있단 말인가? 이제 처음 만난 낯선 사람인데. 나는 그녀에게 상담 내용은 전적으로 비밀이 보장되며 아무것도 녹음되지 않는다고 말해주었다. 그러자 그녀가 핸드백을 옆에 내려놓았고, 그렇게 상담이 시작되었다.

매브는 최근에 둘째 아이를 출산하고 사무 변호사 일을 다시 시작했는데, 일이 생각보다 힘들고 그래서인지 모든 게 어렵다고 했다. 아이들 생각에 정신없다 보니 직장에서도 무능해진 느낌이고, 집에 있을 때는 전문직 여성으로서 충분히 발전하지 못하는 자신이 실패자처럼 느껴진다고 말했다. 그녀의 일상이 혼자 감당하기에는 벅찰 것 같다는 생각이 들어서 남편이 도와주는지 물었다.

"핀에 관한 이야기를 하려고 상담하는 건 아니에요."

나는 그녀의 방어적인 반응을 기억해두고, 일단은 이야기를 계속 듣기로 했다.

몇 분 후, 매브는 핀이 밤늦은 시간에 아이들에게 단 걸 먹이는 바람에 아이들이 흥분해서 사방으로 뛰어다녀 정신이 하나도 없었다고 했다.

"저는 그날 밤에 회사 일을 좀…. 그이에 관해서는 말하고 싶지 않아요."

그녀는 말하다 말고 입을 꼭 다물었다.

"핀의 이야기를 꺼낸 건 당신이잖아요."

내가 좀 장난스럽게 반응했지만, 그녀는 웃기는커녕 미소조차 짓지 않았다. 내게 쉽게 열어 보일 수 없는 뭔가가 있다는 느낌이 들었다. 핀에 관해 말하지 않겠다고 하는 데는 뭔가 숨기고 싶거나 직면하고 싶지 않거나 차마 털어놓기 힘든 뭔가가 있기 때문인 듯했다. 나는 인내심을 갖고 시간이 지나면서 이야기가 풀어져 나오기를 기다리기로 했다.

그다음 상담 시간에 매브는 가방을 움켜쥐는 대신 바닥에 내려놓았고 코트를 벗지는 않았지만 단추는 풀었다. 그러고는 핀에 관해 소소하고 무해한 불평을 꺼내놓았다. 너무 늦게까지 일한다거나, 육아를 도와주지 않는다거나 하는 것들이었다. 이 부분도 좀 더 들여다볼 필요가 있었지만 상담 초기에 너무 많은 질문을 하면 그녀가 부담스러워할 것 같아서 일단은 넘어가기로 했다.

매브는 농담처럼 마치 아이 셋을 키우는 것 같다며 웃었다. 하지만 이야기가 좀 더 이어지면서, 굳건히 닫으려 하는 그녀의 입에서 어쩔 수 없는 원한의 감정이 새어 나오기 시작했다. 네 번째 만났을 때는 처음부터 거센 불만이 쏟아져나왔다. 핀이 일이 너무 많아서 퇴근 후에도 자기와 함께 시간을 보내거나 집 안일을 도와주지 않고 늘 너무 피곤해한다는 얘기였다. 그녀는 혼자서 집을 치우고 아이들을 먹이고 재우고 동시에 직장 일까지 놓치지 말고 해내야 했다. 그러는 동안 핀은 소파에 앉아 풋볼을 보거나 친구들을 만나러 술집에 가는 게 전부였다.

여섯 번째 상담 날, 매브는 또다시 코트 단추를 모두 채우고 가방을 잔뜩 끌어안은 채 들어왔다. 그녀는 핀에 대해 털어놓을 수 있다는 게 큰 위안이 된다고 했다. 그러면서 핀에 관한 이야기를 꺼내놓으면 상황이 더 나빠지지 않을까 두려웠는데, 마음에서 털어내는 것이 도움이 되더라고 고백했다. 하지만 그녀의 몸짓이 전하는 메시지는 말과 달랐다. 마음이 자유롭다고 말하면서 가방을 마치 방패처럼 가슴에 꼭 끌어안고 있었다. 마치 뭔가를 단단히 숨기려는 듯 보였다. 가슴에 무엇을 담아둔 걸까?

"핀의 문제는 어머니의 과잉보호 속에 자랐다는 거예요. 시어머니는 그가 원하는 건 뭐든 은쟁반에 담아서 갖다 바치셨죠. 그는 이제 어머니 대신 제가 그렇게 해주길 바라고 있어요."

"그 문제에 관해서 남편과 이야기해본 적이 있으세요?"

내가 물었다.

"아니요."

"그럼 어떻게 대처하고 있는데요?"

그러자 매브가 고개를 숙이고 이제 어떻게 해야 할지를 결정하려는 듯 시선을 좌우로 옮겼다. 그녀가 몹시 당황한 표정이어서 나는 좀 더 조심스럽게 접근하기로 했다. 더 이상 다그치지 않고 그녀가 말할 때까지 기다렸다. 잠시 후 그녀는 결심한 듯 깊은 한숨을 쉬고 이야기를 시작했다.

조는 매브의 직장 동료인데, 그녀와 가벼운 장난을 주고받는 사이다. 처음에는 커피머신 옆에서 농담을 건네거나 팀 미팅에서 은근히 눈길을 주고받고 가벼운 안부 문자 정도를 나누는 사이였다. 그러던 어느 날 두 사람은 퇴근 후 술자리에 참석하게 되었는데 다른 사람들은 하나둘씩 자리를 뜨고 두 사람만 남게 되었다. 그러자 조가 대담하게 매브의 손을 어루만지며 아름답다고 속삭였고, 매브는 몇 년 만에 처음으로 살아 있음을 느꼈다.

　그 일을 털어놓으며 매브는 죄책감과 후회로 가득한 표정을 지었지만 그녀의 음성엔 동시에 설렘 또한 남아 있었다. 나는 두 사람이 남의 눈을 피해 빈 휴게실에서 키스하고, 회사 모임이 끝나면 남아 있다가 또다시 둘만의 시간을 즐긴 이야기를 들으면서 그녀의 마음이 그대로 느껴지는 것 같았다. 매브는 그것이 크나큰 잘못임을 알고 있었고 마음 한쪽이 말할 수 없이 괴로우면서도, 다른 한편으로는 살아 있음을 느끼기 위해서 꼭 필요한 일이라고 생각하는 것 같았다. 매브는 한순간에 속마음을 알 수 없는 환자에서 매력적이고 도발적인 여성으로 바뀌었다. 나는 그녀도 자신에 대해 그렇게 느끼고 있는지 궁금해졌다.

　"즐기고 있는 것 같아요. 그 일에 관해 이야기할 때면 다른 사람이 된 것 같거든요. 살아 있는 듯한 느낌이 들기도 하고요."

　그녀가 고개를 끄덕였다.

　"알고 있어요. 말도 안 되는 일이죠. 하지만 다시 10대 시절로 돌아간 것 같아요. 신비롭고 매력적인 사람이 된 것 같기도 하고요. 그러다가 핀과 아이들이 떠오르면 세상에서 제일 나쁜 엄마라는 생각에 정신이 번쩍 들죠. 만약 식구들이 알게 된다면… 아, 너무 끔찍해요. 어떻게 해야 할지 모르겠어요. 하지만 아무리 그만두려고 해도 그럴 수가 없어요. 조는 유일하게 제가 뭔가를 느끼게 할 수 있는 사람 같아요."

누군가는 분명 매브에게 나쁜 엄마라고, 세상 부끄러운 줄 알아야 한다고 비난할 것이다. 하지만 그건 내가 할 일이 아니다. 나는 그녀와 마주 앉아 있는 동안 그녀가 '왜 그래야 했는지'에 초점을 맞추어야 한다. 왜 외도를 해야 했을까? 외도를 통해 그녀가 얻는 건 무엇일까? 외도를 통해 자신이 누군가에게 신비감과 설렘을 줄 수 있는 매력적인 여성임을 느끼는 걸까? 핀에게 화가 나서 외도로 분풀이하는 걸까? 아니면 자기가 행복한 가정을 꾸릴 자격이 없다고 생각하거나, 혼란스러운 가정 환경에 익숙해서 가정을 망가뜨리는 행위로 자기 방해를 하는 건가? 아직 알 수는 없지만 이유가 될 만한 요소는 많을 것이다. 이제 그녀와 함께 그걸 밝혀내는 과정이 남았다.

모든 배신에는
근원적인 이유가 있다

외도의 형태는 무척 다양하고 그 이유도 다양하다. 하지만 자기가 외도를 하면서도 그 이유를 모르는 사람도 많다. 왜 외도를 하느냐고 물어보면 모른다고 대답하겠지만 그렇다고 이유가 없지는 않다. 무의식의 영역에 숨겨져 있을 뿐이다.

모두가 매브의 경우처럼 외도 후에 두고두고 죄책감에 시달리지는 않는다. 만성적으로 불륜을 저지르는 사람도 있고 남의 삶을 망치는 걸 즐기는 바람둥이도 있다. 친구의 압력에 못 이겨 바람을 피우고 그들과 어울리며 시시덕거리는 사람도 있고, 배우자 몰래 수년간 연인 관계를 숨기고 지내는 사람도 있다. 나무랄 데 없는 가정을 스스로 망치는 자기 방해의 방편으로 외도를 저지르는 사람도 있고, 단지 비밀이 필요해서 외도하는 사람도 있으며, 복수나 분노 때문에 외도하는 사람도 있다. 그런가 하면 배우자를 사랑하지만 더 이상 성관계의 상대로는 끌리지 않아서 외도하는 사람도 있다.

많은 사람이 외도는 상대에 대한 배신이라고 생각하지만 실제로는 더 깊은 근원적 이유를 가지고 있는 경우가 많다. 인간관계는 갈등으로 가득 차 있으며 우리의 가장 깊은 상처와 불안감을 자극한다. 이때 외도는 더 이상 갈등이 없는 환상의 세계로 도피할 수 있게 해준다. 환상 속 외도의 상대는 완벽하다. 너무 친밀한 관계 속에서 드러난 서로의 모습으로부터 도망칠 수 있게 한다. 앞서 제이를 예로 들어보자. 연인을 만나고 싶어 간절하게 찾아 헤매다가 드디어 그런 상대를 만나 사랑에 빠지고 나면 얼마 안 가 그 여자를 속이고 다른 여자와 관계를 맺는다. 이러한 외도는 친밀감으로부터 자신을 보호하는 수단이다. 관계로부터 도망치고 상대에게 상처를 주면서 정작 자신은 누군가와 가까워지는 위험을 감수하지 않으려는 것이다.

이처럼 누군가를 배신하는 행위는 종종 너무 가까워서 거리가 필요하다고 느끼거나, 친밀감이 부족해서 타인과의 유대를 갈망하거나, 아니면 제이처럼 모든 친밀감을 두려워하는 데서 기인할 수 있다. 이렇게 대다수의 사람은 성품이 악해서라기보다는 상처를 받았거나 뭔가 다른 갈망에 끌려서 외도를 저지른다.

물론 외도는 나쁜 행동이다. 그건 바운더리를 침해하는 일이고 상대를 아프게 하는 일이며 많은 사람에게 큰 상처를 남기는 옳지 못한 행동이다. 그러나 흑백 논리로는 해결될 수 없는 미묘한 요소들도 존재한다. 부정행위를 저지른 사람을 도덕 개념이 없는 사람으로 몰아세우며 비난하면 당장은 후련할지 모르지만 문제를 논의하고 풀어가기가 더 어려워진다.

이유가 무엇이든 간에 내가 이해하는 외도는 말로 풀어낼 수 없는 걸 행동으로 옮기고 소통하는 하나의 방식이다. 그러므로 평소에 마음을 열고 서로의 취약함을 드러내고 감정과 생각을 나눌 수 있다면, 부정한 방식으로 이를 표현할 가능성이 줄어들 것이다. 만약 매브가 자신의 힘든 감정을 상대방에게 솔직하게 털어놓을 수 있었다면 부정행위로 그것을 풀어내지 않았을지도 모른다. 이렇듯 상대방이 상처받거나 화를 낼까 봐 자기감정을 털어놓지 못할 때(그 감정은 두려움이나 분노일 수도 있고, 관심 어린 애정이나 새로운 자극에 대한 갈망일 수도 있으며, 다른 사람에게 끌리는 감정일 수도 있다), 해소되지 못한 감정은 좋지 않은 행동으로 옮겨갈 수 있다.

왜 다른 사람과의 사랑을 꿈꾸는가?

나는 심리치료를 할 때 너무 적극적으로 뭔가를 하려 들지 않는다. 도구를 모색하고 과제를 준비하고 매브가 해야 할 일들을 알려주는 데 집중하지 않는다. 그녀에게 지금 필요한 건 수치심을 느끼지 않고 자신의 두려움을 이야기할 수 있는 시간과 공간이기 때문이다. 매브가 핀과의 관계에서 부족하다고 느끼는 부분에 대해 핀에게 터놓고 이야기할 수 없었던 이유 또한 바로 수치심과 두려움 때문이었다. 그렇게 풀어내지 못한 감정이 행동으로 옮겨가면서 조와의 관계로 이어진 것이다. 나는 그녀가 되도록 수치심을 덜 느끼고 비판받을 걱정 없이 하고 싶은 이야기를 모두 꺼내놓을 수 있도록 하는 데 세심한 주

337

의를 기울였다. 외도로 인한 도덕적인 책임은 온전히 그녀의 몫이었다. 그것은 내가 관여할 수는 없는 부분이었다. 그녀의 불륜으로 인해 누군가는 큰 아픔을 겪게 될 것이고, 그녀 자신도 상처를 입을 게 당연했다.

매브의 말에 따르면, 가장 주된 문제는 둘째 아이가 태어난 후로 핀과 성관계를 갖지 않았다는 점이었다. 두 사람이 너무 피곤했거나 바빠서가 아니라 매브가 적극적으로 핀에게 다가가고 싶지 않아서였다. 잠자리에서 핀이 안아주려고 하면 매브는 온몸을 웅크리며 거부했다. 어느 시점부터 핀을 성관계 파트너로 보지 않게 된 것이다.

그러다가 조를 만났는데, 그를 위해서는 저녁을 준비하거나 뒤치다꺼리를 해줄 필요가 없었다. 조는 돌봐줘야 할 어린아이가 아니라 남자였으니까. 조의 남성성과 독립적인 성향은 매브 자신도 미처 몰랐던 그녀의 잃어버린 욕구, 즉 엄마가 아닌 여자로 보이고 싶은 욕망을 깨어나게 했다.

이처럼 외도를 저지르는 가장 일반적인 이유 중 하나는 상대방과의 사이에 '불꽃'이 사라졌기 때문이다. 상대를 사랑하고 함께 있고 싶지만 둘의 관계에서 성적인 욕구가 충족되지 않기에 자기에게서 매력을 발견해줄 다른 사람을 찾는다. 심리학자인 에스더 페렐Esther Perel은 서서 《왜 다른 사람과의 섹스를 꿈꾸는가Mating in Captivity》에서 오래 함께 산 배우자에게서 성적인 매력을 덜 느끼는 것은 매우 흔한 현상이라고 이야기했다.[17] 너무 가까워지다 보니 상대가 가족처럼 느껴지기 시작한다는 것이다. 우리는 배우자와 가까워지고 의지할 수 있기를 바란다. 지저분하고 취약한 모습도 보이고, 책임감과 재정, 자녀를 공유한다. 그러면서 건강한 관계로 발전하기는 하지만 신비감과 열정, 욕망이 사그라들 수 있다. 우리의 생물학적 본능은 가족 간의 동침을 원하지 않게 만들어져 있으므로 가족에게는 성적 매력을 느끼지 않는 게 당연하다.

관계에는 안전과 욕구라는 두 가지 상반된 필요조건이 있다. 관계를 건강하게 이어가려면 친밀감과 친숙함에 대한 욕구와 매력에 대한 욕구 사이의 균형을 유지해야 한다. 친밀감이 지나치면 매력이 감소하고, 너무 거리감이 있어서 안전감을 느끼지 못하면 서로 끌리기는 하지만 정서적인 유대가 빈약해지게 된다.

유대감을 회복한다는 건 이렇게 안전감과 열정적인 욕구라는 상반되는 두 가지 조건의 균형을 다시 조율하는 일이다. 그게 너무 어렵다면 서로 조금 거리를 두는 방법도 도움이 된다. 각자 다른 취미 생활을 하거나 서로 다른 친구들과 어울려보는 것이다. 상대방에게 욕망을 느끼려면 그 사람을 '독립된 별개의 인격체'로 경험해야만 한다. 약간의 거리가 생기면 신비감이 느껴지며 장난기가 발동할 수 있고, 그러다 보면 처음에 서

339

로에게 끌렸던 점들이 되살아나서 새롭게 유대감이 싹튼다. 진부한 방법이긴 하지만 상대방과 하룻밤 데이트를 즐기는 것도 상대를 단지 아이를 함께 키우는 동거인이나 오랜 친구가 아닌 연인으로 보게 하는 효과가 있다.

어른과 어른의 관계 방식이 필요하다

공의존 관계나 한 사람이 다른 사람을 돌보는 관계에서는 욕망을 유지하기가 특히 어렵다. 그런데 우리는 때때로 부모나 자식의 역할에 자발적으로 빠져들기도 한다. 친밀한 연인 관계가 가족 관계와 가장 유사하기 때문이다. 이렇게 부모의 역할에 몰입하면 과거에 어떤 부모 밑에서 자랐느냐에 따라 북돋우고 보살피는 역할을 하기도 하지만 비판적이고 통제적인 역할을 하기도 한다. 한 사람이 강한 부모의 모습을 보이면 다른 한 사람은 자녀의 역할을 맡아 무력하고 수동적이며 책임감이 결여된 사람이 될 수 있는 것이다.

이렇게 우리의 자아가 아이, 부모, 성인의 삼원적 구조로 되어 있다고 보는 것은 1950년대에 정신과 의사 에릭 번Eric Bern이 창안한 심리치료 방법 중 하나로 '교류 분석'이라고 한다.[18]

이 이론에 따르면 부모의 상태에서 우리는 부모의 모습처럼 행동하고, 아이의 상태에서는 어린 시절의 감정과 행동이 되살아나며, 성인의 상태에서는 현재의 의식에 따라 행동하고 통제한다. 이 중에서 어떤 상태가 강하게 표출되는가는 어린 시절 부모의 양육 방식에 따라 다를 수도 있고, 트라우마로 유독 어느 한 방식으로 행동하기도 한다. 또한 상대가 어떤 상태에 있는가에 따라 달라지기도 한다. 상대가 아이 상태에서 행동한다면 우리는 자연스럽게 부모의 상태로 들어간다.

교류 분석의 목적은 사람들이 언제 부모 혹은 아이 상태로 돌입하는지를 파악해서 그들이 성인 상태에 머물 수 있게 돕는 것이다. 대부분 무의식의 영역에서 일어나는 일이기에 자신이 언제 아이나 부모의 상태로 들어가는지를 스스로 의식하여 '어른의 관계 방식'으로 돌아오는 것이 중요하다.

자신을 스스로 돌보지 못하는 사람을 돌봐야 할 때 거기서 설렘을 느끼는 사람은 없다. 물론 상대가 아프거나 힘든 시간을 보내고 있어서 보살펴야 할 때 잠깐씩 부모 노릇을 해줄 수는 있다. 하지만 함께 지내는 대부분의 시간 동안 부모 노릇을 해야 한다면 그런 상대에게 성적 매력을 느끼지 못하는 건 당연하다. 그 전형적인 예가 '어린아이 같은 남자'다. 혼자서는 요리도 청소도 그 외에 아무것도 하지 못하는 사람, 호혜적인 관계를 맺을 수 있는 성인으로 보이지 않고 뭔가를 계속 요구하는 아이처럼 보인다면 어떻게 매력을 느끼겠는가. 성별의 문제가 아니다. 이와 반대로 아이처럼 구는 여자친구를 위해 부모의 역할을 짊어지고 기꺼이 희생을 감수하는 남성도 있다.

당신이 부모 역할에 끌리는 성향이라면 그러한 관계 역동에서 무엇을 얻는지 살펴보고 이해할 필요가 있다. 억울하고 씁쓸한 느낌이 들기도 하는 그러한 역할을 굳이 맡으려는 이유를 말이다.

◆ 어린 시절에 부모의 역할을 맡아야 했던 경험이 있어서 부모 역할을 친숙하게 느낀다.
◆ 바운더리를 정하고 남의 요청을 거절하는 데 어려움을 겪다 보니 다른 사람의 필요를 자신의 필요보다 우선시하게 되었다.
◆ 보호자의 역할을 맡을 때 관계에서 안전감을 느낀다. 상대가 당신을 필요로 하는 한 떠날 가능성이 없기 때문이다.
◆ 자신의 결핍과 취약함을 모두 상대에게 투사함으로써 자신은 독립적이고 강한 사람이라고 느낀다.

반대로 당신이 아이 상태에 더 많이 머무는 성향이라면 부모 역할에 끌리는 성향의 사람이 그랬듯이 무의식적이긴 하지만 그럴만한 이유가 존재한다.

- 무력감이 들어서 스스로 할 수 있는 일이 없다. 부모가 효능감이나 주체성을 키워주지 못했기 때문이다.
- 어렸을 때 트라우마를 겪었다. 그 경험은 작은 자극에도 쉽게 되살아나서 어린 시절에 당신이 취했던 방식으로 반응하게 만든다.
- 어린 시절에 충족되지 않은 욕구로 인해 그때의 결핍감을 현재 관계에서 상대가 충족시켜주기를 바란다.
- 너무 빨리 어른이 되어야 해서 내면의 아이가 정서적으로 발달하지 못한 채 남아 있다.
- 강하고 적극적인 입장에 서는 것이 두렵다.

이러한 역할은 서로 영향을 주고받는다. 당신이 아이처럼 행동하면 그로 인해 상대의 내면에 잠재되어 있던 부모의 속성이 깨어나고, 그 반대의 경우도 마찬가지다. 조르자의 어수선한 성격은 덱스터의 내면에 잠재되어 있던 화난 부모의 속성을 자극했고, 코너의 회피 성향은 애비의 내면에 잠들어 있던 '결핍된 아이'를 깨어나게 했다. 또한 트리시의 음주와 무력함은 켈리의 내면에 잠재되어 있던 지나치게 책임감 있는 부모의 속성을 드러나게 했다.

신뢰할 수 없는 사람을
선택하게 되는 이유

타인에 대한 신뢰감은 부모와의 경험에 근거해서 발달한다. 부모에게 기본적인 신뢰감이 형성되지 않았다면 상대방의 외도는 어린 시절의 그 모든 상처를 떠올리게 할 것이다.

아기는 절대적인 신뢰감을 안고 세상에 태어난다. 아이가 충분한 사랑과 보살핌을 받으면 안정감과 타인에 대한 신뢰가 건강하게 발달한다. 안정적인 애착 관계를 경험한 아이는 그렇지 못한 아이에 비해 타인을 잘 믿는다. 하지만 부모가 우울하거나 불안감이 높거나 무관심하거나 결핍이나 분노를 품고 있는 사람이었다면, 타인에 대한 아이의 신뢰감이 손상된다. 부모가 아이의 정서적 욕구를 충족시켜주지 못했다면 아이는 인간관계 전반에 대해 '사람들은 내게 실망을 안겨준다'는 청사진을 가지게 된다. 그리고 자신을 보호하고 또다시 상처받지 않지 않으려고 방어 체계를 구축한다. 다시는 타인을 신뢰하지 않기로 다짐하고 많은 관계를 회피하는 방식으로 대응하는 것이다. 그리고 배신의 징후가 나타나면 이를 예민하게 포착하고는 당연히 올 것이 왔다고 생각한다.

이러한 청사진은 사랑하는 사람을 선택하는 데에도 영향을 미친다. 자기도 모르게 불성실한 사람에게 끌려서 결국은 그런 사람을 선택한다. 그렇게 함으로써 상대가 외도하거나 자기를 떠나는 일이 실제 일어나면 자기충족적 예언self-fulfilling prophecy(미래에 대한 기대와 예측에 부합하도록 행동하여 실제로 기대한 바를 현실화하는 현상—옮긴이)이 이루어지는 것이다. 당신은 스스로 남을 잘 믿는 사람이라고 생각하며 어쩌다 보니 계속 진실성이 부족한 사람을 선택했을 뿐이라고 여기겠지만 맹목적으로 좋은 점만 보고 위험 신호를 무시하는 데는 그럴만한 이유가 있다. 바로 상처받은 자아가 무의식적으로 어린 시절에 겪었던 배신과 불신의 상처를 재현해줄 사람을 선택하기 때문이다. 그렇게 함으로써 과거에 경험했듯이 현재의 상대도 당신에게 상처를 준다는 사실을 확인하려고 한다.

신뢰가 깨지는 관계를 많이 경험할수록 불신은 눈덩이처럼 불어난다. 신뢰가 반복적으로 깨지면 인간관계에 대한 기대가 부정적으로 변한다. 한 번 배신을 당하면 다른 사람과의 관계도 그렇게 되리라 생각한다. 그리고 이 모든 일은 우리를 안전하게 지켜주리라고 믿었던 사람에게 실망하고, 우리를 사랑해야 할 사람이 우리를 아프게 했던 원초적인 상처에서 비롯된다.

배신한 사람에 대한 신뢰를
회복하는 방법

사람을 신뢰하는 법을 배운다는 건 절대로 당신에게 상처주지 않을 사람을 찾는 게 아니라, 상대가 상처를 준다고 해도 당신이 그걸 이겨낼 수 있다는 믿음을 키우는 일이다.

그러기 위해선 먼저 외부가 아닌 내면으로 시선을 돌릴 필요가 있다. 분노가 치밀어서 비난을 퍼붓고 싶을 수도 있지만 그렇게 하는 건 이미 벌어진 상황을 처리하는 데 도움이 되지 않는다. 물론 당신의 분노는 정당하고 당연히 표출되어야 한다. 하지만 상대보다는 자신에게 초점을 맞추자. 시간을 갖고 지금 겪고 있는 충격과 상처를 돌아보고 보살피자.

그다음 단계로 무척 힘든 일이 되겠지만 상대가 외도해야 했던 이유를 생각해보고 그와의 관계에 문제가 있었다면 당신은 거기에서 어떠한 역할을 했는지 정직하게 짚어보자. 어쩌면 외도는 관계의 문제가 행위로 표출된 것일 수 있다. 관계에 문제가 있으니 주의해서 살펴보라는 신호일 수 있다는 얘기다(물론 항상 그런 건 아니다). 외도로 인한 상처와 분노를 덮어두어서는 안 되겠지만 무엇이 잘못되었는지 되돌아보는 시간은 가져야 한다.

그런 다음 관계를 유지할 것인지, 끝낼 것인지를 결정한다.

많은 경우 외도는 관계의 종말을 가져오는 중대한 사안이다. 하지만 반드시 그래야 하는 건 아니다. 신뢰를 회복할 수 있다는 희망이 있고, 상대가 잘못된 점을 바로잡고 성실하게 노력할 의사가 있으면 관계 회복에 대해 수치스럽게 여길 이유는 없다. 관계를 유지할 생각이라면 상대방이 둘 사이의 문제나 갈등에 어떻게 반응하는지 잘 파악해야 한다. 그는 방어적이고 공감하지 못하는가? 아니면 마음이 열려 있고 사랑하는 마음이 있는가? 만약 전자라면 외도는 그와의 관계가 당신에게 맞지 않는다는 걸 명확하게 알려주는 신호다.

6개월이 지난 후 매브는 처음으로 상담실에 들어와 코트를 벗었다.

"이제 준비됐어요."

그녀가 말했다.

"무슨 준비요?"

"핀에게 고백할 준비가 되었다고요."

매브가 옷걸이에 코트를 걸며 대답했다. 지난 몇 달간 매브가 핀에 대한 실망감과 분노를 털어놓는 동안, 그 외에 쌓여 있던 많은 감정이 함께 쏟아져 나왔다. 사랑, 죄책감, 외로움, 자신에 대한 분노, 그리고 핀이 그 사실을 알게 되면 가정이 파탄날지도 모른다는 두려움까지도. 핀과의 문제들을 침묵 속에 묻어둔 것이 매브가 외도하게 된 이유 중 하나였다.

"아마 폭탄을 터트리는 일이 될 거예요. 그렇지만 정직한 폭탄이죠. 그리고 나면 잿더미 속에서나마 뭔가 건질 게 있겠죠."

매브는 핀과 헤어지려는 것이 아니었고 오히려 그 반대였다. 핀에게 털어놓고 새로운 뭔가를 함께 구축하고 싶은 마음이었다. 매브에게는 희망이 있었다. 핀이 자기를 용서할지도 모른다는 희망, 핀의 부모가 된 것처럼 혼자서 모든 책임을 도맡아야 한다고 느낄 때 현명하게 소통하는 방법을 배울 수 있다는 희망까지 매브는 이렇게 핀과 함께 동등함과 존중, 욕구가 균형을 이룬 새로운 관계를 이룰 수 있다는 희망을 품고 폭탄을 투하하기로 결심한 것이다.

"행운을 빌어주세요."

상담이 끝나자 매브가 자리에서 일어나며 떨리는 목소리로 말했다. 그러고는 굳은 결의가 담긴 눈으로 나를 바라보았다.

"우습게 들리실 수 있겠지만 제 자신이 자랑스러워요."

나는 미소를 지어 보였다. 매브는 코트를 입고 단추를 채운 뒤 상담실을 나갔다.

이별

관계의 종말을 받아들이고 앞으로 나아가는 법

매브는 결국 핀과 이혼을 했다. 핀이 그렇게 하길 원했기 때문이다. 벌써 이혼한 지 2년이 지났지만 그녀는 여전히 힘들어하고 있다. 일에도 잘 집중하지 못하고, 친구들과 어울릴 때도 마음은 다른 데 가 있다. 몸은 그곳에 있지만 마음은 그렇지 못한 것이다. 유일하게 생기가 돌 때는 핀 이야기를 할 때뿐이었다.

그녀는 매주 거의 광적인 집착이 담긴 눈빛으로 상담실에 와서 핀이 자기의 외도를 용서하게 할 방도를 궁리하곤 했다. 핀은 절대 다시 합칠 의사가 없음을 분명히 했다. 그럼에도 매브는 온갖 사소한 단서들에 집착했다. 자기 친구가 카페에서 핀을 봤는데 슬퍼 보였다든지, 서류 관련하여 처리해야 할 일들로 문자를 주고받는데 의미가 애매한 이모티콘을 보냈다든지 하는 것들이었다. 아들이 핀과 주말을 지내고 오면, 그녀는 몇 달 동안 아이를 못살게 굴며 온갖 소소한 일들을 물어보고, 그렇게 해서 얻어낸 정보를 곱씹으며 몇 달을 지냈다.

그러는 동안에도 그녀 주변의 삶은 계속해서 흘러갔다. 멀리 이사 간 친구도 있고 여동생은 아기를 가졌다. 그러나 매브는 예전의 그 시점에 얼어붙어 있었다. 앞날을 향해 한 발짝도 내딛지 못한 채로 말이다.

상실의 아픔은
마음이 건강하다는 증거

이별 후에 우리는 두려움이나 분노, 슬픔, 충격, 외로움 등의 감정을 느낀다. 이별은 관계의 죽음을 의미하며 당신이 알고 있던 세상, 미래에 대한 계획과 희망이 사라지는 일이다.

상실에 직면했을 때 아픔을 느끼는 것은 마음이 건강하다는 증거다. 하루 종일 잠옷 차림으로 지내고, 친구와의 약속을 취소하고, 사무실의 한적한 공간을 찾아가 울고, 엄마에게 전화해서 큰 소리로 하소연한다면, 그것은 당신이 그를 잃었다는 사실을 인지하고 '수용'한다는 증거다. 가슴이 무너지는 아픔이지만 시간이 지나면 그 아픔도 좀 더 긍정적이고 생산적인 방향으로 바뀐다. 그리고 당신의 삶이 한 발 진전되었다고 느끼며 비록 그가 없는 세상이 예전과 다르긴 하지만 그런 채로 하루하루 살아가면서 새로운 삶을 구축할 수 있게 된다.

내가 생각하는 건강한 애도는 대부분 이러한 과정을 거친다. 당신이 바라는 것보다 더 오래 걸리고 몹시 고통스러울 수 있지만 결국 당신은 변화할 것이고 앞으로 나아갈 수 있다.

하지만 매브의 경우는 그렇지 못했다. 그녀의 상태는 복합성 애도complicated mourning에 가까웠다. 앞으로 나아가지 못하고 갇혀 있었기 때문이다. 일반적인 애도는 시간이 지남에 따라 변화하지만 복합성 애도에 빠지면 삶의 다른 부분들에도 부정적인 영향을 끼쳐 일상이 제 기능을 하지 못하게 된다. 상실의 아픔이 차마 견디기 힘든 어떤 기억이나 감정을 촉발하여 애도 자체가 무의식에 갇혀버리는 것이다. 이렇게 슬픔을 회피하면 상실을 제대로 받아들이지 못하고 과거에 그대로 갇혀버리고 만다.

충분히 슬퍼할 때
우리는 앞으로 나아갈 수 있다

지금 상실감으로 힘들어하고 있다면, 무엇보다 당신의 고통에 위로를 보낸다. 상실은 우리가 겪을 수 있는 가장 고통스러운 경험이며 그 아픔을 멈추거나 피하게 할 묘약은 없다. 그리고 유감스럽게도 그저 견뎌내는 것 말고 더 좋은 대응책은 존재하지 않는다. 피하려고 하면 할수록 아픔을 떠나보내기가 더 힘들어지기 때문이다.

당신은 충분히 애도했는가? 진심으로 슬퍼했는가? 그러지 않았다면, 그 이유는 무엇인가? 미련을 버리고 극복해야 한다고 스스로를 압박하는가? 슬픈 감정을 그대로 다 느끼면 어떻게 될까? 결별의 아픔을 부정하고 있는가? 아플 만큼 아프도록 내버려두면 어떻게 될까?

우리는 애도할 때 대부분 엘리자베스 퀴블러 로스^{Elisabeth Kübler Ross}가 말한 부정, 분노, 타협, 우울, 수용의 5단계를 거친다.[19] 이 단계는 사람에 따라 다르게 나타나기도 하고, 모두가 같은 순서를 거치지도 않는다. 또한 상실에 따르는 고통을 느끼고 싶지 않아서 상실을 받아들이지 않을 때는 어느 한 단계에 오래 머물기도 한다. 매브의 경우에는 부정과 타협 단계에 머물러 있었다. 상실의 감정을 처리하고 우울의 단계로 넘어가야 다음 단계인 수용과 희망으로 나아갈 수 있는데 그렇게 하지 않았다.

애도는 안고 살아가는 법을 배우는 것일 뿐 '완결'되는 일이 아니다. 그렇지만 분명히 말할 수 있는 사실 하나는 시간이 지나면 처음처럼 아프지 않다는 것이다. 그리고 결국은 슬픔을 충분히 느껴야 앞으로 나아갈 수 있다.

마음 들여다보기

만약 지금 누군가를 떠나보내지 못해서 힘들어하고 있다면, 사실 그 상실감은 떠나간 사람에 대한 것이라기보다는 헤어짐으로 잃게 될 당신의 무언가에 대한 미련일 수 있다.

연인 관계든 친구 관계든 누군가와 헤어지거나 상대를 잃으면 우리는 우리 자신의 일부도 함께 잃어버린다. 누군가와 헤어짐으로써 잃었다고 생각하는 것들을 떠올려보자. 무엇이든 좋다. 유대감일 수도 있고, 공동의 친구일 수도 있다. 행사나 모임에 함께 갈 사이 없어졌다거나, 사랑받는다는 느낌을 주는 사람이 없어졌을 있다.

음 잃었다고 생각되는 것들에 대해 스스로 채울 방법을 세 생각해보자. 행사나 모임에는 친구에게 함께 가달라고 부 된다. 사랑받는 느낌은 다른 친구나 가족과 시간을 보내면 수 있다. 물론 대체 불가능한 것들도 있다. 그 부분에 대 의 아픔을 느끼도록 하라. 하지만 그조차 다시 온전한 설 수 있도록 나의 삶을 변화시키는 기회가 된다.

이번에는 관계를 지속하는 동안 잃어버렸던 것들을 생각해보자. 관계 때문에 멀어진 사람들이 있는가? 하고 싶은 일을 포기하거나, 자신을 돌보는 시간을 충분히 갖지 못했는가? 아니면 자아감이나 독립심 등 당신을 살아 있다고 느끼게 하는 것들을 잃어버렸을 수도 있다.

잃어버린 각각에 대해 다시 찾을 방법을 생각해보자. 시간이 없어서 하지 못했던 일들을 시작하고 자신을 이해하는 데 더 많은 시간과 노력을 투자하라. 관계 속에서 자기 정체성을 잃어버렸다면 당신이 누구인지 새로운 탐구를 시작해보자.

미련과 집착에 숨겨진
진짜 마음을 파악하라

매브가 핀 외에 다른 이야기는 하고 싶어 하지 않는
이 분명해졌다. 핀에 관해 얘기함으로써 자기 마음
계속 살아 있게 두고, 그녀 또한 살아 있음을 느끼는
핀 이야기를 할 때면 매브에게선 기쁨과 설렘이
의 집착이 뭔가를 회피하는 방편이라는 생각이
금씩 핀에 관한 이야기를 피하고 그녀가 자신에게
릴 수 있도록 노력했다. 하지만 내가 그녀에게

친구에 관한 질문을 해도 몇 분 후면 어떻게든 다시 핀의 이야기로 돌아오곤 했다. 나는 좀 지치는 느낌이 들었다. 핀 이야기를 계속하는 것이 매브에게 뭔가 빌미를 주고 있음이 틀림없었다.

핀에 관한 이야기를 계속하면서 결별의 이유를 파악하려는 시도는 매브가 미련을 버리고 앞으로 나아가는 데 방해가 될 뿐이었다. 마치 알면서도 멈추지 못하는 중독 현상처럼, 매브는 핀과의 관계가 끝났다는 걸 알면서도 받아들이려고 하지 않았다. 짐작컨대 부정의 단계에 있는 동안은 수용에 따르는 고통을 피할 수 있기 때문인 듯했다.

"핀을 돌아오게 하려는 당신의 계획들과 그동안 그와 주고받은 문자 메시지를 보면 당신은 지금도 그 사람을 다시 돌아오게 할 수 있다고 믿는 것 같아요."

내가 이렇게 말하자 매브는 수줍게 고개를 끄덕였다.

"하지만 당신에게 전해 들은 이야기로 생각해볼 때 핀은 돌아오기를 원치 않는 거 같은데요. 더 이상 할 수 있는 게 없어요."

나는 돌리지 않고 단도직입적으로 말했다. 하지만 매브는 여전히 자신의 현실을 받아들이지 않고 뭔가를 바꿀 수 있다는 환상에 매달렸다. 현재 상황에서 그녀가 할 수 있는 일은 거의 없었다. 그럼에도 그녀의 집착과 계획이 뭔가 할 수 있다는 착각을 하게 하는 것이다. 나는 이러한 생각을 그대로 그녀에게 말했다. 그러자 매브의 볼이 빨갛게 상기되더니 눈물이 차올랐다.

"그가 떠났다는 사실을 받아들이면 어떻게 될 거 같아요?"

내가 물었다.

"차마 그럴 수가 없어요. 너무 가슴이 아플 거예요."

매브는 눈물을 감추려 눈을 깜박거리며 이렇게 대답했다. 그러고는 슬픔을 누르고 다시 핀과 주고받았던 마지막 대화를 상세하게 얘기하면서, 그때 자기가 다르게 말했더라면 좋았을 거라며 안타까워했다. 매브가 그 정도로 완강하게 슬픔을 거부하는 모습을 보면서 나는 어쩌면 핀과의 결별만이 문제가 아닐 수 있겠다는 생각이 들었다. 그리고 이는 매브가 차마 직면할 수 없는 과거의 경험이나 감정이 핀과의 결별을 통해 촉발됐을지도 모르겠다는 생각으로 이어졌다.

우리가 결별에 대응하는 방식은 과거 거절과 실패에 대해 어떤 경험을 했는가에 따라 다르다. 결별은 버려짐, 거절, 상실과 관련된 깊은 상처를 촉발한다. 우리가 미처 인지하지 못하고 있던 수많은 감정을 불러일으킬 수 있다는 뜻이다. 만약 이별을 겪으면서 애착과 관련된 상처가 건드려졌다면 애도의 감정을 처리하기가 특히 더 힘들 수 있다. 당신이 사랑받을 만한 존재임을 확인해줘야 할 연인이 당신을 떠나감으로 인해 어렸을 때 거절을 경험하면서 느낀 감정이 또다시 표출되기 때문이다.

앞서 언급한 '도덕적 방어'를 기억하는가? 이는 아이가 어린 시절 부모와 친밀감을 유지하기 위해 사용하는 생존 기술이다. 부모가 선한 사람이라고 믿는 것이 자신의 생존에 유리하므로 아이는 어떤 상황에서도 부모는 선하다고 생각한다. 그러다 보면 모든 잘못을 자기 탓으로 돌리고, 자신이 사랑받을 만한 존재임을 누군가로부터 확인을 받아야 안심하는 성향을 지니게 된다.

이렇게 자신이 나쁘다거나 사랑스럽지 않다는 느낌은 특히 연인 관계가 끝날 때 촉발되어 되살아나기 쉽다. 사랑을 통해 자신이 선한 사람임을 확인할 수 있었기 때문에 그 사랑이 없이는 자신이 밉고 사람을 질리게 하거나 수치스럽고 모자라며 나쁘다고 느낀다. 상대가 자신을 떠났다는 사실이 스스로에 대해 가지고 있던 뿌리 깊은 불신을 확인해주는 셈이 되는 것이다. 그리하여 내가 좀 더 나은 사람이고 매력적이었으며 상대에게 늘 뭔가 요구하는 대신 좀 더 관심을 보였더라면 상대가 떠나지 않았을 거라고 생각한다.

이러한 후회는 도미노처럼 가족에게 거부당한 느낌이 들었던 기억, 뭘 잘못했는지도 모르면서 꾸중을 듣고 비난받았던 기억까지 불러일으켜서 수치심과 거절당한 아픔을 증폭시킨다. 그리고 이런 힘겨운 감정에서 벗어나기 위해 우리는 떠나간 사람에게 집착하고 그를 그리워하며 매달린다. 그 사람이 떠날 때 우리가 있는 그대로 충분한 존재임을 느끼게 해주었던 그 부분도 함께 떠났기 때문이다. 따라서 결별 후에 진정으로 그리워하는 것은 어쩌면 '우리가 사랑받는 존재이며 선하다는 그 느낌'인지도 모른다.

그렇다면 이를 극복하기 위해서는 어떻게 해야 할까? 우리가 선하다는 사실을 인지하고 다른 사람이 확인해주지 않아도 스스로 온전하다고 느낄 수 있어야 한다. 사실, 떠나간 누군가에 대한 미련을 버릴 수 없다면 그건 더 깊은 곳에서 뭔가가 자극을 받아 흔들리고 있다는 단서일 수 있다.

현재의 아픔이
과거의 상처를 들춰낼 때

아주 가끔 핀에 대한 이야기를 하지 않을 때, 매브는 조금씩 자신의 어린 시절 이야기를 들려주었다. 매브의 아버지는 어린 그녀에게 많은 관심을 보이지 않았다. 함께 놀아주고 선물을 사주는 등 챙겨주긴 했지만 매브보다는 여동생을 더 예뻐했다. 동생은 재미있고 활발했으며 아버지처럼 풋볼을 좋아했다. 매브는 아버지의 관심을 얻기 위해 여러 노력을 기울였다. 운동에 관심이 있는 척도 했고 아버지 직장 일에 대해 물어보기도 했지만, 노력은 잘 통하지 않았다. 아버지는 동생에게만 환한 미소를 지으며 함께 공을 들고 밖으로 나갔다. 그러고 나면 매브는 혼자 남아 왜 아버지가 자기는 데려가지 않았는지 궁금해하곤 했다.

어린 매브가 도달할 수 있었던 결론은 동생이 자기보다 나은 사람이라는 거였다. 아버지의 무관심이 매브 때문이 아니라 아버지의 문제였음을 이해하기에 너무 어렸던 그녀는 자신이 열등하고 사랑스럽지 않다는 믿음을 갖고 자랐다.

그러다가 핀을 만났고 그는 매브가 평생 갈망하던 애정을 주었다. 핀은 매브가 좋아하는 머그잔에 모닝커피를 타줬고, 좋아하는 드라마를 함께 봐줬다(본인은 별 관심이 없었어도). 어느 해 크리스마스에는 25일 동안 사용할 수 있는 달력을 직접 포장해 선물해서 매브 친구들의 시샘 어린 눈길을 받게 해주기도 했다. 핀과 함께 있을 때 매브는 자기 자리가 어딘지 생각할 필요가 없었고, 그건 그녀가 살면서 처음으로 느껴보는 진정한 소속감이었다.

서로에 대해 좀 더 알아가면서 매브는 핀에게 동생과의 경쟁적인 관계에 대해 털어놓았다. 자기가 동생보다 못생겼고 재미도 없다고 확신할 뿐 아니라, 마음 한구석에는 핀도 기회만 주어진다면 자기 대신 동생을 선택할지도 모른다는 두려움도 있다고 말이다. 그러자 핀이 애정을 담아 큰 소리로 웃으며 말했다.

"내가 제일 사랑하는 사람은 언제나 당신일 거야."

매브는 핀의 이 말을 꿀처럼 음미했다. 매브는 핀을 통해 자신이 관심과 사랑을 받을 가치가 있는 사람임을 믿을 수 있었다. 그러나 결혼 후 핀이 집안일을 하지 않고 매브 혼자 많은 일을 감당하게 되자 문제가 시작되었다. 자신에게 중요한 사람이 자신에게 관심을 갖지 않는 듯한 느낌이 들었고, 외도는 그 과정에서 다시금 사랑받는 존재임을 확인하려는 무의식적인 시도였다.

핀이 떠나자 그녀에게 어릴 적 집에 혼자 덩그러니 남겨졌던 그때의 감정이 되살아났다. 매브는 자신이 열등하거나 가치가 없다고 믿고 싶지 않았다. 그런데 핀의 거절을 받아들이면 그걸 인정하는 꼴이 되어버리지 않는가? 그래서 논리적으로 말이 안 되는 방법이긴 하지만 그녀는 현실을 부정하는 쪽을 택했다. 그러는 편이 덜 고통스러웠기 때문이다. 핀을 다시 돌아오게 할 수만 있다면 매브는 핀과 아버지의 거절에 대한 통제권을 되찾고 그녀가 사랑받을 만한 가치가 있는 사람임을 증명할 수 있으리라고 믿었다.

만약 당신도 매브처럼 떠나간 사람에 대한 미련을 버리지 못하고 있다면 마음 깊은 곳에서 뭔가가 자극을 받았을 수 있다.

우선 어린 시절에 거절당했거나 무관심 속에 방치된 적이 있는지 돌아보자. 그런 감정을 언제 처음 느꼈는가? 부모가 멀리 떠나거나 사망한 경우처럼 실제로 혼자 남겨진 경험일 수도 있고, 정서적 무관심 속에 방치된 경험일 수도 있다. 또한 그 상대는 형제이거나 선생님, 학교 친구일 수도 있다. 누구든 당신과 가까웠던 사람이 어떤 형태로든 당신을 거절했던(당신이 그렇게 느꼈던) 모든 경험을 떠올려보자.

현재의 결별이 과거 그 경험 중 어떤 부분을 자극했는가? 어릴 적 당신이 자신에 대해 스스로 가지고 있던 불신을 되살아나게 했는가? 매브의 경우는 이혼을 겪으면서 사람들이 자기를 좋아하지 않을 거라는 두려움, 자신이 열등하고 사랑스럽지 않다는 두려움이 되살아났다. 그렇다고 이러한 믿음이나 두려움이 사실이라는 의미는 아니다. '사실이라고 느끼는 것'과 '사실'은 다르다.

우리는 모두
괜찮은 아이였다

매브와 어린 시절의 느낌에 관해 이야기를 나눌 때였다. 나는 그녀에게 아버지가 자기 대신 동생을 선택할 때 어떤 기분이 들었는지 물었다. 매브가 기억하는 감정은 차가움과 분노, 그리고 아버지가 동생에게 보여주었던 따뜻함이 자신에게도 향하기를 갈망하는 마음이었다고 했다.

"재미있는 건 뭐냐면 말이죠." 매브가 말했다. "나는 온갖 시도를 다 해봤다는 거예요. 뭔가 다른 모습의 제가 되어보려고 노력했죠. 하지만 아버지는 끝내 제게 관심을 보이지 않았어요."

"지금 당신이 핀에게 하는 것과 같은 시도였군요."

내가 이렇게 말하자 매브가 웃었다.

"어쩌면 내 문제가 아니었는지도 모르겠어요. 아버지가 그랬던 게 말이에요. 나 때문이 아니었던 거죠. 부모가 딸을 그렇게 대해선 안 돼요. 저라면 절대 제 딸이 그렇게 느끼도록 하지 않을 거예요."

매브는 처음으로 당시의 상황이 정당하지 않았다는 걸 인정하듯 이렇게 말했다. 나는 그녀를 안아주고 싶었지만 자제하기로 했다. 자신의 취약성을 인정하고 드러내는 시도는 고통스럽지만 바로 그 지점에서 치유가 시작된다.

치료가 진행되면서 핀은 매브의 마음과 치료의 중심에서 서서히 멀어졌다. 어느 날은 핀이 아니라 직장 일에 관한 이야기로 상담을 시작하기도 했다. 다시 핀에게로 초점이 맞춰지기는 했지만 조금씩 그로부터 멀어지는 걸 느낄 수 있었다. 그리고 몇 주 후, 매브는 새 직장에 취업한 동생을 부러워하며 심리적 위기를 겪었고, 덕분에 핀에 관한 이야기는 한마디도 하지 않았다. 핀에 대한 매브의 집착이 잦아들고 있다는 신호였다.

매브가 핀과의 결별로 촉발된 자신의 깊은 감정들을 인지하면서 핀 이야기를 할 필요가 적어졌다. 그녀는 아버지의 행동이 자신 때문이 아니었음을 깨달으면서, 자기가 문제였다는 믿음을 다시금 생각해보았다. 그리고 그 과정에서 핀을 통해 자신이 사랑받을 만한 사람임을 확인하고 싶은 갈망도 조금씩 옅어졌다.

부모의 결점을 받아들이는 일은 심리치료에서 가장 힘든 부분 중 하나다. 그럼에도 그 과정은 매우 중요하다. 그래야만 우리에게 아무런 문제가 없다는 사실을 확인할 수 있기 때문이다. 우리가 나쁘거나 이기적이거나 너무 지나치거나 부족했던 게 아니었다. 우리는 모두 괜찮은 아이였다. 단지 약간의 문제를 안고 있는 부모나 사회에 의해 양육되었을 뿐이다.

천진한 어린 시절의 자신에게 공감함으로써 우리는 부모님이 나를 과거 내가 바라던 방식대로 사랑하지 않으리라는 사실을 받아들이게 된다. 그러고 나면 완전히 새로운 차원의 슬픔이 차오른다. 어린 시절의 바람이 충족되지 못했으며 앞으로도 그럴 수 없음을 확인하고 받아들이는 데서 오는 슬픔이다. 이는 씁쓸하지만 진실이며 우리 중 많은 사람이 평생 그 아픈 진실을 회피하며 산다. 하지만 이를 받아들이는 순간, 삶은 비로소 자유로워진다.

누군가에 대한 미련을 내려놓기 위한 연습

1. 결별을 애도할 시간과 공간을 갖는다. 애도에는 이렇게 하라고 정해진 방법도, 사람마다 필요한 시간도 다르다. 상실의 아픔을 온전히 느끼기 전에는 미련을 버리고 앞으로 나아갈 수 없다. 슬픔이 어떠한 모습으로 다가오든 마음을 열고 온전히 느끼자.

2. 에너지를 다시 자신에게 집중한다. 관계로 인해 잃어버렸던 나를 돌아보고 그 부분을 되찾기 위해 노력한다. 내게 소중한 것들을 추구함으로써 나만의 가치를 찾아보자.

3. 자신을 기쁘게 하고 잘 보살핀다. 그 사람 없이도 행복할 수 있다는 걸 스스로 입증해야 한다. 나를 기분 좋게 하는 일에 초점을 맞추고 그 사람 없이도 잘 살 수 있다는 걸 보여주자. 이는 혼자서도 온전한 존재로 사는 방법을 찾는 일이기도 하다. 연민하는 마음으로 자신을 대하고, 잘 먹고, 운동하고, 잘 자라. 사랑하는 사람을 보살피듯 자신을 보살피자.

4. 결별한 상대와 연락하거나 그에 관해 이야기하지 않는다. 이는 불을 끄는 과정이라고 생각하면 쉽다. 그 사람에 관해 계속 이야기하고 연락을 주고받는 건 마음속에 타오르는 불길을 키우는 일이다. 당연히 미련을 버리고 앞으로 나가기가 점점 힘들어진다. 미련을 버리면 당장은 냉기를 느낄 수 있으나 시간이 지

나면 당신만의 불을 피울 수 있을 것이다.

6. 친구들을 비롯해 다른 사랑하는 사람들에게 의지한다. 이별 후 외로움을 느낄 때는 친구들과 어울려 허전함을 달래는 것이 큰 도움이 된다. 그 사람이 옆에 없어도 유대감을 느낄 수 있다는 사실을 확인할 수 있기 때문이다. 누군가에게 의지해도 괜찮다. 도움이 필요할 때는 손을 내밀자.

7. 근본적인 상처를 들여다본다. 거절당한 아픔, 무력감, 슬픔이나 외로움이 더 깊은 상처를 자극할 수 있다. 그러한 느낌을 주었던 근본적인 상처를 찾아보고, 어린 시절의 당신이 느꼈어야 했던 슬픔을 달래주자.

천천히, 그리고
조금은 너그럽게

　우리가 상담치료를 받는 이유는 변화를 원하기 때문이다. 그런데 내가 종종 경험한 바에 의하면, 변화를 원하는 사람들의 마음 한구석에는 모든 게 그대로 유지되기를 바라는 마음이 함께 존재한다. 변화를 원한다고 말하면서도, 그게 자신이 원하는 바라고 굳게 믿으면서도 어쩐 일인지 같은 자리에 멈추어 있다. 언제가 내가 상담했던 한 환자가 이 수수께끼 같은 모순을 한마디로 표현한 적이 있다.

　"뭔가 지금과는 다른 상황이길 원하면서 또 한편으로는 아무것도 바뀌지 않기를 바라요."

　줄다리기처럼 변화를 원하는 마음과 원하지 않는 마음이 당신 안에서 서로 팽팽하게 잡아당겨서 당신은 그 중간에서 어느 쪽으로도 움직이지 못한다. 왜 한편으로는 변화를 원하지 않을까? 변화를 원한다고 말하면서 저항하는 이유는 무엇일까? 진짜 감정을 느끼고 인정하고 받아들이기를 두려워하는 이유는 무엇인가? 고착된 상태에 머무름으로써 얻는 것은 무엇인가? 진정으로 변화를 원한다면 그 고착된 지점을 살펴보고 거기서 빠져나오고자 노력해야 한다.

모든 변화에는 상실이 따른다. 그리고 상실에는 슬픔이 동반된다. 그래서 잘 맞지 않는 관계지만 유지하는 쪽을 택하고, 내게 행복감을 주지 않는 직업에 매달리며, 더 이상 공감대가 없지만 친구와의 우정을 이어간다. 이 모든 게 '차마 떠나보내지 못해서'인 것이다.

많은 사람이 이렇게 자신도 미처 깨닫지 못한 채 변화를 거부한다. 그 무의식적인 힘이 우리를 잡아당겨서 원하지 않는 자리에 잡아 놓는다. 우리의 뇌는 '행복'이 아닌 '안전'과 '생존'을 최우선으로 추구하도록 만들어져 있다는 사실을 기억하자. 무의식은 우리가 한창 성장하던 어린 시절에 습득한 감정과 생각들을 익숙하게 여겨 그것이 가장 안전하다고 판단한다. 바로 그 감정과 생각이 우리를 고통스러운 상황에 얽매이게 하는 원인이라 할지라도 말이다.

고통을 인정하고
떠나보낼 수 있는 용기

변화는 변할 수 있다고 믿는 사람에게 제일 먼저 찾아온다. 변할 수 있다고 믿으려면 현재 겪고 있는 고통에서 자신이 어떤 역할을 하고 있는지 먼저 인식해야 한다. 많은 사람이 무력감에 빠져 아무것도 할 수 없다고 느끼며 나를 찾아오곤 한다. 이들은 모든 잘못을 타인에게서 찾는다. 연인이, 상사가, 친구가, 가족이, 자녀가 달라지기만 하면 행복할 수 있을 거라고 말한다. 만약 당신이 이들 중 한 사람이라면, 미안하지만 달라질 가능성이 거의 없을 뿐 아니라 문제 또한 해결하지 못할 가능성이 높다. 문제를 해결할 수 있는 사람은 당신 자신이기 때문이다.

가족, 직장 또는 세상 돌아가는 상황 등의 외부 요인들은 분명 우리 삶에 영향을 미치지만 그 일들은 우리의 통제 밖에 있다. 우리가 변화시킬 수 있는 건 오직 내가 그들과 관계를 맺는 방식이다. 다른 사람과 환경을 탓할수록 변화를 도모할 수 있는 나의 힘이 하찮게 느껴진다. 내 친구가 말도 안 되는 이유로 나를 화나게 했다 해도, 그에 대한 대응은 나의 선택이다. 어쩔 수 없는 상황이라고 생각되는 순간에도 언제나 선택의 여지는 있다. 상황을 해결할 수 있는 나의 역량을 발휘하려면 먼저 그 스트레스 상황에서 빠져나와야 한다. 고통이 당신에게 어떤 작용을 하는지 인식함으로써 그것을 극복할 힘을 얻을 수 있다. 당신이 스스로 고통받기를 선택했다면 그 반대의 선택도 할 수 있기 때문이다.

당신은 해로운 사람과의 관계에 임하는 자세를 바꿀 수도 있고, 바운더리를 정할 수도 있으며, 그들을 떠날 수도 있다. 적극적인 대응은 당장은 힘들고 괴롭겠지만 궁극적으로 당신을 자유롭게 한다. 내가 생각보다 많은 선택지를 가지고 있다는 사실을 깨닫고 나면 나 자신을 위한 변화를 시작할 수 있다. 변화를 시도해보자. 바운더리를 정하고, 관계를 떠나보자. 당신이 가슴 깊이 갈망하면서도 두려워서 하지 못했던 것이 무엇이든 그걸 시도해보자. 그것이 당신의 삶을 가장 크게 변화시킬 것이다.

그리고 이러한 변화를 위한 행동을 꼭 혼자 해야 할 필요는 없다. 도움을 청해도 괜찮다. 다른 사람에게 의존해도 괜찮다. 드러내고 알려서 당신의 취약한 면에 타인의 사랑이 닿을 기회를 만들어주도록 하라.

나에게 조금은 너그러운 마음으로 변화에 시간을 주어라

많은 사람이 즉각적인 결과를 기대하며 심리치료를 받으러

온다. 하지만 변화는 결코 하루아침에 일어나지 않는다. 평생을 안고 살아온 뿌리 깊은 행동 양식이 단 한 번의 상담으로 바뀔 리 있겠는가. 마법의 알약이나 요술 지팡이는 그 어디에도 없다.

변화는 시간을 두고 서서히 일어난다. 우리가 원하는 변화에는 반복적인 경험이 필수 요소이기 때문이다. 새로운 행동이 과거의 습관화된 행동 양식보다 튼튼한 신경회로를 형성하도록 해야 한다. 그래서 우리의 뇌가 생각할 필요도 없이 그 회로를 선택하게 해야 한다. 그런데 우리가 바꾸려는 회로는 이미 오랜 시간 동안 사용되면서 굳어졌기 때문에 여러 차례 반복적인 노력과 시행착오를 거치지 않고서는 바꿀 수가 없다.

어렸을 때 취약한 모습을 드러냈다가 거절당한 경험이 있다면 성인이 되어서도 대화 중에 자신이 취약하다는 느낌이 들 때 대화를 중단하거나 화제를 바꾸려고 할 것이다. 이는 당신의 뇌에 방어적 반응을 취하게 하는 신경회로가 굳어져 있기 때문이다. 그 신경회로는 잘 다져진 스키 슬로프처럼 탄탄할 것이다. 따라서 시간과 자원을 최소화하도록 만들어진 우리의 뇌는 자동으로 이 회로를 선택한다.

그런데 지금 누군가, 또는 심리치료사가 당신에게 좀 더 마음을 열어달라고 한다. 그건 안전한 경로를 완전히 벗어나 아무도 밟지 않은 새하얀 눈밭을 걸어가라는 말과 같다. 안전하지 않을 뿐만 아니라 너무 낯설고 불안하다. 이럴 때 당신이 용기를 내서 마음을 조금 열고, 깊은 감정을 나눈다고 한번 가정해보자. 그 경험이 좋았고 생각처럼 두렵지 않았다고 해도 우리의 뇌는 다음 기회가 왔을 때 또다시 예전의 익숙한 경로를 선택할 것이다. 한두 번 성공적으로 행동의 변화를 이루었다고 해도 우리의 뇌는 익숙한 옛길로 돌아가 불편한 대화를 피하려고 할 것이다.

어떤 변화를 추구하든 반복 훈련이 필수인 이유는 우리 뇌가 이러한 방식으로 작동하기 때문이다. 새로운 행동을 여러 번 반복해서 더 강력한 회로, 뇌가 자동으로 선택하는 회로가 되도록 해야 한다. 한 가지 좋은 소식은 성인의 뇌도 여전히 변화할 수 있다는 사실이다. 뇌 발달은 21세 전후로 멈추지만, 신경과학에 따르면 뇌 가소성은 노년기까지 유지되므로 변화는 얼마든지 가능하다. 그러므로 충분히 반복하다 보면 새로운 행동 양식이 제2의 천성이 되어 의식하지 않고도 자연스럽게 마음을 여는 날이 올 것이다.

반복 훈련이 필요한 또 하나의 이유는 두렵게 느껴지던 상황을 안전하게 느끼고 직면하기 위해서다. 현실적으로 생각해보자. 당신이 만약 질투심을 느끼는 걸 인정하거나 화를 내고 취약한 모습을 드러내는 게 안전하지 않다고 믿으며 평생을 살아왔다면, 어느 한순간에 그런 감정을 표출할 수는 없을 것이다. 그러므로 안전하다고 느끼려면 시간이 필요하다.

나가며

심리치료사로서 나의 임무는 환자가 가능한 한 안전하다고 느낄 수 있도록 돕는 일이다. 그리고 안전감을 느끼는 시간에는 정답이 없다. 사람마다 필요한 시간은 다 달라서 어떤 사람은 깊이 들어가는 데 몇 년이 걸리기도 한다. 이런 사실을 이해하지 못했던 상담치료를 받던 예전의 나는 빠른 치유를 위해 나 자신을 계속 밀어붙였고, 스스로의 방어적인 태도에 자주 분개하곤 했다. 그때 좀 더 조금씩, 아주 천천히, 조금은 너그럽게 마음의 문을 열었다면 좋았을 것이다. 물론 이제는 안다. 내가 감당할 수 있을 만큼 안전하다고 느낄 때 감정을 드러낼 수 있도록 충분한 시간을 허락해주어야 한다는 사실을 말이다.

치유의 과정에 완결이란 없다. 하지만 그래도 괜찮다

치유는 끝이 없는 과정이다. 자신을 완전히 이해하는 것도, 마음을 괴롭히는 요인들을 완전히 사라지게 만드는 것도 불가능하다. 우리 마음에 완결된 상태란 존재하지 않기 때문이다. 당신은 살아가면서 시시때때로 다른 상황에 부딪히고, 그때마다 다른 방식으로 도움과 위로를 받을 것이다. 이 책에 소개된 예시 중 일부는 지금의 당신과 관련될 수도, 또 어떤 예시들은 10

년 후의 당신과 관련될 수도 있다. 어느 쪽이든 자기 내면을 이해하려는 열린 마음이 있는 한, 당신은 잘 살고 있는 것이다.

이 책에서 전하는 내용을 터득하기까지 정말 오랜 시간이 걸렸다. 수년간의 상담치료를 받고 심리치료사가 되기 위한 공부를 했음에도 나는 여전히 많은 부분에서 어려움을 겪는다. 감당하기 힘든 감정을 밀어내고, 취약성을 부정하고, 내 생각을 말하길 힘들어하고, 관계를 엉망으로 만들기도 한다. 이성적으로는 이해해도 감정이라 힘든 부분도 있다. 하지만 그럼에도 아주 천천히라도 앞으로 나아갈 수 있음을 알고 있다.

가지지 못했던 것에 슬퍼하고, 변화를 원하면서 현상 유지에 매달리는 모순된 상황에 갇혀도 보고, 처음으로 어려운 대화를 시도할 때의 두려움도 느껴보고, 화내고 슬퍼하는 등 여러 과정을 거쳐 당신은 자신과 타인을 수용하는 법을 배우고 그 모든 과정을 통과하면서 변함없이 자신을 사랑하는 법을 배우게 될 것이다. 이제 이 책에서 배운 내용들을 가지고 용기를 내어 수면 아래로 뛰어들어보기를 마음을 담아 응원한다.

나가며

감사의 말

지금까지 나의 상담실을 찾아주었던 분들과 현재 나의 환자들에게 감사드린다. 자신의 취약함을 기꺼이 드러내고 나누어 준 그들의 용기에서 나는 오늘도 많은 것을 배운다. 상담실 소파에 치료사와 마주 앉는 경험이 얼마나 두려운 일인지 잘 알고 있기에, 그들 곁에 내가 함께 있었다는 건 커다란 특권과도 같은 일이다.

길드 오브 사이코테라피스트의 동료와 교사, 지도 상담사 선생님들께도 진심으로 감사드린다. 그들의 지원과 독려가 없었더라면 나는 심리치료사로서 정체성을 확립하고 자유롭게 나만의 행보를 밟아갈 수 없었을 것이다. 이 책은 내가 그들에게서 배운 모든 가르침의 총체다. 그 가르침을 이 한 권에 다 담지 못한 데 대해 송구할 뿐이다.

　미숙하기 그지없는 초창기의 습작을 읽어준 나의 독자들에게도 감사를 전한다. 규칙을 가르쳐주신 어머니, 규칙은 없다는 걸 가르쳐주고 애초에 내가 이 일을 할 수 있도록 용기를 준 제임스 휠, 가장 정직하고 허물없는 나의 친구(또한 나의 챔피언) 크리스 헤밍스, 수년간의 심리학 토론에 함께 해주고 경험과 통찰에 근거한 지혜를 나누어준 나의 가장 소중한 친구이자 동료인 케이틀린 오도넬과 던 핀지, 캐릭터를 구상하고 글을 쓰는 과정에서 도와주었던 크리스 피쉬에게도 감사의 마음을 전한다.

　나의 인스타그램 계정인 '유어 포켓 테라피스트Your Pocket Therapist'를 팔로우하고 참여하는 모두에게도 감사드린다. 그렇게 많은 사람과 연결될 수 있을 거라고는 꿈도 꾸지 못했는데, 온라인에서 그러한 공동체를 이루게 된 것이 얼마나 감사한지 모른다. 자신의 삶과 인간관계에 깊은 관심을 가지는 그들의 모습은 내게 또 다른 영감의 원천이었다.

1. Felitti, V. J., Anda, R. F., Nordenberg, D., Williamson, D. F., Spitz, A. M., Edwards, V., Koss, M. P. and Marks, J. S. (1998). 'Relationship of childhood abuse and household dysfunction to many of the leading causes of death in adults. The Adverse Childhood Experiences (ACE) Study', *American Journal of Preventive Medicine*, 14(4), 245-258.

2. Van der Kolk, B. A. (2014). *The Body Keeps the Score: Brain, Mind, and Body in the Healing of Trauma* (New York: Viking).

3. Fairbairn, W. R. D. (1944). 'Endopsychic structure considered in terms of object-relationships', *The International Journal of Psychoanalysis* 25, 70–93.

4. Fincham, G. W., Strauss, C., Montero-Marin, J., and Cavanagh, K. (2023). 'Effect of breathwork on stress and mental health: A meta-analysis of randomised-con trolled trials', *Scientific Reports* 13(1), 432.

5. Kuzminskaite, E., Penninx, B. W. J. H., van Harmelen, A. L., Elzinga,

B. M., Hovens, J. G. F. M., and Vinkers, C. H. (2021). 'Childhood Trauma in Adult Depressive and Anxiety Disorders: An Integrated Review on Psychological and Biological Mechanisms in the NESDA Cohort', *Journal of Affective Disorders* 283, 179-191.

6. Winnicott, D. W. (1991). *Playing and Reality* (London: Psychology Press).

7. Van der Kolk, B. A. (1996). 'The body keeps score: Approaches to the psychobiology of posttraumatic stress disorder'. In van der Kolk, B.A., McFarlane, A. C. and Weisaeth, L. (eds.), *Traumatic Stress: The Effects of Overwhelming Experience on Mind, Body, and Society*, 214–241. (New York: The Guilford Press).

8. Levine, P. A. (1997). *Waking the Tiger: Healing Trauma* (Berkeley, California: North Atlantic Books).

9. Kendall-Tackett, K. (2009). 'Psychological Trauma and Physical Health: A Psychoneuroimmunology Approach to Etiology of Negative Health Effects and Possible Interventions', *Psychological Trauma: Theory, Research, Practice, and Policy*, 1(1), 35. Also Resick, P. A. (2014). *Stress and Trauma* (London: Psychology Press).

10. Baker, H. S. and Baker, M. N. (1987). 'Heinz Kohut's self psychology: an overview', *The American Journal of Psychiatry*, 144 (1), 1–9.

11. Fairbairn, W. R. D. (1943). 'The repression and the return of bad objects (with special reference to the "war neu roses")', *British Journal of Medical Psychology*, 19, 327–41.

12. Winnicott, D. W. (1960). 'Ego distortion in terms of true and false self' in *The Maturational Process and the Facil itating Environment: Studies in the Theory of Emotional Development* (New York:

International Universities Press, Inc), 140–57.

13. Flückiger, C., Del Re, A. C., Wampold, B. E., and Horvath, A. O. (2018). 'The alliance in adult psychotherapy: A meta-analytic synthesis', *Psychotherapy*, 55(4), 316–340.

14. Fisher, H. E., Brown, L. L., Aron, A., Strong, G. and Mashek D. (2010). 'Reward, addiction, and emotion regulation systems associated with rejection in love', *Journal of Neurophysiology*, 104(1), 51-60.

15. Freud, S. (1920) *Beyond the Pleasure Principle. The Standard Edition of the Complete Psychological Works of Sigmund Freud*, 18, 1-64.

16. Holmes, J. (2014). *John Bowlby and Attachment Theory* (London: Routledge).

17. Perel, E. (2006). *Mating in Captivity: Reconciling the Erotic and the Domestic* (New York: HarperCollins), p. 272.

18. Berne, E. (1961). *Transactional analysis in psychotherapy: A systematic individual and social psychiatry* (Souvenir Press).

19. Kübler-Ross, E. and Kessler, D. (2005). *On Grief and Grieving: Finding the Meaning of Grief Through the Five Stages of Loss* (New York: Simon & Schuster).

옮긴이_**민지현**

이화여자대학교 영어영문학과를 졸업하고 미국 뉴욕주립대학교에서 교육학 석사 학위를 받았다. 현재 뉴욕에 살면서 번역 에이전시 엔터스코리아의 번역가로 활동하고 있다. 옮긴 책으로는 《톨스토이 단편 선》, 《블루&그린(버지니아 울프 단편집)》, 《젊은 베르테르의 슬픔(완역본)》, 《감정의 역사》, 《선을 긋는 연습》 외 다수가 있다.

런던의 마음치유 상담소

초판 발행 · 2024년 11월 27일

지은이 · 애니 짐머만
옮긴이 · 민지현
발행인 · 이종원
발행처 · (주)도서출판 길벗
브랜드 · 더퀘스트
주소 · 서울시 마포구 월드컵로 10길 56(서교동)
대표 전화 · 02)332-0931 | **팩스** · 02)323-0586
출판사 등록일 · 1990년 12월 24일
홈페이지 · www.gilbut.co.kr | **이메일** · gilbut@gilbut.co.kr

기획 및 책임편집 · 유예진 (jasmine@gilbut.co.kr), 송은경, 오수영 | **제작** · 이준호, 손일순, 이진혁
마케팅 · 정경원, 정지연, 이지원, 이지현 | **유통혁신팀** · 한준희
영업관리 · 김명자 | **독자지원** · 윤정아

디자인 · 어나더페이퍼 | **교정** · 최진
CTP 출력 및 인쇄 · 정민인쇄 | **제본** · 경문제책

ISBN 979-11-407-1161-1 (03180)
(길벗 도서번호 090268)

정가 19,800원

독자의 1초를 아껴주는 길벗출판사

(주)도서출판 길벗 IT교육서, IT단행본, 경제경영, 교양, 성인어학, 자녀교육, 취미실용 www.gilbut.co.kr
길벗스쿨 국어학습, 수학학습, 어린이교양, 주니어 어학학습, 학습단행본 www.gilbutschool.co.kr